トクヴィル 合衆国滞在記

Voyage aux États-Unis

近代社会思想コレクション 23

大津真作 訳
Shinsaku Ohtsu

京都大学学術出版会

凡例

一、本訳書の中心をなすのは、『トクヴィル全集』、第五巻、第一分冊、「シチリアと合衆国への旅行」（Alexis de Tocqueville, *Œuvres complètes*, Tome V-i, *Voyages en Sicile et aux États-Unis*, Gallimard, Paris, 1957. 以下、『全集』と略記）のうち、紀行文『オナイダ湖小旅行』と『荒野の二週間』を除く、合衆国旅行に関係した大半部分の翻訳である。

二、本文の訳出に当たっては、トクヴィルの書付を日付順に並べなおした。

三、本書を章および節に分け、小見出しをつけ旅程のあらましを［訳者解説］として各章の冒頭に置いた。

四、書付には、トクヴィル自身が分類のために小見出しを付けているが、それらには圏点を付した。

五、翻訳にあたっては、英訳 *Journey to America*, Yale University Press, 1959. を参照した。

六、訳注は（1）、（2）……の番号で示し、本文左ページに置いた。訳注の作成に当たっては、『全集』とプレイヤッド版の編集者の注記、その他を参照した。

七、本文中（　）はトクヴィルによる補足を示し、〔　〕は訳者による補足を示す。

八、イタリックで表記されている言葉については、訳文ではゴシックを用いて表記することを原則とした。

訳者からのメッセージ

アメリカ合衆国を調査したはじめてのフランス人

本書は、民主主義が危機に陥り、その価値が疑われるときにしばしば参照される『アメリカにおける民主主義』を執筆した一九世紀フランスの卓越した政治思想家アレクシ・ド・トクヴィルが弱冠二五歳のときに企てた未開と文明が交叉する新世界への旅の記録である。これをもとに、彼は『アメリカにおける民主主義』前篇を執筆し、世に問うた。前篇は大評判を取り、作者自身も精神・政治科学アカデミーと議会に席を得、後編発表後すぐにアカデミー・フランセーズに名誉ある席を得た。おそらく一冊の著作で矢継ぎ早にこれほどの社会的な地位を手に入れた思想家も稀有であろう。そういう快挙をなし遂げる才能を持った若きフランス貴族のこのアメリカ滞在記には、鋭く、綿密で、正確、なおかつ広範囲に渡る一八三〇年代のアメリカおよび旧仏領カナダの社会調査研究が見られる。前大統領や建国の功労者、政治家、法曹家、実業家、宗教人から旅行者や開拓者やインディアンなどを含む多数のアメリカ人やカナダ人へのインタビューには、アメリカ社会のさまざまな主題を語る生の声が聞かれて興味深い。ノートのあちこちに記されるアメリカ社会に関するデータの正確さと幅広さには驚かされると同時に、それらの資料にもとづいて展開される彼の深い洞察は刺激的、教訓的である。また、ノート全体を貫く文明対未開、インディアン対黒人、ヨーロッパ対アメリカ、南部対北部、貴族制対民主制などの対比的考察を彼の傾向的な問題設定とともに堪能してほしい。どうやら彼はインタビュー対象者の答えを予想しているらしいのである。この点では、のちの二大著作におけるトクヴィルの諸見解と滞在記における諸見解との比較は、のちのすべての問題設定がこの滞在記にあることを明らかにするだろう。

民主共和制下の巨大なアメリカ社会の精神的明暗に慧眼なヨーロッパ人が切り込む過程で彼は重要な発見をしていて、学ぶべきところは多い。たとえば民主制においては傑出した人物が政治や公務にかかわることが少なくなり、かわって「平均的知識を備えた」大衆が多数派としてそれらを動かす勢力となるが、この「大衆社会」の当代における出現は、交通手段・伝達手段の発達(開拓者のログ・ハウスにも手紙と新聞が「少なくとも週に一度は届く」)に負うのではないかとトクヴィルが推測している点である。その一方で、この社会はまかり間違えば大衆が「ただの群衆」と化しかねず、それを鎮圧する「民兵そのものが人民」であってみれば、「民主主義はただの群衆」にすぎなくなることを彼は懸念する。ここに描き出された民主社会の正負のベクトルをトクヴィルはひとつの運命としてそのまま受け入れる。ただし運命を甘受するとはいえ、トクヴィルの懸念は、先ほどの民主社会の懸念にとどまらない。近代社会における貴族階級の宿命そのものにかかわる懸念がトクヴィルにはある。滞在記を紐解くとき感得されるのは、アメリカのネイティヴであるインディアンの運命に限りなく親近感を覚えるトクヴィルの原初的感情である。だからこそ、彼はほぼ半分以上の旅程を未開の地《ウィルダネス》に向けたのである。そこで彼がなにを感じ、どう表現したかもなかなか興味深い。ところで、この「文明の一種の両極端」である、「自分ひとりでなんでもできる未開人」と人間を「分業に閉じ込めるような余裕をまだ持たない」幸せな民主産業社会を生き抜くアメリカ人は奇妙な一致を示している。トクヴィルの考える近代的な自由社会はもちろん「分業」に従った産業社会ではない。どのような障害物を見たときにも「絶えずやってみよう（*I will try*）」と口にする人間からなる社会である。これこそは当時のアメリカ人を支えた精神である。それとともに合衆国滞在から、彼は真に繁栄する近代民主社会実現への王道をついに発見する。「人びとのあいだで連絡をますますとりやすくする」手段を発展させること、つまり「連絡の自由」（「アメリカは巨大な繁栄を享受している国であり、連絡の自由を手に入れるために最大限の努力を払ってきた国でもある」）を実現することである。英仏で共通した単語であるこの「連絡（communication）」という言葉の含蓄を味わえるのも、この滞在記の魅力である。それは人間同士が道路、鉄道、船舶、運河、橋梁、郵便（郵便トランクを運ぶ馬車と郵便中継所）、新聞配達などあらゆる物質的交通手段《コミュニケーション》を通じて、また、信書の交換や新聞の意見広告、国民代表者会議、タウン・ミーティング、結社、旅行など人間同士の精神的交流手段《コミュニケーション》を通じて、お互いに連絡し合う《コミュニケーション》ことを意味する。そこから民主主義や平等や政治参加のみならず一種の社会道徳までもが誕生する。その意味で民主主義の深化とこれらの物質的、精神的交流手段の発展は切り離すことができない。連絡手段が発展を遂げた現代社会にも通ずる最大の教訓としてこのトクヴィルの発見を滞在記から学び取ることができよう。

目次

合衆国滞在記

第一章　大西洋横断の船中で

［訳者解説］　トクヴィルとボーモンは一八三一年四月二日にル・アーヴルで米国船籍の客船ル・アーヴル号に乗船し、刑務所制度視察のために合衆国旅行へと出発した。ル・アーヴル号は五〇〇トン（諸説あり）の二本マスト横帆船で、一八人の船員（全員がアメリカ人）が乗り組んでいた。乗客は一六三人で、フランスの繊維製品を積載していた。トクヴィルは最初のうち船酔いに悩まされた。四月六日に回復した彼は乗客と馴染みになり、英語の勉強と合衆国研究のかたわら、とりわけ夜会でシャーマーホーンらと会話を持った。船は三八日間をかけて大西洋を横断し、ニューポートに接岸したのは五月九日の夜。たまたまそこでニューヨーク行き大型蒸気船プレジデント号と出くわしたので、翌日の昼過ぎに彼らはこの巨大蒸気船に乗ってニューヨークへ向かった（一八三一年四月二日〜五月一〇日）。

船中で

ニューヨーク到着まであと八日かかりそうだ。とはいえこれまで海で三二日間過ごしてきた。新鮮な食料の大半は底をついた。すでに砂糖は配給だけとなっている。

青年トクヴィル

アメリカ人の国民性——金持ちになる

一八三一年四月二四日

シャーマーホーン氏[1]は私に語った。国民性のなかで最大の欠点といえば（とはいえ、彼は自分の国をとても誇りに思っているが）、人びとが金持ちになりたいと、欲望をむき出しにしているところであり、どんな手段を使ってでも、一刻も早くそれを達成したいと熱望しているところである、と。合衆国では破産の数は計り知れないほど多いが、破産している当人にはさほど損害をもたらさないという。

アメリカ人の国民性

情緒不安定は、こちらの国民の際だった特徴のひとつであるように思える。アメリカ人は、財産を築こうとする欲望でむさぼり食われている。それこそがアメリカ人の人生における唯一の情熱である。アメリカ人には、ほかでもなくある特定の場所に彼を結びつけるような思い出がついぞなく、積年の習慣もなく、いかなる旧套墨守の精神もない。アメリカ人は、財産のうえで起こる急激きわまりない変化の時々刻々の証人であり、新たな資産など苦もなくもう一度作れることを知っているので、よりよき未来への希望のためになら、既得財産を危険にさらすことに世界のどの住民よりも恐れを感じない。だから、自分の勝ちしか危険にさらさないギャンブラーの自信を持って、アメリカ人は人生を賭けた大きな富くじに参加する。同一人物が一〇の職業をやってみることもしばしばだということをわれわれは耳にした。商人から法律家、医者、それから福音派の牧師と、次々と職業を変える人間を見たという。ひとことで言えば、ここでは、人間は習慣を持たないし、アメリカ人が眼下に収める光景は、習慣を身につけることを妨げるのである。第一に、多くの人間がヨーロッパから来ていて、そこに彼らの習慣と思い出を残してきた。

第二に、はるか前からこの国に定住している人間自身が習慣のこの違いを保存してきた。アメリカ的風習などというものがまだない。だれもが、自分にしっくりくるものを結社から取り出し、そして自分の独創性にだれもがとどまっている。

アメリカ人は異なる二〇箇所で居住し、彼をつなぎ止める絆をどこにも見つけない。どうしたらこんな風でなくいられるだろうか？　こちらでは法律が絶えず変わり、為政者も次々と交代する。行政の体制が交替で勝利を収める。自然そのものが人間より速く変化する。

事物のありふれた秩序が奇妙に逆転することで、まさしく事物が可動的に見え、人間が動かざるものに見える。同じひとりの男が、彼より前にはだれも横切ったことがなかった荒野に自分の名前をつけることがで

(1) シャーマーホーン、ピーター（一七八一―一八五二）　ヴィルと同じ船に乗り合わせた。米国の商人で銀行家。ヨーロッパから帰国途上で、トク

きた。彼は森林で木を最初に切り倒すことができたし、人気のないところに農園主の家を建てることができた。まずそれを中心に人が集まって、小集落を作った。そして今日では、それを巨大都市が取り囲むようになっている。生と死を隔てる狭い空間のなかで、彼はこれらすべての変化に立ち会ってきたし、彼と同じように、他の無数の人間もそうすることができてきた。若い頃には、もはや歴史のなかでしか生きてはいない民族のあいだで彼は住んできた。彼が生を受けて以来、河は流れを変えたり、弱めたりしてきた。風土そのものも、かつて彼が見たものとは別ものになっているし、彼の思考のなかでは、それらすべては果てしない人生行路におけるまだ第一歩でしかない。時の流れがここでは、いかに力強く激しかろうと、想像力はそれの前を行き、絵は十分に大きくはない。世界のなかで、人間がこれ以上の自信を持って未来をつかみ、これ以上誇り高く、自分の思いどおりに天地万物が作れるのだと感じている国はひとつもない。それはひとつの知的運動であって、それに比肩しうるものと言えば、三世紀前に新世界の発見を生じさせた知的運動だけなのである。そして、たしかにアメリカは二度発見されていると言えるかもしれない。また、哲学者の頭のなかでしか、このような考えは生まれないなどと信じてはいけない。このような考えは、思弁家と同じく職人にも、都会の住民と同じく農民にもある。それらは対象のすべてに入り込んでいる。それらは、感覚のすべてを構成している。それらは手で触ることができるし、目で見ることができるし、感じることができる。言わば、それらはすべての感覚のもとに落ちかかっているのである。

しばしば、別の空の下に生まれ、つねに動いている絵のまんなかに位置づけられ、まわりのものすべてを引きずり込む抗いがたい奔流で自分自身も追い立てられているアメリカ人は、なにかにくっついている余裕がない。変化に慣れるしかなく、結局は、それを人間にとっては自然な状態だと見て終わる。それどころではない。アメリカ人はそれに対して欲望を感じているのだ。それを好んでいるのだ。なぜなら、彼のなかで、不安定は災厄とともに彼の前に姿を現わすかわりに、彼のまわりで、奇跡しか生み出さないように思えるからだ。（できる限りよりよいものをという思い、継続的かつ制限なく社会状態を改善して行こうとする思い、こういう思いがすべてのアメリカ人の表情に絶えず現われている。）

アメリカにおける党派精神

一八三一年四月

シャーマーホーン氏は私に語っていた。いまのアメリカには、フランスのように、政党がいくつもあるわけではない。相対立する原理を障壁として使って、国が二派に分かれるようなことはもうない。二派に分かれるというような事態は、**連邦主義者**と**非連邦主義者**との二政党が消滅するとともに終わった。いまでは、地位を得るため、そして、自分たちの側に公共世論を獲得するために、政府の施策を支持する人間と攻撃する人間くらいしか見当たらないというのである。

犯罪

一八三一年四月

パーマー氏[2]が私に語ったところによると、ほんの数年前に、**刑法改革**（だと思う）に向けて調査を行なうために下院に設けられた委員会に所属していた彼は、イギリスでは犯罪件数が増加していたのではないかという疑問を同僚とともに検討する機会をたまたま持ったという。委員会の意見（とはいえ委員会は正式に調査結果を公表する機会を持たなかったが）では、この疑問そのものが大いに疑わしいということになった（**われわれは逆だと思っている**）。とはいえ最近の調査以降、犯罪件数は増加してきたように思われる。しかし委員会としては、その原因は次の二点にあると考えた。

第一には、裁判の途中でもっと重要な訴えが出されたこと、

第二には、害を蒙った側から証人にかねを支払うことを免除する新法ができたこと。

パーマー氏は、あなたがたの民法には新しい条項があるが、それに似たものがイギリスにはまったくないと付け加えて言っていた。彼はそのことをとても悔やんでいた。

貿易

一八三一年四月

シャーマーホーン氏は、船舶建造と船乗りへの支払いと航海のさまざまな費用は、フランス人よりもアメリカ人の方が高くつくと主張していた。[3] 彼はアメリカ人の優秀さの原因を彼らの旺盛きわまりない活動力にしか求めなかった。財産を作りたいという情熱で絶えず触発されている彼らには、制限などはほぼ全面的に存在しないのである。**アメリカ人は、より安い費用で船を運航させる世界の商人であるというのがフランスで確立された意見である。**

犯罪

一八三一年四月

シャーマーホーン氏の意見では、合衆国の犯罪件数は上昇しているのだそうである。これが本当に事実だ

（2）パーマー、チャールズ（一七七一―一八五一）イギリスの軍人。対仏戦争に従軍し、大将に昇格して軍歴を終えた。ホイッグ党員。トクヴィルとボーモンにニューヨーク社交界を紹介した「気のいい、教養ある老人」（トクヴィル）。

（3）トクヴィルは、『アメリカにおける民主主義』（以下、『民主主義』と略記）、第一巻、第二部、第一〇章（『アメリカのデモクラシー』、松本礼二訳、岩波文庫、二〇〇五―二〇〇八、第一巻、（下）、三九七―四一〇ページ。以下『デモクラシー』と略記して巻数、ページ数を示す）でこの問題を統計データの裏づけのもとに取り扱っている。

盟友ボーモン

とすれば、それは刑務所制度に反対する決定的な論拠となろう。しかしわれわれにそのことを報告してくれた人間は、さほど真面目にその問題に取り組んでいるとは思えなかった。

アメリカ帝国の分裂

一八三一年四月

連合した諸州のあいだで分裂が起きる可能性があることについてシャーマーホーンに語ったときに、近い将来、そんなことが起こると恐れるべきでは少しもないとまでは、思っていないようには見えたが、しかしやがていつかは、そんなことが起きるだろうと彼は考えている。

第二章　ニューヨークに上陸、第一印象

［訳者解説］　蒸気船プレジデント号の巨躯と巨大な外輪、それが発する蒸気のすさまじさとボイラーが発するとてつもない轟音に圧倒されたボーモンは、船に乗り込むのをためらったほどであった。彼らはたっぷり時間をかけて船の内部を見て回り、その巨大さに唖然とし、合衆国における科学文明の発達に驚きを隠せなかった。ニューポートからニューヨークに向かうあいだ、甲板にあがって過ぎゆく風景を彼らは眺めた。それは、期待したような森林と荒野とインディアンの風景ではなく、ごく普通の見慣れた田園風景だった。しかしニューヨーク港に近づくにつれて、その瀟洒な町並みと活発な船の行き来に彼らは賛嘆した。ゆったりとした船速のために、彼らがニューヨーク港についたのは五月一一日の朝のことだった。彼らは上陸後、まっすぐにブロードウェイのペンションに向かった。到着後はじめて二人は深い眠りに落ちた。このペンションは、船上で親しくなったパーマー氏が紹介してくれたもので、彼も同じペンションにいて、なにくれとなく彼らの面倒を見てくれた。二人の来米はすでに話題になっていたために、司法関係者が接触してくるようになった。最初の接触者はモース判事で、彼のおかげで二人はニューヨーク市長に面会することができた。五月末、刑務所視察のために一週間ほどニューヨークを彼らは離れる。その後再び彼らは旅支度をする（一八三一年五月一一日～五月二八日）。

トクヴィルとボーモンの来訪に関する報道

一八三一年五月一二日

フランス司法界の若手二人の来訪を告げる一八三一年五月一二日付『マーカンティル・アドヴァタイザー』紙の報道。

「わが国にあるさまざまな監獄を調査し、フランスへ帰って報告書を作成する目的で内務大臣より派遣された二人の司法官僚、ド・ボーモン氏とド・トンクヴィル〔綴り間違い〕氏がル・アーヴル号で到着したとの知らせがはいった。ほかの国、とくにヨーロッパ諸国にも使節が派遣された。というのも、刑務所制度の導入を考えているフランス政府は、この目的のためにあらゆる情報を得る手段を講じているからだ。わが国では、到着した両氏にあらゆる便宜が供せられるものと信じて疑わない」。

アメリカ的習慣

五月一三日

実にさまざまな社会的立場にいる人間のあいだに最大限の平等が支配しているように見える。

官庁は極端に嫌われているようだ。

チェリー・ヴァレーの判事であるモース氏[1]は、五月一三日にわれわれをニューヨーク州知事に引き合わせてくれた。知事[2]は下宿〔ペンション〕に住んでいて、なんら儀式めいたことをせずに、われわれを応接間に迎え入れてくれた。モース氏は、世間の人びとはみんなあなたがたに対して同じことができるでしょう、とわれわれに請け合ってくれた。

さまざまな印象、第一印象

一八三一年五月一五日

いままでのところだが、アメリカ人はお国自慢をまったく極端な程度にまで押し進めているようにわれわれには思われる。彼らの国にとって不都合な真実をほんの少しでも引き出そうとしても、それはできることなのか、疑わしく思う。外国人にとっては不愉快に感じられる図々しさで、大部分のアメリカ人は見境なく自国の自慢をする。この図々しさは、彼らがほとんど知識を持っていないことを証拠だてている。たくさんの小都市が存在しているために、仕事をしていても大きなことを見る機会があまりない人間に概して起こり

---

(1) モース、ジェームズ・オーティス（一七八八―一八一七）判事。二人のニューヨーク到着後、彼らを博愛主義者の団体や政界に紹介した。到着二日後にニューヨーク州知事に紹介したのも彼。

(2) このときのニューヨーク州知事はイーノス・T・トゥループ（一七八四―一八七四）で、二期目。彼は法律家で、ジャクソンが大統領に当選すると同時に州知事となった。

がちなことだが、彼らは対象を大きく見せようとしているように思える。しかし、われわれは本当に傑出した人間と、まだお目にかかったことはなかったのである。

全体として、彼らは信仰を持つ民を形成しているように私には思われる。だれも勤行を茶化そうと思ってはいないし、宗教の善性と、さらにはその真理性までもが理論上は広く一般に認められていることは明らかである。彼らの生活は、どの程度まで彼らの教義によって規制されているのだろうか。彼らの霊魂に宗教原理が及ぼす真の威力とはなんだろうか。外面的な宗教無関心論(3)とまでは言わないまでも、内面的な無関心を宗派の多様性は、どのようにして生み出しているのだろうか。これが知らなければならないものとして残っている。

いままでの私の感じでは、この国は中流階級の外面的完成なるものを示しているように見える。というよりむしろ、社会全体が中流階級から築きあげられてしまったように思える。だれひとり優雅な物腰を持つようには見えないし、ヨーロッパの上流階級が求める礼儀正しさを持っているようにも見えない。それどころか、まず目につくのはなにかしら粗野なところである。気持ちのよいものではほとんどない、無遠慮な身のこなしというべきか。しかし、フランスでは下品と呼ばれかねないようなものを持っている人間もまた、ひとりもいない。われわれがこれまでに出会ってきた店屋の店員にいたるまで、すべてのアメリカ人は、良い教育を受けてきたように見えるし、あるいは良い教育を受けてきたように思われたがるように見える。彼らの物腰は重厚で、落ち着いていて、慎重である。服装も同じで、それはこうした態度のすべてを包んでいる。

ヨーロッパでは、精一杯注意を払って、互いに分けるように努めている二つの身分が生活上のあらゆる習慣によって、このように混合されている有様である。女は朝の七時から丸一日服を着ている。九時にはもう出かけることができる。昼にはどこでも客をもてなしている。万事が非常にせわしない生活の刻印を帯びている。われわれはまだ流行の最先端を行く若者にお目にかかったことがなかった。ここでは良風美俗が原理の厳格さの結果というよりも、むしろどんな若者でもみな色恋ごとには考えが及ばないので、真剣にそれにかかわり合うこともできないという事情の結果ではないかという思いに私はとらわれさえする。

（3） 宗教無関心論 宗教無差別論とも呼ばれる。一九世紀のフランスで流行した宗教観で、唯一絶対の宗教を認めない。

第三章　シング・シングの刑務所へ

［訳者解説］トクヴィルとボーモンは、五月二九日に刑務所施設の実情調査に出かける。彼らが訪れたのは、一八二五年にニューヨーク近郊オシニング村に建設されたシング・シング男性用刑務所施設（未完成）であった。ヨーロッパでも名が知られていたシング・シング刑務所は労役による懲罰システムで実績をあげていると言われていた。監獄は囚人を閉じ込めておくところという観念が強かったヨーロッパでは、野外で囚人集団に鎖なしで労働をさせるなどとは、想像を絶するシステムであった。しかも囚人労働を民営化しているおかげで、囚人に労賃まで支払われていたのである。たとえば債務者の囚人のように、国家が食料を支給しない場合もあったヨーロッパの監獄制度では考えられないシステムであった（一八三一年五月二九日～六月六日）。

刑務所――労働と沈黙の強制

シング・シング、一八三一年五月二九日

シング・シングに設けられているような刑務所制度[1]は、私には危険なひとつの適用例のように思える。その理由は以下のとおりである。シング・シングの規律はフランスに見られる類似のどのものよりもはるかに優れていることは間違いない。その効果は次の四点である。

（一）収監者の良好な健康状態。

（二）収監者に労働を徹底的に課していること。

（三）この労働から州の収入が引き出されていること。

（四）**おそらく**幾人かだが、道徳的更生が見られたこと。

これらの効果はどのようにして得られているのか。収監者をお互い同士隔離して、完全な**沈黙**を守らせることによってであり、彼らの肉体的・精神的能力を支配して、彼らを休みなき**労働**に携わらせることによってである。

沈黙と**労働**は、どのようにして十分な程度にまで獲得されるのか。すべての看守に認められた肉体的刑罰を恣意的に科す権限を認めることによってである。

しかし、いったい看守は、私がとりあげた二つの効果を生み出すためにこの権限をどのようにして行使しているのか。私の感じでは、ここにこそ主たる問題があり、ほかの問題は全部そこに結びついているように思われる。**徒刑囚監督**(2)に殴打する権限が認められている。そこでこの権限を彼らが適切に使わない（あまり

（1） 刑務所制度　フランス語では système pénitentiaire という。pénitentiaire の語源はカトリック用語の pénitence で、「悔悛」の秘蹟を意味する。

（2） 徒刑囚最初はガレー船を漕がせる懲罰労働の刑を受けた囚人のことを指したが、のちに、港や植民地に設置された徒刑場で労役につく囚人のことを指すようになった。この強制労働を監視する看守のことを徒刑囚監督（gardes-chiourme）と言う。

にも甘すぎたり、あまりにもひどすぎたり）ことが起こる。少なくとも、それが同じ効果を生み出していないことだけは確かである。

いついかなるときでも、看守には注意を怠らぬようにしてもらい、彼らがつとめて無慈悲であると同時に公正であるように彼らに強いるために、監獄秩序を各看守の焦眉の関心事にしてきたのがアメリカ人である。囚人は自由であり、武装していて〔斧や鶴嘴など〕、鎖につながれず、壁に囲まれてもいない。

囚人の意志が同時的な行動を生み出せば、彼らが自由の状態へ戻ることは確実である。規律の順守が彼らを押しとどめるただひとつのロープである。看守はしょっちゅう自分に言い聞かせている。自分の命は注意を払うことにかかっている。陰謀を妨げること、労働に精を出す几帳面さを維持することに注意を払わなければならない。それのみか、ひとりの怒りっぽい性格の囚人を、不公正な取り扱いのせいで激しくいらだたせることさえしてはならない。そんなことをすれば、即刻他のすべての囚人に次から次へと影響が伝わりかねないからである。したがって、看守は厳格で公正でなければならない。彼は義務から、恐れから、そうであるのではない。利益からそうならざるをえない。したがって、アメリカ人はまさに危険のまっただなかに身を置き、危険に真正面から立ち向かいながら、危険を克服することに成功しているように私には見える。そして、まさにこの点で、私は彼らの例に倣《なら》うのは危険であるように思うのである。機械がきちんと組み立てられている限りは、彼らの監獄のなかでは、ヨーロッパのいかなる監獄にくらべても何千倍も完全な秩序が支配していくだろう。しかし、中途半端な反抗でも存在しえないという話である。したがって、シング・シング制度は、私には、アメリカ人が大いに利用している蒸気船のようなものに、ある点では似ているように思われる。習慣的な物の道理に従っていれば、こんな便利な乗物はないし、こんなに速い、また、ひとことで言えば、こんなに完全な乗物はない。しかし、機械のどこかの一部が不具合を起こすようなことにでもなれば、乗組員も、乗客も、貨物も、木っ端微塵になる。

先ほどのことに付け加えるべき事実観察

シング・シング、一八三一年五月二九日

三年前のことだ、とわれわれに説明があった。突然、ひとりの男が作業場から一丁の斧を手に出てきて、仕事仲間に叛乱を呼びかけた。彼らは躊躇し、問題の男は捕縛された。まさにあの日、シング・シングの看守たちの命が風前の灯だったことは明白である。看守たちのだれかひとりがうっかりしていたために、五、六人の収監者が互いに意思疎通ができ、陰謀を巡らすことができていたとすれば、彼らが核を作り、他の収監者を巻き込んだであろうことには、なんの疑いもない。

シング・シング――インディアンの町

シング・シング、一八三一年五月二九日

町の話

シング・シングにはひとりの古老がいて、この場所に定住していたインディアンを見かけたことを思い出してくれた。シング・シングという地名自体がインディアンの酋長の名前から来ている。

もうひとつ別の観察――収監者の労働風景

一八三一年五月三〇日

二五〇人の収監者が石切り場となっている大倉庫で働いているのを見た。これらの人間は、まったく特別な監視のもとに置かれていたのだが、全員がとりわけ恐ろしい性格を示す暴力行為を犯してきた。各収監者が左右の手に石切り用の斧を持っていた。三人の武器を持たない看守が大倉庫を歩きまわっていた。目はいつも不安で揺れ動いていた。

シング・シングの船着場

同日――一八三一年五月三〇日――われわれが石切り場で見た光景は、照りつける日差しのもとで（一年でもっとも暑い日のひとつ）、石を切り出す労働に携わる数百人の収監者の姿であった。仕事で賃金をもらう労働者と同じくらい活発に動いているように見えていた。

宗教、

シング・シング、一八三一年五月三〇日

こちらでは、福音派の伝道は、熱意と信念にかかわる事柄であるよりもむしろ、ひとつの生業とでも称しうる事業になっているように私には見える。カートライト氏(3)が言っていたように、刑務所内に才能ある施設付き聖職者を持つことなどほぼ不可能であった。というのも、彼らに対する報酬があまりにも低すぎたからである。多くの人びとがわれわれに言ってきたことは、聖職者は絶えず引っ越しをしているということである。

刑務所制度への批判

シング・シング、一八三一年五月三一日

シング・シングの聖職者で、同所の賄い付き下宿屋の主人でもあるプリンス氏(4)が語ってくれたところでは、とどのつまり、監獄の看守を危険にさらされている人間と彼は見ていて、そのうえ、現在まで、収監者

---

(3) カートライト、ジョージ・W・シング・シング監獄の建築技師。トクヴィルに監獄の設計図や建築費用の概算などのデータを提供した。

(4) プリンスは教誨師も兼ねていた（G.W. Pierson: *Tocqueville and Beaumont in America*, Oxford University Press, 1938, p.102. 以下、ピアソンとあるのは、この研究書を指す）。

の服従について彼らが作ってきた経験が絶対に決定的なものとして見られるようになったのは、あまりにも最近の話だというのである。彼は、刑務所長を、いずれは食われてしまうかもしれないのに、虎を飼って、虎に餌を与えている人間にたとえた。プリンス氏は、私には賢い人間で、定見を持つことができる人間と見えた。彼はシング・シングの制度によって、ひとつの大きな道徳的更生がなされるとは思っていない。カートライト氏も、同じことを考えているように見えたが、本当の数字が存在しないから、だれもそれについてはなにも知り得ない。アメリカ人が信じているように見える以上に、彼らは制度をひいき目で見ているように私には思える。

公教育——啓蒙的知識の普及に危険性なし

シング・シング、一八三一年六月一日

どのような社会階層に属しているのであれ、いままで私が出会ってきたすべての人びとは、教育の利点というものについて疑うことができるなどとは、ついぞ想像したこともないように見えた。私が彼らに、ヨーロッパではこの点に関して意見の一致はみられていない、などと言うと、彼らは必ず憫笑する。彼らは一致してこう考えている。啓蒙的知識の普及は、どの国の国民にとっても有用である。それは、彼らのように自由な国民には絶対不可欠な要件となっている。なぜなら、この国には選挙権についても被選挙権についても、納税額による制限がないからだ、と。まさにこのせいで、あらゆる人びとの頭のなかにはひとつの着想が芽生えているように私には思えたのである。たとえば、こちらの諸州の大規模な支出は公教育の諸施設に対するものになっていた（実証的数値についてはボーモンが持っている）。まだ、私にわからないことは、われわれのところでは、非常に大規模に現われてきている一知半解な科学がもたらす不利益について、彼らがどう考えているかである。とはいえ、啓蒙的知識の過度な普及に反対して、ヨーロッパで展開されているもっとも大きな議論の数々は、こちらに当てはめることはできないように私には思われる。たとえば、次のような点でそのことが言えるのである。

一、ここでは、宗教的な道徳がほかのどこの国よりも被害を受けてはいない。宗教と科学の敵対がまったくない。

二、身分不相応な教育が多数の人間に与えられた場合、国家に対する不満が引き起こされ、彼らの不安感が社会を激しく揺さぶるかもしれないということを、ほかの国にくらべてこの国の人びとはあまり心配していない。こちらでは、自然が提供する資源を汲み出そうとして人間が払う努力のすべてにくらべて、資源の方が相変わらず上回っているので、精神的エネルギーにとっても、知的活動にとっても、養分を簡単に見つけられないようなことはないのである。

パワーズ氏[5]の意見。宗教の項目を参照。

（5）パワーズ、ジョン（一七九二―一八四九） 州の中心教会であるセント・ピーター・カトリック教会に一八一九年に招かれた聖職者。トクヴィルが面会したときには、全米カトリック教会の指導者となっていた。

第四章　アメリカ社会の明暗

［訳者解説］トクヴィルとボーモンは、オシニングに六月六日まで滞在したのち、帰途にグリーンバーグに立ち寄り、リヴィングストン家を訪れた。当時、国務長官を務めていたエドワードは不在であった。ボーモンの母宛の手紙によると、いつものことながら彼らの英語がまだ上達しておらず、リヴィングストン家への訪問時間を間違えて、ディナーの真っ最中に訪問するという大失態を彼らは犯したという。そのため彼らは、「ディナーは済ませてきました」と嘘をつき、空腹をやせ我慢し、急ごしらえのアイスクリームを「むさぼり食った」挙げ句に、蒸気船の時間に間に合わない羽目に陥った。ボーモンは「死ぬほど困った」と書き記している。トラブルがあったものの、六月七日のうちに二人はニューヨークに戻ることができた。二人はカトリック教会の指導者パワーズに続いて、共和党の領袖ギャラティンと面会した。六月末にはマクスウェル前地区主席検事にインタビューを行なった（一八三一年六月七日〜六月三〇日）。

一、一般論——相続法と平等社会、平準化する民主社会

リヴィングストン氏(1)との会話、ハドソン河畔、グリーンバーグにて、一八三一年六月七日。

私——私見ですが、アメリカ社会の困った点のひとつは、知的精神が社会にみなぎるようにはなっていな

いことです。

彼――私もあなたと同じ考えです。進歩がその方向に向かうどころか、反対に、毎日のように、うしろ向きに進んでいます。

私――このような結果をもたらした原因はなんだとお考えですか。

彼――主として、相続に関する法律にあると思っています。私は、若かった頃に見たことをいまだに思い出すのですが、この国には、イギリスの郷紳階級《ジェントリー》のような、土地に根を張って暮らす富裕な地主たちが住んでいました。彼らは自分たちの心を制御し、観念および態度について、ある決まった伝統を遵守していました。その頃には高尚な習俗がありましたし、国のある階級のあいだでは、他から区別される気風がありました。財産分割を平等にする法律は資産を破壊し、資産を編成し直す方向に絶えず働きましたし、これらの考え方と態度は、日々、失われてきました。そしていまではすっかり失われてしまいました。信じられないほどの速さで、土地は持ち主を変え、だれひとりとして、ひとつの場所に執着する余裕もなく、自分の父親が

(1) リヴィングストン家はチャールズ二世(一六三〇―一六八五)による王政復古後、オランダに亡命を余儀なくされたスコットランドの名家。オランダ語を習得したおかげで、ロバート(一六五四―一七二八)の代に米国へ移住(一六七三)。オランダの植民地だったニューヨークで活躍したのち、オールバニーに移り、当地で公職に携わり、とくにインディアン問題を担当し、実績を挙げる。以後、インディアン問題で帰英後、政治的危機に見舞われるが、再び米国に戻り、植民地領主となり、巨富を積む。

ヨンカーの船着場

占めていた地位を続けるために、世のなかの人がみな実利のある仕事に助けを求めざるをえなくなっています。家族というものは、第二世代または第三世代になると、ほとんどすべて消え去ります。

私——地主の影響力に類したなにかがありますか？〔封建的〕庇護関係のようなものです。

彼——いいえ、ありません。ここでは、だれもが自分ひとりのことしか考えていません。

私——どうして富裕階級は、こんな事態に我慢しているのでしょう。

彼——富裕階級は、このような事態を妨げる手だてがなにもないから、どうしても従わざるをえない生活上の必要事項があるようで、仕方なくそれを甘受しているのです。

私——でも、富裕階級と民衆自身のあいだには、ある意味では根強い敵意というものがありませんか？

彼——全然ありません。すべての階級が独立革命に協力してきました。昔から、民主主義の権力はあまりにも打ち勝ちがたいものだったので、それと戦おうと企てる人間などだれひとりとしていなかったのです。概して民衆は、比べものがないほどの金持ちや磨き抜かれた人間を選ぶことになんの嫌悪感も持っていません。

私——アメリカ社会の外見で、私が一番驚いたことは、まさに極端な平等が社会的諸関係に行き渡っているということなのです。比べものがないほどの金持ちと最底辺の職人とが通りで握手を交わしています。

彼——平等はとても大きく広がっていますが、外国のかたがそう思われるほどではありません。あなたを驚かせている物腰も、手紙の結びに置く「敬具」くらいの値打ちしか持たない、ひとつのきまり文句とたいていは変わらないのです。ここではどのような人間に対しても、洗練された態度をとらなければなりませんが、そのようなことになるのも、だれもが政治的諸権利を持っているからです。成金たちのあいだでの話ですが、ニューヨークには金持ちであることを鼻にかけている連中が大勢いますよ。いたるところで、と言ってもかまいませんが、おかねの貴族階級がどこにでもいることが知られています。もちろん、絶えず変化する階級、主張だけで権力を持たない階級のことを貴族階級と呼ぶことができればですが。

私——一般に、どのような種類の人間が公職に携わっていますか?

彼——一般論ですが、力量と性格において、第二位につけている人間がその役職を占めています。傑出した人間の努力を引きつけるほどのおかねも、敬意も、権力も、地位が与えないからです。独立したての時期には事態はそうではありませんでした。いまでは、大政治家と言われる人物がもはや見られません。人びとは、その活力と才能をほかの職業に使っているのです。

リヴィングストン氏はヨーロッパに行ったことがある。彼はきわめて古い家柄に属しており、才人と見受けられた。

宗教——カトリックの現状

一八三一年六月九日

ニューヨークには三万五〇〇〇人のカトリック信者がいる。五〇年前には三〇人もいなかった。パワーズ猊下（司教総代理）の主張では、改宗によってカトリック信者の数は毎日増加しているという。すでに彼らは最大多数を誇る共同体を形成している。

パワーズ猊下との会話で私にとって驚きだったことは、以下のとおり。

（一）共和政体に反対するどのような先入見を持っていないように見えること。

（二）啓蒙的知識は道徳的・宗教的精神にとって都合がよいと彼が見ていること。

デトロイト（ミシガン）の司祭リシャール。[2] 大半がプロテスタントからなる住民によって、連邦議会に送られた。彼は三年間、もっとも尊敬された議員のひとりとなった。

カトリック教徒から提供されるお布施だけで、司祭と諸教会の維持には十分である。

ニューヨークへの旅行客の数

六月一〇日

ヨーロッパからニューヨークに到着した旅行客の数は、一八三一年一月一日から六月九日までで四〇〇〇人にのぼる。

『クーリエ・アンド・インクワイアラー』紙の記事より。

携帯手帳のさまざまな覚え書き

M.am.mar.d'incl.(3) 蒸気船。夏の夜。

ボストン街道、オールバニーから四〇マイルのところにあるスウェーデン風のストックブリッジ(4)。

(2) リシャール、ガブリエル（一七六七―一八三二）フランス出身の聖職者で、一七九一年に司祭に任命されたのち、翌年北米に亡命、新世界伝道を行なう。一七九八年にデトロイトに住む。インディアンと白人のための初等学校を開設。地方紙を発行。州の経済発展に貢献。プロテスタントにも受け入れられ、一八二二年から二年間、連邦議会議員を務める。トクヴィルが訪問した翌年にコレラ流行で、医療事業に取り組むなかで死去。ボーモンの作品『マリー、あるいは合衆国における奴隷制』に登場する「良き神父」のモデル。

(3) 全集編集者は「マチルダ、アメリカ人女性、恋愛結婚」と読む。トクヴィルとボーモンは、六月一四日、「美しい夏の夜」に、結婚式をあげた娘のためにプライムが催した祝賀パーティに招かれ、蒸気船を発明したフルトンの娘ジュリア・フルトンと出会った。

それは、フランスのサン＝シモン主義者[5]のように、滑稽さが真面目さに付け加わっているような奇妙な寄り合い所帯ではない。それはひとつの哲学的宗派で、その風体は質素で厳しい。ほんのちょっとした冗談も言わない。

このように、同じ大義、宗教無関心は人間を二つの正反対の道に走らせる。情熱的な精神の持ち主、優しいあるいは激しい想像力、来世に期待することが大いにある不幸な人びとは、すべての宗教のなかで一番有効で、一番強烈で、一番強力な宗教の懐へ帰って行く。冷静で、論理的な精神を持ち、思索にふけり、物静かな性格であり、知的習慣を持つか、あるいは学者肌であるか、どちらかの人間は、反対に純粋な理神論[6]のほぼ公的な信仰告白をして差しつかえのない、まさに哲学的な宗派を選ぶ。

ストックブリッジの赤い教会

このように、二大原理はここではもっとも単純で、もっとも完全な形で現われている。権威と自由は、それらのぎりぎりの限界では、互いに相争う。

元フランス大使へのインタビュー

ニューヨーク、一八三一年六月一〇日

ギャラティン氏との会話[7]（ギャラティン氏は数年のあいだ、フランスとイギリスで大使を務めていた）。

彼——アメリカには村というものが少しもありません。つまり、大地を耕している人びとがかたまって住んでいる場所がないのです。地主は自分の不動産のうえで暮らしています。屋敷はすべて田舎に散らばっています。あなたがたが村と誤解しておられるものは、むしろ、町という名前の方がふさわしいと思います。なんとなれば、人口が商人と職人と弁護士から成り立っているからです。

（4）ストックブリッジ　マサチューセッツ州最西部の町。トクヴィルがこの町に関心を持ったのは、女流作家セジウィック嬢が住んでいたからである。カナダからの帰途、彼がこの町へ彼女に会いに行ったときには、あいにく不在で、その代わり、彼は彼女の兄にインタビューしている。

（5）サン＝シモン主義者　フランスの哲学者・経済学者で、社会主義を唱えたサン＝シモン（一七六〇—一八二五）の思想に共鳴した人びとのこと。ちなみに、サン＝シモンの弟子のミシェル・シュヴァリエ（一八〇六—一八七九）は、トクヴィルのすぐあとにアメリカ合衆国を訪問した。

（6）理神論　理性にもとづく宗教で、おそらくここではクエーカ教を指している。神を人格的な存在とは考えず、奇蹟や啓示を否定する。イギリスではジョン・トーランド（一六七〇—一七二二）、一八世紀フランスではヴォルテール（一六九四—一七七八）がその代表的人物。

（7）ギャラティン、アルバート（一七六一—一八四九）サヴォイア貴族の古い家柄の出で、一九歳で合衆国に渡る。一七九〇年にペンシルヴェニア州議会議員。その後、一七九五年から一八〇一年まで連邦議会議員を務め、共和党指導者となる。一八〇一年から一八一四年まで、ジェファーソン大統領のもとで財務長官。一八一六年から一八二三年までフランス大使、一八二六年から一年間、イギリス大使。トクヴィルが面会した一八三一年には、ニューヨークの国立銀行総裁だった。

私——最後におっしゃった単語にあなたを引き止めたいのです。あなたがたのところでは、弁護士の数は本当にとても多いのでしょうか？

彼——ヨーロッパのどこの国とくらべても弁護士の数は、はるかに多いと私は考えています。

私——彼らの社会的地位と性格はどんな風でしょうか？

彼——前者が後者を説明します。弁護士は社会において筆頭の座を占めています。彼らは大きな影響力を行使しています。その結果、彼らの性格は、ヨーロッパでのように、不安であったり、揺れ動いたりはあまりしません。それよりはむしろ、彼らの性格には変化がないと言った方がいいでしょう。弁護士がいなければ、われわれはとっくにわれわれの民法を再検討していたことでしょうに。しかし、濫用を防ぎ、わかりにくさを利用するのを妨げてきたのは彼らです。

私——彼らは国の議会で大きな役割を演じていますか？

彼——彼らはこれらの議会の成員の最大部分を構成しています。しかし注目されてきたことがあります。もっとも優れた弁論家もそうですが、とりわけもっとも影響力のある政治家たちは弁護士ではないのです。

私——あなたがたの司法官職の構成と地位と性格はどんな風ですか？

彼——司法官は全員、弁護士団体のなかから選ばれます。法廷規律は例外ですが、それを除けば、彼らは後者と同等の立場で議論します。われわれの司法官職はとても尊敬されています。公共世論だけを支えとして、司法官職は公共世論の支持を保つために、継続して努力しようと望みます。司法官職の公明正大さに関しては問題にもされません。**弁護士団体が司法官職を支持しているように、いつのときでも支持されている**

司法官職を、私はわが民主制の不規則な運動の調整者と見ています。そして、このことが機械のバランスを維持しているのです。憲法にそぐわない法律を履行することを司法官職は拒むことができます。ですから、司法官職が言わば政治団体のようなものであることに注意してください。

私――みなさんが私に請け合ってくれるのですが、アメリカが品行方正であるというのは本当ですか？

彼――結婚において貞節が守られていることは、感心するほどです。結婚前の貞淑については、必ずしもいつもそうだとは言えません。われわれの田舎では（都市ではありません）非常によく起きることですが、若者は、両性ともに極端な自由を謳歌しているので、不都合な点が多々あります。われわれのまわりにいる未開国民は、結婚前に純潔を忘れ去る点では、もっと極端に走っています。彼らはそれを道徳的義務だとは見ていないのです。

同じ日に私がいたクラブで主張されたことは、アメリカ人は国内に伸び広がっているので、海軍力が減退していくのが見られるようになるかもしれないということであった。ギャラティン氏は、現在、アメリカ国旗を掲げて航海に出ている水兵の数は、六万人（ほぼそれに近い数）と踏んできた。彼はこう付け加えた。「イギリス人の強制徴募も、フランス人の水兵登録もないので、私は予言しておきますが、戦争が始まったばかりの時点で、わが一二隻の艦船を操縦するために十分な数の水兵を見つけることは、われわれには不可能(8)

（8）一八三一年の公式資料によると、海軍には四三〇三人の現役兵員がいた。それに沿岸警備隊の八一五人を加える必要がある。

能となるでしょう」。

黒人のコロニー

六月一四日

有色人(9)**が高カナダ**にウィルバーフォース・コロニーを建設している。一度訪ねてみるのも面白いだろう。

未成年者更生施設

一八三一年六月二七日

マクスウェル氏(10)は一〇年間、**地区主席検事**を務めていた。彼は感化院(11)の設立者のひとりで、非常に有能な人物（寛大だがとても有能な人物〔原文英語〕）との評判である。

私――刑務所制度についてどう思われますか？

彼――厳密な意味での刑務所は感化院から区別しなければなりません。刑務所について言えば、称賛すべき監獄秩序を保っていて、収監者の労働を生産的なものにしている点で、その規則は優れたものだと思います。しかし、性癖と習慣に関しては、有効性を持つとは思えません。刑務所でどのようなやり方が用いられようとも、大人の年齢に達しない犯罪者が矯正されるとは思えません。私の意見では、未成年の犯罪者は、わが刑務所からは頑固になって出て来ると思います。感化院について言えば、私の考え方は違います。若い軽犯罪者の更生はできると信じます。私が思うには、一国の犯罪数を減らすただひとつの手段は、あのような種類の制度を国中に広げ、良くしていくことです。私が地区主席検事だったときの若い軽犯罪者の数ときたら、まったく憂慮すべきものになっていました。毎日、それがぎょっとするくらいの速さで増大していったのです。何人もの人びとがこの病を治すために感化院の設立を夢見ました。この着想は、公衆の精神に根をおろすのには、信じがたいほどの苦労がいりました。いまでは、施設の成功がこの考えを人気のあるものにしました。五年前には、若い軽犯罪者はいまより五、六倍はいました。

私――その最後の事実を証明する公式資料をお持ちですか？

彼――いいえ、持っていません。でもそれは、私の個人的な見聞にもとづいていますし、あなたにそのこ

---

(9) 有色人　黒人を指す。一八二九年頃に、黒人解放奴隷たちがカナダ東部のオンタリオ州ロンドンにウィルバーフォース・コロニーを建設した。なお、ウィリアム・ウィルバーフォース（一七五九―一八三三）はイギリスの政治家で、奴隷制廃止論者。下院議員として奴隷制廃止に尽力し、植民地については、一八〇七年七月二五日に奴隷貿易廃止の法律を成立させた。一八三三年六月の奴隷制廃止法の成立直後に死去した。

(10) マクスウェル、ヒュー（一七八七―一八七三）一八一九年から一八二九年までニューヨーク地区検事。

(11) 感化院　民間の資金を募って、六年前にニューヨークのブルーミングデールに建設された救貧施設で、未成年の軽犯罪者や孤児を収容した。

とを断言してもよいくらいなのです。私の考えでは、いろいろな州へ感化院を増やしていくばかりでなく、同一州内でも複数の地区に感化院を増やしていくべきです。私の意見では、子供をとても遠くにある感化院に送り込むことには、大いに問題があると思います。そのような引っ越しに必要な支出は莫大な額にのぼりますし、若い軽犯罪者にたどらせようとした道筋を、しばしば彼らは見失ってしまうのが落ちです。

注記――道徳的更生となると、刑務所制度は有効性を欠くというその信念は、いままでのところ他の実践家のあいだでも、非常に能力のある大勢の人びとに共有されているとわれわれには見えた。

刑務所の項目を参照。

疑問

一八三一年六月二七日、六月三〇日

郡部から子供たちを連れてくるにはどのようなやり方をとっているのだろうか。彼らの道徳性にとって、癒やしがたい病が発生するのではなかろうか。貸借契約の諸項目はどうなっているのか。地区を見に行かなければならない。

公職――給料は安い

一八三一年六月三〇日

公職――とりわけ教育を受けた大望を抱く人間の欲望を惹きつけることができる公職となると、アメリカでは手当が非常に低すぎると言える。

それを証明する資料は以下のとおり。インガム氏[12]は、ジャクソン将軍[13]が一八三一年の初めに解散させなければならない（前例にまだなかった措置）と思った内閣の構成員だった。インガム氏は、自分を含む複数の閣

(12) インガム、サミュエル・ディセンナ（一七七九―一八六〇） ペンシルヴェニア州出身の政治家。ジャクソン大統領のもとで財務長官。トクヴィルが合衆国を訪問したときには、ちょうど陸軍長官夫人のスキャンダル（イートン事件）が勃発したときで、大統領とのあいだで対立が深まり、内閣改造の結果、辞職した。

(13) ジャクソン、アンドリュー（一七六七―一八四五） 合衆国第七代大統領（一八二九―一八三七）。テネシー州の奴隷農場経営者。一八一二年から始まるクリーク族に対する残虐な討伐戦争で名声を博し、米英戦争に参加して、一八一五年一月のニュー・オーリンズ防衛戦で勝利し、国民的英雄となる。一八一七年のセミノール族討伐戦争でも、大量虐殺を引き起こし、恐れられた。一八二二年以来、民主共和党の大統領候補。新たに結成された民主党の大統領候補となり、一八二八年の大統領選挙でアダムズを破り、党初の大統領となる。南部奴隷主の支持を得て、自由貿易と州権論の政策を定着させた。合衆国史上ただひとり、議会から不信任を突きつけられた大統領であり、暗殺計画もあったほどで、その強権ぶりには定評があった。政敵アダムズを一貫して激しく非難する一方で、ジャクソニアン・デモクラシーとも呼ばれる改革を行なった。政権を安定させるために、支持者で公務員を固める今日まで続く「スポイルズ・システム」と呼ばれる一種の猟官制を導入した。

僚がやめさせられたのは、イートン夫人（彼女は将軍の愛人だと彼は主張していた）の集まりに参加しようとしなかったからだ主張した。そこからインガムとイートン少佐のあいだにきわめてスキャンダラスないさかいが勃発した。これら一連の事件の結果、田舎に戻ったインガム氏は彼の友人たちから祝福を受けた。そしてその機会に、彼は疑惑のなかにもう一度喜んで戻るつもりだと演説した。彼の演説スタイルの激しさと辛辣さは、この提案を打ち消してあまりあるものである。とりわけ彼はこう語っていた。「私の金銭的な損失については（このことを少しでも考えれば）、うまく運営されていた内閣の官房で私が提供してきたはずの仕事量にくらべて途轍もなく少ない仕事量でも、私がワシントンでもらっていたわずかばかりの食料より以上のものをもたらすのは容易でしょう。**だれもが知っているように**、ワシントンでの給料で賄える食料など微々たるものです。――だから私はその点に関してはなんの恨みも持つことはできません」［原文英語］。

公務員――平等精神溢れる社会

一八三一年七月一日

公務員は、それ以外の市民とまったく同一水準に置かれている。彼らはいつも同じ服を着て、自宅以外では旅籠で暮らし、彼らにはいつでも接触でき、彼らは世間のみんなと握手している。彼らは法律で決められたいくつかの権限を行使している。法律以外のところでは、ほかのみんなとまったくなにひとつ変わりはない。公務員と人とは混同されない。人に対する尊敬心は公務員にまでは広げられない。きょうの新聞によると、アメリカの工場で作られたべっ甲の櫛を、あるボストンの工場主がジャクソン将軍に送ろうとして手紙を書いたそうだ。彼は大統領をディヤー・サーで呼んでいた。

第五章　地方風景、刑務所、オナイダ湖散策

［訳者解説］トクヴィルとボーモンはニューヨークを六月三〇日に出発し、蒸気船でハドソン河を遡り、州都オールバニーに向かった。この古都はエリー湖とのあいだに運河が一八二五年に開通したことで、にわかに活況を呈し始めていた。到着した日はアメリカ独立記念日だったので、彼らは知事の賓客としてその儀式をつぶさに見学することができた。教会で独立宣言が読み上げられたのち、若い弁護士が全世界における自由の進歩について演説を行ない、フルート一本に合わせて、ラ・マルセイエーズのメロディーで自由の賛歌が歌われた。トクヴィルは儀式の厳粛さに驚き、普通のアメリカ人が持っている愛国心の強さに感動した。彼らはオールバニーをあとに、さらに西北に進み、オンタリオ湖とオールバニーの中間地点にある、フエニモア・クーパーが描いた町ユーティカに到着する。ここでも彼らは刑務所を見学した。その後ユーティカを出発、途中、オナイダ・キャッスルで、シャトーブリアンのケースと同じく、はじめてインディアンと出会う。そののちシラキュースにはいり、イーラム・リンズ氏にインタビューをする。七月八日、早朝オナイダ湖畔の町ブルーワートンを出発し、オナイダ湖のフレンチマンズ・アイランドに渡り、そこを散策。フランス革命を逃れてこの小島に移り住んだフランス人の幸薄き運命を思って、しばし感慨にふける。この小旅行については、トクヴィルは、『オナイダ湖小旅行』という短編を残している。その後、彼らはさらに西に進んで、全米一と言われる刑務所があるオーバーンに入る（一八三一年七月一日〜七月一三日）。

一八三一年七月四日の日記

セント・ルイス付近のインディアンたちがアメリカ領内にはいり、そこを戦火と流血の修羅場に変えたばかりである。新植民者は引き揚げ、軍隊がセント・ルイスに集結している。

オールバニー到着

七月四日

七月四日の記念式典。楽しげな様子と非常に真面目な印象が入り混じっている。徒歩と騎馬の民兵、修辞で膨らんだ演説、演壇の水差し、教会での自由の賛歌、フランス精神の片鱗。

完全な秩序がみなぎる。沈黙。警察がいない、権力がどこにもない。人民の祭典。その日の連邦執行官には制限する権限がないのに、みなは彼に従っている。職業の区別がない、公共礼拝、国旗掲揚、老兵の出席。真に迫った感動。

七月四日の夜オールバニーを発つ。モホーク河渓谷。あまり高くない丘陵。上部のいたるところに木。渓谷の一部にさえも木が茂る。概して地方全体が森のよう。そのなかに空地がある感じ。低ノルマンディー地方[1]とたいへんよく似ている。すべてが新しい地方にふさわしい外観。森林の支配者になろうと、またもや人間は明らかに無駄な努力をしている。木の若芽で覆われた耕地、麦畑のまんなかに木の幹。力強く、野性味ある自然。同じ範囲のなかに何千という種類の違った灌木と樹木に人間が播いた種から育った植物と自然に育ったさまざまな野草が混じり合っている。あちこちに小川。年老いた民が居住する新たな国。地面のほかには野性味あるものはなにもない。手入れの行き届いた清潔な住居。森のまんなかに店。孤立した小屋に新聞。身だしなみの良い女。

インディアンの痕跡もない。モホーク族[2]。イロクォイ同盟[3]の諸部族のなかでもっとも敬まわれ、もっとも勇敢。

地獄のような道。クッションとカーテンのない乗物。

こんな不便のどれにも、アメリカ人は穏やか。彼らは一時的な必要悪としてそれらに耐えているようだ。

ユーティカ到着

一八三一年七月四日

人口一万人の魅力的な都市。とてもきれいな店。革命戦争のときに創建された。きれいな平原のまんなかにある。

インディアンと合衆国白人の壮絶な戦い

ユーティカ、一八三一年七月六日

ヨーロッパ人と他の人種との関係は、人間一般と生命ある自然全体との関係と同じである、などという話も聞こえてくる。ヨーロッパ人は、他の人種を自分たちの習慣にまったく従わせられないとき、あるいは彼らを間接的に自分たちの福利にまったく奉仕させられないときには、彼らをやっつけ、自分たちの目の前から彼らを徐々に消え去らせる。インディアン種族は、ヨーロッパ文明が立ち現われてきて、まるで陽光が照

(1) 低ノルマンディー地方　フランス北西部のコタンタン半島の西側付け根より、英仏海峡沿いに北上し、高ノルマンディー地方の西端の港町ル・アーヴル近辺までの地方。コタンタン半島東側にはトクヴィル家の居城があった。

(2) モホーク族　セント・ローレンス河とオンタリオ湖南部に居住していた原住民族で、イロクォイ同盟に加わっていた。一六三〇年代以降は、疫病、とくに天然痘によって人口が八〇〇〇人から三〇〇〇人に激減した。一六六三年には、清教徒に支援されたキリスト教化したインディアンに襲撃され、戦いとなった。モホークはオランダ人の同盟者と見られたために、英国軍にも襲撃されたうえに、一六六六年にはフランス軍とも交戦し、多くの戦士を失い、一六七〇年代には、戦士の数が三〇〇人弱のとなり、モホーク河周辺を離れ、セント・ローレンス渓谷へ移動した。

(3) イロクォイ同盟　イロクォイの名は、アルゴンキン族の言葉で「真の蛇」(iroqu)を意味するが、元来はフランス人が付けた名前。同盟は北米大陸東部エリー湖とオンタリオ湖の南部から、東のシャンプレーン湖にかけて分布する原住民族五部族(セネカ、カイユーガ、オノンダーガ、オナイダ、モホーク)の連合体に由来する。一五七〇年にはこの五大部族が結集して、イロクォイ同盟を結成し、フランスと対立した。イロクォイ族の基本部分は、英仏植民地戦争でイギリスを支持し、フランスと戦い、合衆国にとっても敵対者となった。一七七九年にワシントンは軍隊を差し向け、彼らの領土のほぼ半分を奪った。

りつける雪のように融け出している。彼らがみずからの運命と戦おうとしてやっている努力は、彼らにとっては、時代の破壊的な歩みをただ早めているだけだ。ほぼ一〇年ごとに、西部の無人地帯へ押しやられてきたインディアン部族は、自分たちが後退してもなんの得にもならなかったこと、そしてインディアン部族が立ち去るよりも、なおはやい速度で白人種が前進したことに気づいている。自分たちが無力であるとの思いでいらだったか、あるいは、なにかしら新しい恥辱を受けてかっと燃え上がったか、インディアン部族は結集し、かつて彼らが住んでいた地域へ激しく襲いかかる。こうした地域には、いまではヨーロッパ人の住宅や開拓者たちの田舎風の掘っ立て小屋や、はるか遠くには、生まれたばかりの村々が姿を現わしている。インディアン部族は、地方をくまなく回り、住居に火をつけ、家畜を殺し、いくらかの頭髪を勝利のしるしに強奪している。そのとき、文明は後退する。しかし、それは満潮の海原のように後退する。合衆国は植民者の屑どもの大義を引き受け、みじめな部族集団を相手に（彼らが国法を侵犯したと理屈をつけて）宣戦を布告する。それから正規軍は彼らと交戦すべく行軍する。アメリカ人の領土が再征服されるばかりではない。未開人を前方に追い払い、彼らの村を破壊し、彼らの家畜を奪う白人たちは、彼らの所有地がかつてあったところよりも、はるか遠く一〇〇リュー〔約一〇〇里〕も離れたところに最終的な境界線を設置しに行く。教養ある啓蒙されたヨーロッパには、戦争の権利などと呼ぶ方がお気に召してきた理由を盾に、新たに採用された祖国を剝奪されたインディアンは、再び彼らの歩みを西に向け、新たな荒野で停止する。しかし、まもなくそこにも白人の斧の音が聞こえるようになる。インディアンの略奪が済んだばかりの地方は、その後は侵略を免れるので、そこにはのどかな村々が建設され、たちまちそれらが（少なくとも住民にはそのことがわかっている）人口の多い都市を形成する。開拓者は、自分をヨーロッパという大家族の前衛と考えているから、この大家族に先行して進みながら、今度は、自分たちの番だとばかりに、未開人が最近まで住んでいた森を奪う。彼はそこに田舎風の小屋を建て、最初の戦争が、新たな無人の荒野へ通じる道を開くのを待っている。

ユーティカの刑務所

一八三一年七月六日

日曜学校。二〇〇人の**服役囚**に日曜の二時。三〇人の**神学校の先生**。読むことだけを教える。急速な進歩。

監獄が古い制度のもとでどれくらい費用がかかっていたかを知るには、オールバニーの**経理係**に問い合わせをしなければならない。ニューヨークの監獄では年間五万ドルかかっていたようだ。

櫛工房（*Comb Shop*）

請負業者の代理人がいる。

各収監者に対する支払いの**平均**は二五セントだと彼は言った。自由に働く優秀な労働者には一ドルが支払われているようだ。ここには四シリング支払われている者がいる。しかし職業が身についていないのに雇われているのが普通である。それに自由に働く場合とくらべて、彼らが同じくらいよく働くことはけっしてない。

反対のことを言おうとして、代理人は言い直した。「彼らは精一杯働いていると思う。労働は彼らにとって、慰めになっている」。

石工の工房（*Stone-cutting Shop*）

契約業者の代理人がいない。これらの収監者の労働は、州の建物のために使われていたことがわかった。これらの人間はよく働く、と主任看守は、私に語った。おそらく自由でいるときよりもよく働いている。自由に働く良好な労働者は一二シリング稼いでいるそうだ。

道具制作工房（*Tool Shop*）

三〇人の収監者、請負業者の代理人ひとり。

問い——ひとりの収監者の労働に対して、一日につきいくら支払っていますか？

答え——平均三〇セントです。

問い――同じ人間で自由に働く場合には、いくらぐらい支払いますか？
答え――少なくとも月二〇ドル〔二〇〇〇セント〕は支払います。
問い――そんなに違うわけはなんですか？
答え――第一に、請負業者が商売を始めた途端に州が彼を必要とするので、とても優遇されてきたわけです。事業がうまくいっていれば、五〇セントは支払えただろうとは思います。第二に、請負業者は、収監者の労働の成果を売ることができないときでさえ、彼らを雇うことが義務づけられています。製品の出来具合に応じて、労働者を解雇することはできません。この損失を日当から取り返さなければなりません。
問い――そもそも、収監者よりも、自由に働く労働者の方が勤勉なのでしょうね？
答え――数日間はそのとおりですが、一年を通してでは、そうではありません。一年の流れでは、自由な労働者よりも収監者の方からより多くの労働を手に入れていると私は確信しています。

この主任看守は人並み以上の人物に見えた。

問い――収監者からどうやってあなたは、この休みない労働を手に入れたのですか？
答え――鞭が呼び起こす恐怖によってです。私は、監獄の懲罰規律を維持するための唯一の手段として、そしてもっとも人間的な懲罰として、鞭打ちの罰（オーバーンでよく使われる唯一の罰）を見なしています。

靴工房（*Shoe-maker Shop*）——六二人の服役囚

主任看守ひとり。

問い——これらの人には、一日に付きいくら支払われているのですか？

答え——彼らは日当で支払われているのではありません。製品ごとに支払いを受けています。上等の長靴一足で、一六シリング、中くらいの長靴一足で、一二シリング、短靴一足で、五シリング支払われます。

問い——オーバーンでは、これと同じものの値段はどれくらいですか？

答え——上等の長靴一足で二〇シリング、中くらいで一六シリング、短靴一足で、一ドルです。

問い——契約業者はオーバーンに住んでいるのですか？

答え——ええ。

問い——彼はここへしばしば来ますか？

答え——一週間に一度以上来ることは稀です。

問い——そうしたことはなにが原因なのですか？

答え——靴にしか支払いをしないので、ここへ来ることにほかになにか得になることはないからです。それに彼は私を信用していますから。

問い——じゃあ、あなたは**専門職業人**というわけですか？

答え――ええ。
問い――専門職に非常に高い給料が支払われる国で、どうして看守になることを承諾するような良好な労働者が見つかるのですか？
答え――見つけるのにたいへん苦労しています。ここに来るように決心させたのは、私の健康でしょう。
問い――看守が**専門職業人**であることに利点があるとお考えですか？
答え――ええ。大きな利点があります。看守が**専門職業人**でなければ、収監者の労働を適切に見張ることは、普通の看守では無理でしょう。工房に請負業者を入れる必要がありますが、このことには、懲罰規律から見ると、不適切なことが多々あります。かつては工房に入ることが彼らには禁止されていました。でも、そんな条件で請負業者を見つけることがむずかしくなっています。**靴作り職人**の契約書は文書になっています。これはこの施設で一番古い契約書です。**契約業者**の訪問が不必要であるとするために、靴一足と契約が結ばれているわけです。
問い――監視している人間をしばしば罰しますか？
答え――めったに罰しません。一三年前から施設にいますが、よりよい懲罰規律を見たことがありませんし、罰がこれほど少ないのも見たことがありません。

桶樽工房（*Cooper Shop*）——四三人

いまは請負業者の代理人はいないが、たいていはいる。

主任看守は賢い。

問い——各人の労働について、平均いくらですか？

答え——二五セントです。

問い——自由に働く同じ人間には、いくら支払われますか？

答え——八三セントあたりです。

問い——違いの原因はなんですか？

答え——第一に、請負業者は、無知でぶきっちょな収監者にも、腕のある収監者にも同じように支払わなければなりません。第二に、作ったものが全部売れるとは限らないからです。

問い——ところで、収監者は自由人と同じくらいよく働くと、思っていらっしゃるのですか？

答え——その点を疑ってはいません。

問い——罰する時がしばしばですか？

答え——めったにありません。懲罰は避けられず、それですぐに（*on the spot*）罪人は打ちのめされることを彼らは知っています。彼らは懲罰に身を晒しはしません。

問い――あなたが罰しようとする収監者は、ときには反抗してきますか？
答え――そんなことはめったに起こりませんが、もし起こった場合には、他の収監者たちが即座に看守の味方になります。
問い――懲罰を報告しなければならないのですか？
答え――ええ。毎晩、**懲罰主任看守代表**に報告します。原因と回数です。

織物工房（*Weaver Shop*）――一〇五人

請負業者はいないが、彼は非常に頻繁にそこにやって来る。
主任看守は、ほかの者にくらべると、賢いようには見えない。
彼はおおざっぱな数値しか与えることができなかった。
ひとりあたり**平均**二五セント。自由に働く場合にはいくらの稼ぎになるのか、彼は知らない。

問い――ここに来る前はなにをされていたのですか？
答え――私は農夫でした。
問い――**主任看守**のあいだには、**専門職業人**がいますか。
答え――二人の**石工**に**製靴職人**と**商人**がひとりずつです。

問い——主任看守としょっちゅう工房を訪ねて来る請負業者とのあいだで、難儀な問題が持ち上がることがしばしば起こりますか？
答え——普通は、あの連中はたいへん知恵を働かせて生きています。私がここへ来てから二年になりますが、双方で揉めたのは、二回しか見たことがありません。揉めごとはかねですぐに解決しました。
問い——罰しないといけなくなることがしばしばですか？
答え——六週間前にここで一回ありました。
問い——工房のまわりを木の柱廊で囲っているのはどう思いますか？
答え——持つことができたなかで最良の発明だと思いますよ。それは懲罰する必要性を大いに減らしています。

鍛冶場（*Blacksmith Shop*）——三七人

とても賢くて、上品な主任看守。

問い——男たちを罰しないといけなくなることがしばしばですか？
答え——ただの一回も罰を与えないで、四カ月半ここにとどまったことが一度ありました。私が罰を与えたのは、二カ月半前のことになります。規律を維持するうえで、柱廊という隠し柵がわれわれを驚くほど助けてくれています。私は刑務所の設立当初からここに来ました。人間を静かにさせるのにどれほど苦労したかを思い出します。私は、一時間たたないうちに一九回も過ちを犯しているのを見てしまったことを思い出します。

問い――請負業制度についてはどう思いますか？

答え――この制度はなければならないとは思っていますが、この制度を使う仕方はとても危険なものであると考えています。これから一部始終をお話しましょう。最初は、監獄には看守と収監者しかいませんでした。収監者は州の収入のために働いていました。役人が請負業制度を導入したのは、彼らがもっと時間の余裕を持ち、おびただしくある煩瑣な事柄から解放されるためでした。しかし、当初、役人は、収監者に向かってひとことも話しかけることはできませんでした。私は、あなたに請け合うことができますが、三年ものあいだ、私の工房の収監者は、請負業者がだれであったかさえ知らなかったのです。少し月日がたって、工房へ来ることが契約業者に許されるようになって、彼が直接仕事ぶりを見張ることになりました。やがて、収監者に命令を下すことが許され、それから彼の雇い人を送ることが許されるようになりました。あなたがご覧になったように、いまでは、彼はしょっちゅう収監者たちに声をかけています。われわれは、少しずつ懲罰規律制度の崩壊へと導かれています。いまや施設のなかには、看守よりも外部から来た人間の方が多い有様です。

問い――更生する収監者が多くいると思いますか？

答え――真実を知りたいと思う人間とあなたのことを考えて、お話しします。「更生」の広がりについていろいろな本のなかで語られていることは、小説での話です。ここではだれも〔空白〕にならないと確信しています。

毎年、大勢の人間が再び牢につながれる。

ユーティカ出発

一八三一年七月六日
昨日と同じ地方の光景。オナイダ・キャッスルでインディアンとの最初の遭遇。オールバニーから一一六マイルの地点。彼らは物乞い（？）をしていた。

シラキュースに到着

同日
シラキュースは平野のまんなかに位置する。この町は健康にはあまりよくなさそう。しかし、とても人口稠密、エリー運河[4]とオスウィーゴ運河[5]の分岐点。イーラム・リンズ氏[6]を訪問。彼の金物屋にて。売ることに専念しているので、われわれに話しかけることはできない。彼との会話。見た目は普通だが、知性と精力に満ちあふれている男。強く現われているのは専制的傾向である。(これを書いているのは、オナイダ湖[7]のまんなかの「フレンチマンズ・アイランド」で。)

刑務所制度の生みの親への最初のインタビュー

イーラム・リンズ氏との会話、シラキュースにて、一八三一年七月七日

イーラム・リンズ氏と会うことにとても興味を覚えていた。実践的な才能は、敵をも含めて、広く認められているところである。彼を現在の刑務所制度の父としてみなすことができる。彼はとても粘り強く精力的

(4) エリー運河 ハドソン河畔のオールバニーから西北西へエリー湖の東端バッファローまでを結ぶ全長五八〇キロメートルを超える運河。一八一七年から五年の歳月をかけて完成された。

(5) オスウィーゴ運河 オンタリオ湖とオナイダ湖とを結ぶために掘られた運河で、一八二八年に開通した。

(6) リンズ、イーラム(一七八四—一八五五) 商人で、一八一七年にオーバーンの刑務所設立と同時にその看守となり、のちに刑務所長となるが、峻厳さのために所長の座を追われる。一八二五年から四年間、シング・シングの建設に携わる。その後オーバーンの刑務所に戻る。一八四三年から一年間、再びシング・シングに勤務。

(7) オナイダ湖 オンタリオ湖の東に位置しニューヨーク州最大の湖面面積を有する湖。トクヴィルは、この湖をフランス語風に「オネイダ」(Onéida)と発音していた。オナイダとはイロクォイ族の言葉で「白い水」を意味する。冬場は凍るためである。

に、それを運営することに成功した。だから早朝に彼を訪問した。彼が所有している金物屋で彼を見つけた。商店員のような服装で、仕事をこなしていた。イーラム・リンズ氏の外見は、平凡そのもので、私が思うには、彼の喋る言葉は一般大衆とまったく同じ性質のものである。渡してくれたメモでわかったのだが、彼は正字法を知らなかった。もっとも、彼には非常に知的な、そしてたいそう精力的な雰囲気があった。店番をする人間がだれもいなかったので、すぐには彼と話をすることができなかった。しかし半時間ほどして、われわれを宿に訪ねてきてくれたから、そこで次のような会話を持つことになった。

彼——私は、人生の一〇年間を監獄の管理で過ごしてきました。ずいぶん長い間、古い制度に行き渡っていた悪弊の数々を、この目で見てきました。それはひどいものでした。州にとって監獄はとても高くつくものになっていました。収監者は、そこで彼らの道徳性を完全に失ってしまいました。そこにはあらゆる類の無秩序が行き渡っていました。私が思うには、この事態は、最後には、古代諸法典にある野蛮な法律にわれわれを連れ戻してしまったのです。あらゆる博愛主義的な思想の結果は無価値か、あるいは有害なものかのどちらかであったことを経験が証明していましたから、大多数の人びとがこうした思想には少なくともうんざりしていました。私はオーバーンで改革を企てました。ですが、まず乗り越えるべき大きな障害が法体系のなかにあることに気づきました。また、公共世論のなかにさえ大きな障害があったことに気づきました。人びとは暴政だと騒ぎ立てました。とはいえ私は、私の目標にとりかかりました。いざシング・シングを建設しようとなったとき、そして、野っぱらで収監者たちを働かせて建設しようと企てたときには、それが実行可能なことであると信じることを人びとは拒みました。成功したいまとなっても、まだたくさんの人びとが私に対して悪感情を抱いたり、嫉妬心を抱いたりしています。一年前に退職しました。公益のために十分働いたと思いましたし、私自身の幸せのために仕事をする時期だと考えました。

問い――あなたが打ち立てた懲罰規律制度は、アメリカとは違った場所でも成功できるとお考えでしょうか？

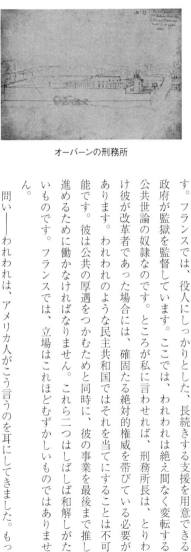

答え――私自身が企てたようにおやりになるのであれば、どこででも成功するだろうということに私は確信を持っています。フランスでは、われわれのあいだでよりも、もっと成功のチャンスがあるとさえ思います。フランスでは、役人にしっかりとした、長続きする支援を用意できる政府が監獄を監督しています。ここでは、われわれは絶え間なく変転する公共世論の奴隷なのです。ところが私に言わせれば、刑務所長は、とりわけ彼が改革者であった場合には、確固たる絶対的権威を帯びている必要があります。われわれのような民主共和国ではそれを当てにすることは不可能です。彼は公共の厚遇をつかむためと同時に、彼の事業を最後まで推し進めるために働かなければなりません。これら二つはしばしば和解しがたいものです。フランスでは、立場はこれほどむずかしいものではありません。

オーバーンの刑務所

問い――われわれは、アメリカ人がこう言うのを耳にしてきました。もっとも、そう信じる気がないわけじゃありませんが。刑務所制度が成功したのは、ひとつには、しっかりと法律に従うという習慣に、あなたがたの国では、人民が馴染んできたせいだというのですが。

答え——反対だと私は確信しています。シング・シングでは、収監者の四分の一がアメリカには縁がない外国人から成り立っています。私は、アメリカ人たちのように、彼ら全員にも規律に従うようにさせてきました。私にとって指導するのがもっとも困難だった連中は、南米のスペイン人たちでした。この人種は、文明人よりも、それ以上に獰猛な動物と未開人に似ています。統制するのに一番容易だったのはフランス人たちでした。他に先駆けて、自分たちの境遇にいち早く従っていたのが彼らでした。私が選ぶとしたら、アメリカの監獄よりもフランスの監獄を指導する方がずっと好ましいと思うことでしょう。

問い——あなたが語っておられる非常に強力な規律については、われわれ自身がシング・シングで、そのすべての効果に気づかされてしまいましたが、いったいその秘訣はどのようなものでしょうか?

答え——それをあなたに言うのは、私にはとてもむずかしいことだと思います。それは、日常的な一連の努力の結果です。そのことを証言する役割を果たさなければならないようですね。一般的な通則を示すわけにはいきません。肝心なことは、絶え間ない労働と沈黙を維持することです。それを達成するには、絶えず仕事に取り組まなければなりませんし、収監者と同様に看守たちをも見張らなければなりませんし、容赦なく、かつ公正でなければなりません。機械がひとたび組み上がれば、その運転は大変容易になります。私が政府の立場だったら、そして、監獄の状態を変える試みに着手しようと望んでいたのなら、有能で、知恵のある人間をひとり選ぶよう努力したことでしょう。われわれのところの監獄に似た監獄をひとつでも、自分自身の目で見て来たことが望まれます。あるいは、少なくともできる限り正確な観念をそれについて抱いてきたことも望まれることでしょう。こうした人間が見つかれば、彼に変更を加える権限を一切与えることでしょう。私の原則はいつも同じでした。それは、このような仕事のためには同一の人間の上に権力と責任の全体を集中しなければならない、というものでした。こうしたやり方で、州は、より多くの成功のチャンスとより多くの本当の保障とを決定的に見つけました。監察官が私の管理のなかで私を困らせようとしていたとき、彼らに対して言ってやったものでした。「あなたがたは、思い立ったときに自由に私を解雇することができます。私はあなたがた次第の人間です。ですがあなたがたが私を守り続ける限り、私は私が抱いた計画にだけ従っていくつもりです。選ぶのはあなたがたです」。

問い――肉体的懲罰なしで済ませられるとあなたはお思いですか？

答え――それは反対だということに、私は完全な確信を持っています。私は鞭打ちの懲罰をもっとも有効なものと見なしていますが、それと同時に、この懲罰はもっとも人間的なものだと思っています。というのも、それはけっして健康を損なわないからですし、収監者が本質的に健康な生活を送るように強制するからです。反対に孤独な禁錮はしばしば無力ですし、だいたいいつも危険なのです。私は大勢の収監者を見て来ましたが、このやり方では、服従させることはできません。おまけに、彼らは病院へ行くときにしか、独房から出てこなかったのです。鞭を使わなくては、大規模な監獄を管理することはできないと私は信じています。本のなかでしか人間性を見てこなかった人びとがなんと考えようと、このことは正しいのです。

問い――シング・シングでは、あんな風に野っぱらで収監者を働かせながら、慎重さを欠いたと思ってはいないのですか?

答え――ほかの監獄には、あのような運営秩序がありません。そういう監獄よりも、それがある監獄の方が指揮しやすいと思っているのですが。閉鎖された監獄では、同一の監視も、同一の気づかいも、看守から獲得することは不可能です。収監者を規律の軛《くびき》のもとに完全に屈服させることができるやいなや、彼らをもっとも有益だと判断される仕事に使うことができるようになりますし、その場合、労働場所はどこでも好きなところを選べばよいのです。ひとたび監獄の規律を改善してしまえば、こんな風に犯罪者を州は多種多様なやり方で使えるのです。

問い――独房制度が存在しない監獄では、良い規律を確立することは絶対的に不可能であるとお思いですか?

答え――私が思うには、独房制度がない監獄では、ひとつの大きな秩序を維持することができるかもしれませんし、仕事を生産的にすることもできるかもしれません。しかし、きわめて甚大な帰結を持つ一連の弊害を妨げることはできないでしょう。

問い――古い監獄のなかでも、独房を建設することができるとあなたは思っていますか?

答え――それは立地場所にかかっています。私は疑ってはいません。この変革は大部分の古い監獄に導入することができます。木造で独房を作ることはとても簡単だし、値段もそんなに高くつきません。しかし、独房には難点もあります。悪臭をとどめるという難点です。その結果、独房が不健康になるときがあります。

問い――要するに、大多数の収監者の更生については自信をお持ちなのですか？

答え――われわれのことをわかっていただかなければなりません。私は完全な改善など（若い軽犯罪者を除けば）信じてはいません。つまり、成熟した年齢の犯罪者が宗教的で有徳な人間になるのがしばしば見られるとは思っていません。監獄から出た人間が聖人になるとは信じてはいません。それに、施設付き牧師による宗教講話も、収監者の特別反省も、良きキリスト教徒をそこから作れるなんて思ってもいません。しかし、私の意見では、古株の収監者の大多数は累犯に再び落ち込まないし、監獄でひとつの職業を学び、労働の恒常的な習慣を持つような有用な市民となりさえするということです。そこに私がかつて生み出そうと期待した唯一の更生というものがあります。私はそのような更生だけを社会は要求できると考えています。

問い――請負事業についてはいかがですか？

答え――私は、収監者の労働を事業に貸し出すことは非常に有益だと思っています。ただし、その間、監督者は収監者の人格と時間の完全な管理者であり続けなければならないという条件はつきます。

問い――フランスでは、収監者の労賃は非常に安く見積もられています。

答え――生活規範が向上するに連れて、労賃は高くなるはずです。われわれがここで見て来たものはそれです。監獄はとても高くついていました。現在では、監獄は収益をもたらしています。良い生活規範を持つ収監者は、よりいっそう働きますし、手入れの行き届かない監獄のなかで、ときには生じているように、収監者に任された原料をけっして無駄遣いするようなことはありません。

問い――刑務所管理者のなかで、もっとも求められるべき性質とは、あなたの意見では、どんなものでしょうか？
答え――実際的な人間指導術です。とりわけ必要なのは、私がいつもそうであったように、誠実でない人間はいつでもやる気のない人間だということを深く肝に銘じて置くことです。この点を納得しているかどうかは、管理者が監督している人びとにすぐさま伝わるに違いありません。それは、彼らに対する抗いがたい支配力を彼に与えます。そして、最初はとても冒険的に思えるおびただしい事柄を容易なものにするでしょう。

繰り返しが何度もあって、何時間も続いたこの会話の過程全体を通じて、イーラム・リンズ氏は、まず、収監者を受動的服従に従わせなければならないという考えに絶えず戻った。この点が達成されれば、監獄の配置や労働の種類や労働場所がどのようであれ、万事が容易になったというのだ。

オナイダ湖への小旅行

一八三一年七月七日
シラキュースを二時に出発。馬で。雨傘、銃、獲物袋。新規開拓地深く進入する。六時にフォート・ブルーワートン(8)に到着。全景を一望。森林は人間と終わることのない戦いを続けている。殺された鳥。オナイダ湖を観望。木々で覆われた小さな丘陵群のあいだに東部湖岸が見えるくらい、はるか遠くにまで湖は広がっている。見たところ、家は一軒もなく、開拓地もない。単調で、うら寂しい光景。われわれが泊まった旅籠はひどかった。朝六時に出発。

広大な森林のなかに入る。小道がかろうじてついている程度。甘い冷気がそこにみなぎっている。賛嘆すべき眺望で、表現しがたいほどである。驚くべき植生。あらゆる類の巨大な樹木。**雑然とした木々の積み重なり**、野草、植物、灌木。満面の栄光のなかにあるアメリカ。いたるところ流れ出る水。巨大な松が風でひっくり返され、あらゆる類の植物に巻き付かれている。サウス・ベイ(9)についたのは二時間後だった。

フレンチマンズ・アイランド(10)に関する会話。彼らがこの場所に住居を定めたのは二五年前。この時代には、フランス人が島にいることはすでにひとつの伝承にすぎなくなっていた。フランス人が島にいたのは三一年前のこと。伝承が

オナイダ湖からフレンチマンズ・アイランドを望む

(8) フォート・ブルーワートン　オナイダ湖西端の町。フォートすなわち砦または要塞は、オナイダ河を挟んで町の北側にあった。八角形をしており、高い胸壁と堀で囲まれていた。砦が構築されたのは一七五九年に遡り、目的はインディアン対策で、オールバニーからオンタリオ湖東岸のオスウィーゴへ抜ける道を封鎖することにあった。

(9) サウス・ベイ　オナイダ湖の南東端の村。

(10) フレンチマンズ・アイランド　オナイダ湖北西部に浮かぶ島。リールの亡命貴族が移り住んだことから、その名がついた。

覚えているのは、花と一本のリンゴの木だ。その近くに木造家屋の残骸があった。

小舟に乗るのはわれわれだけ。島に上陸するのには難儀した。そこに足を踏み入れたと同時にわれわれは感動した。横切ってきたばかりの地方とは異なった光景だ。野生に帰った地。人間の痕跡。巨木のベルトのようなものを見ている。空地に着くと、すでに大木となった木々が遠い昔に明らかに切り倒されていたことがわかった。切り倒された数本の木の腐った古い幹が木苺と野草と枯れ枝のまんなかに傾《かし》いでいた。島の中央に一本の古いリンゴの木を発見。そのそばには、野生に帰った葡萄の木がまるで一本のつるのように、近くの木々の高さにまで、絡みついていた。そこに家があったのだ。その痕跡はもはや残ってはいない。われわれの名前を一本のプラタナスの木の上に書いた。再びわれわれは動き出した。島の深い沈黙は、そこで自由に生きている鳥たちによってのみ中断される。島をくまなく歩きまわったが、二人の人間が自分たちの世界を作っていた痕跡をどこにも見つけることはできなかった。この小旅行は、単に私がアメリカに到着して以来というだけではなく、旅行をしてから初めて、鮮烈きわまりない興味と感動を私にかきたてた。

オーバーン到着

七月九日。オーバーン到着。監獄訪問
七月一〇日。オーバーン滞在
七月一一日。同じ場所で

刑務所制度の生みの親への二回目のインタビュー

イーラム・リンズ氏との二回目の会話

問い——監獄での収監者の振舞いは、将来的な更生のためのなにかを証明しているとお考えですか?

答え——なにも証明していません。予後の診断を下さなければならないとしたら、私は監獄では完全に振舞う収監者も、監獄から一歩でも外へ出れば、昔の習慣におそらく舞い戻るであろうとさえ言うのを憚りません。私が常々感じてきたことは、最悪の人物が優秀な収監者になるということです。彼らは一般にほかの者よりも才覚があり、知恵に長けています。彼らは、自分たちの境遇をより耐えやすいものにするただひとつの方法は、苦しい、繰り返される懲罰を避けることだということに、ほかの者より早く、完璧に気が付きます。それは、悪い行ないの間違いない結果であるはずです。ですから、彼らは正しい振舞いをするのですが、それは、正しい振舞いがより良い価値を持っているからではないのです。こうした観察の結果は、監獄のなかでの善き行ないのために収監者に目こぼしを認めることなど、けっしてしてはならないということになります。逆の手法は、なにひとつ確実性を持たず、偽善者を作るだけです。

問い——そうは言っても、それがほとんどすべての理論家の手法ではないのですか?

答え——他の多くの点でもそうですが、この問題においても彼らは思い違いをしています。そうなるのは、お話ししている人間を彼らがよく知らないからです。たとえば、リヴィングストン氏[11]が禁錮制度を、彼のような社会的地位に生まれた人間に適用しなければならないとしたら、彼らは知性が発達し、道徳的感性が非常に活発ですから、私は、この制度が優れた効果を生み出すとは思います。しかし、監獄では話が反対です。教育がなにもなく、観念どころか、知的感受性さえも読み取るのに非常に苦労するような低劣な連中でいっぱいなのです。こんな連中に、前者のような人間にとってのみ有益でありうるようなものを拡張して当てはめようと望むリヴィングストン氏は、才人ではありますが、私が先に申し上げたように、ほとんど避けがたい誤謬に陥ってしまいました。

知事宅訪問

トゥループ知事[12]宅を訪問。小さな農園。自分の土地を耕している。知事の仕事に対する報酬はきわめて安いので、六カ月間は田舎で過ごして、知事の仕事から身を引くことができる。大物はあまりに報酬が低い地位などまったく求めない（とはリンズの言）。

公務員——知事の給料が安すぎる

オーバーン、一八三一年七月一二日
きょうは、ニューヨーク州の知事を訪問した。われわれが見たところでは、彼は木造の小さな農家全体の一階に住んでいて、畑の耕作に気を配る仕事に自身で従事していた。イーラム・リンズ氏が語っていたことだが、知事の地位はすごく低報酬（五〇〇〇ドル）で、トゥループ氏に一年のうち六カ月を自分の農園で過ごす権利がなかったら、彼は破産していただろうに、ということである。彼は、この節約ぶりをこき下ろしていた。才能ある人間が、と彼は言っていた、非常に低報酬の地位に志願することを妨げている。手だてがあれば、彼らはなんらかのビジネスでもっとずっと稼ぐことができるからだ。合衆国における社会状態と習俗状態についての特徴的観念だ。

(11) リヴィングストン、エドワード（一七六四―一八三六）連邦議会議員（一七九四―一七九八）。ニューヨーク地区主席検事を務めたのちニューヨーク市長。部下の公金横領の責任を取って辞職（一八〇三）。ニュー・オーリンズで弁護士となり、一八三一年にジャクソン大統領のもとで国務長官に就任。のちにフランス大使。二人が彼とワシントンで面会するのは、翌年の一月。ベンサムの影響のもとで、一八二五年にルイジアナ州刑法を起草したが、採択されず、一八二八年には議会でも刑法体系を提案したが、これも同意が得られなかった。肉体的懲罰の敵で、独房拘禁の支持者。オーバーン監獄制度の競争者だったフィラデルフィア監獄制度の支持者でもあった。

(12) トゥループ、イーノス・トムソン（一七八四―一八七四）マサチューセッツの清教徒。一八一二年に連邦議会議員に選出。ニューヨーク州副知事を経て、一八二九年に州知事に昇格。二人が訪問したときには、オーバーンから南東近郊のウィローブルックに住んでいた。

宗教と政治の峻別

オーバーン、一八三一年七月一二日

アングリカン[13]聖職者ウエインライト氏との会話。

ウエインライト氏は才人とお見受けした。彼は（アメリカでは珍しいことだ）育ちのもっとも良い人間の行儀作法を身につけていて、最高にニューヨーク風の流儀で教会の祭務をこなしている。

問い――こちらでは、宗教思想と政治的教義とのあいだになんらかの接触点はありますか？

答え――なにもありません。まったく切り離された二つの世界のようなもので、お互いの世界にお互いが平和に生きています。

問い――どこからその状態が生まれてきたのですか？

答え――異なる宗派の聖職者が政治にけっして口出しせず、けっして政治権力ではなかったし、また、そう主張したこともないということから来ています。いかなる政治的な問題であっても、もしわれわれがそれに口出しするなら、われわれへの尊敬に傷をつけることになると信じていました。われわれのあいだでは、大勢の人間が選挙の投票さえ棄権しているほどです。私の場合、つねに心がけていることがこれです。

オーバーンの教誨師だったスミス氏は私に同じことを言った。彼はこうも付け加えていた。「私は確信を持って言えますが、もし、長老派[14]教会の牧師が政治的重要性をその構成員に与えようと団体に提案しようものなら、団体はそれをためらいなく拒否するでしょう」。スミス氏は、かなりありふれた考え方をする長老派の若い牧師だが、熱意と善意には溢れている。

オーバーン、一八三一年七月一三日

私は道徳なしに共和制が存在できるとは思わないし、人民は宗教を持たないでも、道徳を持ち得るとも思わない。だから私の判断では、宗教精神を維持することはわれわれの政治的関心のうちで最大のもののひとつと思っている。

これがオーバーンの長老派神学校校長のリチャーズ[15]氏とのあいだで会話を持ったときの一字一句違わない要約である。リチャーズ氏は高齢者である。彼の敬虔さは、嘘いつわりのないものと見えた。それのみか、

(13) アングリカン　アングリカン・チャーチ（Anglican Church）のことで、一六世紀イングランドの王であったヘンリー八世が離婚を理由にローマ教会から破門されたのを契機に、国王を首長とする新教を設立したことに由来するプロテスタント教会。イングランド国教会、イギリス国教会、英国国教会などと称される。

(14) 長老派　一六世紀の宗教改革運動のなかで、カルヴァン（ジュネーヴ）とノックス（スコットランド）が組織したプロテスタント宗派。長老を中心として教会運営を行なうことから、その名がある。とくにイギリスで広まったのち、世界に進出、一八七八年には、世界長老派教会連盟が組織された。

(15) リチャーズ、ジェームズ（一七六七—一八四三）　合衆国の聖職者。コネティカット州グリーンフィールドで、組合教会の指導者ティモシー・ドワイト（一七五二—一八一七）に学んだ神学者。イェール大学出身。

熱烈なもの（アメリカではかなり珍しいことだ）とさえ見えた。宗教原理は力を失っていないかどうかについて、彼の意見をわれわれは彼に求めた。多分、大都市では失っているが、田舎の小都市ではそうではない。それどころか、三〇年前からわれわれは進歩してきたと思っている。これが彼の意見だった（私は彼が間違っているのではないかと懸念している）。

第六章　インディアンとの遭遇、『荒野の二週間』の冒険

〔訳者解説〕　二人は七月一四日にオーバーンを出発し、さらに道を西にとり、キャナンデイグアに到着した。『荒野の二週間』の始まり（七月一七日から）。地元でスペンサー氏を訪問したのち、さらに西のエリー湖畔の都市バッファローへ向かう。エリー湖を蒸気船で渡った一行は、クリーヴランドに立ち寄ったのち、デトロイトに入った。デトロイトで情報を集め、デトロイト北西のポンティアックに到着。宿の主人からサギノーの情報を得て、無人の荒野への期待に胸が膨らむ。インディアン二名を案内人に雇い、難路を克服し、サギノーへ到着。サギノーから再びポンティアックに戻る。その紀行文が『荒野の二週間』である。ポンティアック周辺のオーチャード湖とパイン湖を見たあと、彼らはカナダ旅行に出発するために、七月三一日にデトロイトへ戻ってきたが、そこで新たな情報を得たため、カナダ旅行をあとまわしにして、ヒューロン湖、ミシガン湖、スペリオル湖の三湖が交わるスー・セント・マリー、ミシリマキノーを経て、ミシガン湖のグリーン・ベイへ向かう（一八三一年七月一四日〜七月三一日）。

キャナンデイグア到着

七月一六日—七月一七日

キャナンデイグアに一六日に到着。スペンサー氏(1)への最初の訪問。宿泊と夕食に難儀。彼との長い会話。とても素晴らしい湖。赤いジャケット(2)。

七月一七日　英国国教会《アングリカン・チャーチ》。「慈善の家」訪問。散歩。とても気持よい夜。

スペンサー氏へのインタビュー

キャナンデイグア、一八三一年七月一七日、一八日

スペンサー氏は傑出した法曹家である。彼は弁護士、地区主席検事、連邦議会議員を次々とこなし、現在ではニューヨーク州議会議員である。彼は『修正法令集』の編集者のひとりだった。精神の本性は明晰さと洞察力であるように見受けられた。

問い――異なる立法期を持つ二つの院を構成する議員は、同じようにして選挙され、同一の被選挙資格にのっとって選ばれるのですか?

答え――ええ。とくにニューヨーク州では、両院を占めるのは絶対に同じ種類の人間です。

問い――ですが、それじゃ、二院を持つのが有用であるのはどうしてでしょうか?

答え――有用性には測り知れないものがあります。立法府がひとつしかないことは嫌悪すべき制度(3)だというのは、アメリカでは、いまやすべての人にとって承認された公理であるとの思いを強く感ずるほど、それ

は有用です。ペンシルヴェニアでは、議会はひとつしか認めないという原理上の間違いを犯していました

(1) スペンサー、ジェームズ・キャンフィールド(一七八八―一八五五) 合衆国の政治家で、弁護士。第一二代大統領ザカリー・テイラー(一七八四―一八五〇)のもとで、陸軍長官(一八四一―一八五五)、財務長官(一八四三―一八四六)。メキシコとの戦争につながりかねないテキサス併合に躊躇したため失脚。『アメリカにおける民主主義』の初訳を英訳した。なお、スペンサーとのインタビューは二日間にわたって彼の屋敷に宿泊して行なわれた。ボーモンはひどくこの滞在が気に入ったらしく、「とても面白い座興」をしてくれたメアリーとキャサリンという二人の美しい娘のうち、メアリーの方が「より可愛らしく」、「イギリス人女性には見つけられるが、しかし、フランス人女性ではほとんど見たことがない肌の色をしていた」と母親に書き送っている。

(2) 赤いジャケット インディアン指導者。赤いジャケットを着込んでいたので、その名がある。滅びゆくインディアンの典型的な首長として、トクヴィルの関心を引く。話がうまく、雄弁で知られ、サゴイエワサ(眠らせない男)とあだ名が付けられていた。一七五〇年頃の生まれ。イロクォイ同盟の一員として合衆国と戦う。弁舌の才能はつとに有名で、同盟を代表してワシントンとの交渉役を務め、和平を実現した。一八二一年には、インディアン居留地保護の法律を成立させるのに成功。晩年はバッファロー近郊に住み、一八三〇年(トクヴィルによると、没年は一八二九年)に亡くなった。一八〇五年にニュー・イングランドの宣教団に対して語った「白人と赤色人にとっての宗教」という演説がよく知られている。

(3) 『民主主義』、第一巻、第一部、第五章(『デモクラシー』、第一巻、(上)、一三一―一三五ページ)参照。トクヴィルが八四八年の二月革命後に憲法制定準備委員会で二院制を主張したことは知られているが、スペンサーはこのときにも、二院制を採用するように彼に手紙(同年六月一〇日)を送っている。

が、それを諦めざるをえなくなってしまいました[4]。二つの院を持つ立法府の最大の長所をあげましょう。まず、第一に、そして最大の長所ですが、それはひとつの決定に二回の試練を受けさせるということにあります。二回の議論のあいだに時間が流れるので、良識と穏和さがこの時間を利用します。そして、下院と同じ要素から成り、下院と同じ精神で突き動かされているにもかかわらず、上院は、異なる観点からひとつの問題を見ることもしょっちゅうですし、一回目の投票でそのようなものになることに取り組んだ下院が訂正することができないものを、上院が訂正することも絶えず起こります。第二の長所は、わが上院の制度そのもののうちに見られると私は思います。上院を構成する議員は、下院議員よりも長期に渡って役職にとどまっています。そして、上院議員は、徐々に更新されますから、前例をよくわきまえ、すでに政治教育を済ませた人間からなる大きな集団を立法府そのもののなかでつねに形成します。彼らは、わが立法議会に実践的能力と一貫した精神を与えます。こういう集団が形成されていなければ、わが連邦議会には、実践的能力と一貫した精神が抜け落ちるということがしばしば起こったことでしょう。

問い――一般に、弁護士会の精神はどのようなものなのでしょう?

答え――淀んでいるということが大方の不満を買っています。フランスでは、正反対の非難がなされているということを私は知っています。私の意見では、違いが生まれる理由はいくつかあります。第一に、アメリカの弁護士会は変化にまったく利害関係を持たないということがあります。われわれのあいだで組織されているような形での社会秩序は、もっとも有利な仕組み弁護士会に提供しています。さらに、私が思うには、わが民法のなかにはあなたがたの民法とは異なる一般原理が存在します。それがわが弁護士たちに正反対の習慣を精神に与えているに違いありません。わが民法は完全に前例にもとづいて打ち立てられています。司法官は、他の司法官がすでに裁いてしまった事案によって絶対的につながってしまいます。そこから帰結するのは、われわれのあいだでは、法律上の論争が言わばなくなってしまうということです。すべてが言わば事実の点でどうなのかに絞られます。このような素材に関してすでに裁かれ済みのことはなにかを知ろうとすること、そして、前例の適用可能性の大小を議論することが大事になります。あなたがお感じのように、このような研究は、理論の感覚を磨くにはふさわしくありません。しばしばそれは精神を萎縮させます。あなたがたのところの弁護士は反対で、少なくともいろいろな報告書から私なりに判断できる限りでは、糞尿の穴について社会の根本にまで遡ってさぐりを入れなければならないと信じているようですね。

問い――裁判官は弁護士に対して懲罰権を持っていますか？

答え――はい、持っています。裁判官は弁護士を譴責し、罰金刑に処し、弁護士会から除名することができますし、ときには、極端な場合ですが、彼らを監獄へ送り込むことさえできます。要するに裁判官は、立場上、自分を超えるものがなにもないようになっています。法廷外では彼らは完全に同等です。

問い――あなたがたの司法官職に対してはどのような非難がありますか？

答え――私が司法官職に対して、ただひとつ非難できると思うことは、人民にいささかおもねりすぎのそ

（4）ペンシルヴェニア州では、フランクリンの影響のもとで、一七七六年の州憲法制定時には、行政権力の拒否権と引き換えに一院制を敷いていたが、一七九〇年に二院制に改められた。

しりを免れないという点です。大衆に分かち持たれていると思われる意見に対しては、勇気を持って戦うことがないということです。われわれは、政治的利害にからんだいくつかの訴訟にその例を持ってしまいました。習慣的に、そして普通の事件においては、彼らは彼ら自身の信念からというよりはむしろ、このような動機から、甘めな判断を下しがちだということです。

問い——公共世論への報道の影響はどのようなものでしょうか?

答え——それは大きな影響力を持っていますが、しかし、報道は、フランスの場合と同じやり方で影響力を行使しているわけではありません。したがって、ジャーナリストの意見にはきわめて微々たる価値しか置かれません。ジャーナリストは、影響力を獲得するためには、彼が知らせる事実と事実に与える言い回しに頼るほかありません。ですから、ときにはひとりの人間やひとつの物差しに頼ってしまうために、ジャーナリストは世論を惑わせるに至るわけです。要するに、どの国でも、そしてどの統治のもとでも、報道はつねに恐ろしい用具であり続けるでしょう。

問い——あなたがたが報道の自由に設けている制限とはどのようなものでしょうか?

答え——この点でのわれわれの原理はきわめて単純です。意見の領域にあることであれば、すべてのことが完全に自由です。王政がどのような政体よりも一番いい、などということをアメリカでは、毎日でも印刷できます。しかし、新聞が中傷的な事実を掲載するとき、犯罪的な意図を理由なく抱いたとき、すぐに彼は告発され、普通でいけば高額の罰金刑に処されます。そんなに昔ではありませんが、そのひとつの例を私は持つことになりました。モーガンが失踪したために(フリーメーソン事件(5))、訴訟が起こされましたが、そのときにある新聞がこんなことを掲載したのです。陪審員たちは党派精神から有罪の決定を下したというのです。私は記事の作者を訴追し、彼を有罪にさせせました。

問い――あなたの意見では、定期出版物の力を減殺する手段はなんだとお考えでしょうか？

答え――なににもましてもっとも有効なのは、できる限り新聞の数を増やすことと、極端なケースでのみ新聞を訴追することです。新聞の数が増えれば増えるだけ、その力は減殺されます。それは、異議を唱えようがない事実として、経験がわれわれに教えてくれたことです。私が聞き及んできたところでは、フランスには、信用のおける二つないし三つの大新聞しかなかったそうですね。そのときには、報道は破壊的因子となっていると私は思います。それに私が思いますに、あなたがたの社会序列がわれわれの場合よりも報道の作用をいつも恐るべきものにしています。パリは、王国の他の地方に巨大な影響力をいつも行使してゆくことでしょう。われわれのところでは、利害が多数の仕方で細かく分けられています。作用の馬鹿でかい中心がまったく存在しません。広い範囲にわたって公共世論を扇動しようとしても、それはほぼ不可能です。ニューヨークの新聞は、近隣の村の新聞よりも大きな影響力をわれわれに対して持つことはありません。(6)ジャーナリストが彼らの個人的意見を表明しても、それで勝ち取られる権力など知れたものであるもうひと

(5) フリーメーソン事件　一八二六年八月に起こったモーガンの謎の失踪事件。秘密が暴かれるのを妨げようとして、フリーメーソンの彼をオンタリオ湖で溺死させた同僚が告発された。

(6) 『民主主義』、第一巻、第二部、第三章（『デモクラシー』、第一巻、(下)、三〇ページ以下）参照。

つの理由は、共和国が始まったばかりの数年のあいだ、新聞を彼らが悪用したことです。その頃です。ジャーナリストの大部分がイギリスに売り渡されていたことが立証されたのは。そのとき以来、公の信頼は彼らから奪われてしまったのです。

問い――あなたがたの新聞には、影響力ある人物が書いていますか?

答え――党指導者は、しばしば名前を記さないで、新聞に書いています。

問い――合衆国を支配している宗教的寛容は、なんに由来するのですか?

答え――主として、諸宗派の極端な分裂(それはほとんど果てしがないくらいである)に起因しています。かりに二つの宗教が目の前にあったら、われわれはお互いに喉を斬り合うでしょうね。しかし、どの宗派でさえも多数派ではないので、寛容をすべての宗派が求めるわけです。それに、なんらかの宗教が社会を形成する人間には必要であるというのが、われわれのところでの一般的な意見であり、私もその意見を共有しています。フランスでは、すべての実定宗教を廃棄しようと試みられたという話を私は聞いておりました。もしそんなことが事実だとすれば、いくらあなたがたの自由の精神をもってしても、あなたがたのところで自由な諸制度が強化されるのを見るようなことはおよそないでしょう。あなたがたは、次世代に期待することができるだけでしょう。

問い――宗教に持ち前の支配力を返すのにもっともよい手段とは、あなたのご意見では、なんでしょうか?

答え――私は、自由の諸観念と合致する傾向を持っているのは、カトリックよりも改革派の方だと思います。とはいえ、聖職者が一切の世俗的影響から絶対的に離れるというのであれば、本来それが持っている知的影響力を時間とともに再び回復しないとは限らないと思います。私は、聖職者に敵対的になるのではなく、聖職者を忘れているかに見えることが聖職者を役に立たせるためのもっともよい手段だと思います。いや唯一の手段だと言ってもいいでしょう。こういうように振舞えば、あなたがたは徐々に公教育が彼らの手中に落ちるのを見ることになるでしょうし、若者は時間とともに、別の精神を持つようになるでしょう。

問い――あなたがたのあいだでは、聖職者は公教育を指導していますか？

答え――ええ、完全に。私はニューヨーク州では反対の二つの例しか知りません。こうした事態は私には自然にかなった姿だと思われます。

問い――貧民に対するあなたがたの立法はどうなっていますか？

答え――われわれは、他の多くの問題同様、この問題に関しても、英国の例にならってきました。われわれには、それはあまりにも高くつくと思われたので、結局英国の制度を断念してしまいました。ニューヨーク州に新しい制度が持ちこまれたのは、わずか数年前からのことにすぎませんが、それはどんなものであったかと言いますと、郡《カウンティ》ごとに貧民たちの家を持つようにし、裁判の力でそこへ浮浪者を強制的に送り込むわけです。さらに、**教区民生委員**と呼ばれる公務員がいて、彼も生活手段を持たない人間をそこに受け入れさせる権限を持っています。こうした**慈善の家**には、土地資産が付随していて、それを幽閉された浮浪者と貧窮者が耕さなければならないことになっています。法律の目的は、この農場が時間とともに施設の費用を賄えるようにすることにあります。成功するとわれわれは大いに期待しています。それは出生地ではありませんが、貧民が送り込まれなければならなかったような場所にくらべれば、れっきとした居住地です。

問い――公教育に関係した事柄は、あなたがたのところではどのようにして処理されていますか？

答え――この目的で使用するための特別基金が州にはあります。州はこの基金の一部を自治体に与えますが、その際割り当てられる金額は、それを必要としている自治体の側が自分たちで払うことに同意した努力に比例しています。というのも、われわれのあいだでは、これが一般に認められたやり方だからです。つまり州はつねに助けなければならないが、けっして全面的にそれをしてはならない、ということなのです。現場にいて、自分たちのかねを与える個人であれば、自分たちの利益と立場から、資金管理に注意と監視の目を向けることができますが、大きな行政単位になると、それができないと考えられています。それにできる限り地域の利益を作り出すことが望まれています。州のかねと自治体のかねとのこの組み合わせが二つの目標を絶妙に達成します。こちらでは、教育がすべての人びとの関心を呼び覚ましています。本当の意味で王様である人民は、だれでもが人民を啓発する必要を感じているのです。

問い――あなたは、あらゆる類の納税額制限を選挙について撤廃した最近の法律が嘆かわしい結果をもたらしてしまったことに注目しておられますか。

答え――いいえ、反対です。すっかり満足しきった人民は扇動者の陰謀には引っかかりません。

インディアン

エリー湖上、オハイオ河の河畔、一八三一年七月一九日いまでは、ヨーロッパ人の所有地に取り囲まれている人びと自身のあいだに、ときとして優れた知性と野性的活力を持つ人物がまだなお現われるのが見られる。その優れた知性は、インディアン種族の最終的な運命を予見し、その野性的活力は、いまでは避けがたくなっている未来といまだに戦おうとしている。バッファロー近くのセネカ族(7)の村で一八二九年になくなった**赤いジャケット**(*Red-Jacket*)は、最後のインディアンと呼ばれるにふさわしい人物のひとりだった。

スペンサー氏は、彼に関して次のような逸話を語ってくれた(一八三一年七月一八日)。

「**赤いジャケット**は、現代において白人が相手にした最大の敵であり、そして白人に対する憎しみから、新世界において、キリスト教が相手にした最大の敵でもありました。ヨーロッパ人とおおっぴらに武力で戦う時代が去ったと感じていた彼は、仲間がわれわれのまんなかで消えてなくなるのを阻止しようとして、少なくとも、彼が持っていた道徳的な力のすべてを使っていました。**赤いジャケット**はわれわれの習慣を知っていましたし、英語を解しました。しかし、彼は英語を話すことを拒んでいました。仲間に対する影響力には、測り知れないものがありました」。スペンサー氏はこう付け加えた。「雄弁がより自然で、より人を引きつける場合、あるいは皮肉を扱うすべに、より長けている場合には、そういう男を理解するのはむずかしいことになります。いまから一〇年前にひとりのアメリカ人を殺したとして、バッファロー近郊のインディア

(7) セネカ族　イロクォイ同盟の有力部族。キャナンデイグア西方の湖沼地帯にあるセネカ湖近辺に居住していた。セネカは「岩山に住む人間」を意味する。

ンが告発された事件を私は覚えています。彼は逮捕され、われわれの陪審のひとつに引き出されました。そのとき私は地区主席検事だったので、彼に対する訴訟を指揮する立場にありました。赤いジャケットは彼を弁護するために現われました。通訳を使わざるをえなかったにもかかわらず、彼は訴訟に勝ちました。公判のあとで彼は私に近づいてきて、私にまったく単純素朴な風でこう言いました。『たしかに俺の兄弟（彼は被告について、こう言っていました）は、かつておまえにひどい悪口を浴びせたな』。あの男が罪を犯す前にはその存在すらも私は知らなかった、と私は彼に答えて言ってやりました。すると赤いジャケットは『俺にはわかっているんだ』と続けました。『殺された白人はおまえの兄弟だった。おまえは奴の復讐をしたがっていたんだ』。私はもう一度彼を誤りから目を覚まさせようとし、彼に私の職業の性質について理解させるように努めました。赤いジャケットは注意深く私の話をきいたあとで、私にこんな質問をしてきました。私がいま説明したばかりのことをやるために、おまえの民族のご先祖様がいくらかの報酬を支払っていたかどうかを聞いてきたのです。私は彼にそうだと言いました。そのとき彼は一番激しい怒りを味わったらしく、こう叫びました。『なんてことだ。おまえは、おまえにけっして危害を加えなかったのに、俺の兄弟を殺したいと望んだばかりか、前もって俺の兄弟の血をおまえは売ってしまっていたのだな』」。

「正直に言って」とスペンサー氏は付け加えた。「この乱暴な言葉には茫然自失したままでしたよ……」

「もう何年も前のことですが、その頃は、まだ自分たちの名前を残していた谷間に暮らしていたモホーク・インディアンのところに、ボストンの長老派教会がひとりの宣教師を派遣したことがありました。赤いジャケットは彼らのあいだにいました。宣教師の話を聞こうと部族が集まってきました。そのあとで、慣習にしたがって全体で協議が行なわれました。長老派牧師に帰ってもらうという決定がなされたあとで、この決議を牧師に伝える任務が赤いジャケットに託されました。『わが父は実にうまくしゃべったわけだが』と赤いジャケットは言いました。『しかし、わが兄弟はひとつの疑問を持っていて、ぜひそれに明快に答えてほしいと思っているんだ。わがご先祖たちは、偉大なる精霊を見たとわが父祖たちに語ってきたんだ。われわれはわが父祖たちを信用しているんだ。聞くところによると、白人たちは、偉大なる精霊が与えてくれた一冊の本を信じているそうだな。しかし付け加えて言われている噂では、白人の数限りない部族のそれぞれがその本に異なった意味を与えていると言うではないか。嘘の報告がわが兄弟になされてきたのかな?』宣教師は、赤いジャケットの言うことには一理あると認めざるをえませんでした。この人物は、謙遜しながらこう続けました。『偉大なる精霊がわざわざ万物について知識をお示しになり、本をお与えになったのに、白人たちがそれを理解したとの確信を持てないのであれば、憐れな未開人がむずかしいことを理解することに成功できるようにと、どうしてわが父が望むことなどできるだろうかね』。宣教師は、キリスト教徒の違いは数点だけの違いであり、残りのすべての点については一致している、と説明にこれ努めました。赤いジャケットは思う存分宣教師に語らせておいて、そのあとでこう言って会話を打ち切りました。『赤色人にとってはわかりにくいことだな。だけれども、わが父がもっとも近いところにいる白人どもに、わかりにくいことを何度も話しに行ってくれたらよかったのにな。そして、毎日のように白人が仕出かしているわが土地とわが家畜を盗む所業を、もしわが父の演説が妨げることになったら、わが父は赤色人の方へ戻って来ることができるだろうし、話にもっと耳を傾ける赤色人の姿を見つけることだろうね』」。

インディアンとの初めての出会い

初めて出会ったインディアンはオナイダ・キャッスルに住んでいる。オナイダ・キャッスルはニューヨークからおよそ二七〇マイルのところに位置する村である。彼らは施しを求めて、馬車のあとを追いかけて走っていた。それで彼らを調べる余裕がなかった。しかし七月一八日の夜バッファローに着いたとき、インディアンたちの大規模な人波に遭遇した。聞いたところでは、彼らは合衆国に譲渡した土地の代金を受け取りにやってきていたようだ。合衆国はその代金を年定期金として配っていた。〔以下は『荒野の二週間』より――あのようなインディアンを見たときほどの完全な失望をかつて一度でも味わったことがあるとは思わない。私はド・シャトーブリアン氏やクーパー氏の思い出話で頭がいっぱいだったし、私がアメリカの原住民族のなかに見たいと期待していた未開人というのは、自由の精神が産み出すあの高尚な美徳のいくつかを自然が痕跡として残してくれた姿をしていたからだ。私がめぐり会えると思っていたのは、狩猟と戦争で身体が発達し、裸体になっても、見るべきものをまったく失っていなかった人間だった。この肖像画を次に描いて行く肖像画と比べていただければ、私の驚きがどの程度だったか、判断できるだろう。あの晩私が見たインディアンは背丈が小さかった。彼らの四肢は、着ているものから判断する限りでは、かぼそく、とても筋肉質とは言いがたかった。一般に信じられているように、彼らの肌は赤銅色を呈していると思いきや、そうではなくて、一見して、ムラートに非常によく似ているように思われるほど、濃い青銅色をしていた。黒く光沢のある彼らの髪は特異なしゃちこばりを示し、首と肩に落ちかかっていた。彼らの口は概して度外れに大きく、顔の表情は卑しく、悪意のあるものだった。彼らの相貌は文明の恩恵を長く濫用してきたことだけが帯びさせうる、あの深い頽廃を示していた。ヨーロッパのわが大都市にいる最底辺の下層集団に属する人びとについて語ってきたかと思わせるが、それにしても、まだ彼らは未開人ではあった。彼らがわれわれから手に入れていた悪徳には、彼らを何百倍も嫌悪の念を抱かせる存在にしていた、野蛮で文明化されていないなにかが混ぜられていた。これらのインディアンは武器を帯びてはいなかったし、ヨーロッパ風の服を着ていた。しかし、彼らはわれわれと同じやりかたで、それを利用しているのではなかった。見たところ、彼らは服の利用に適するように作られてはおらず、彼らの囲いに囚われたままだった。ヨーロッパの装飾に野蛮な奢侈の産物を付け加えていた。羽根や巨大な黄金の留め金や貝の首飾りがそれである。これらの人間の動きは素早く、無秩序で、その声は鋭く、調子外れで、目は落ち着きがなく、野性的だった。一見しただけでは、彼らのうちのだれのなかにも、一匹の森林の動物しか見ないことになりがちだった。教育がこの動物に一個の人間の見かけをうまく与えることができたのだが、それでもやはり、所詮、彼らは動物のままであった。とはいえ、これらのひ弱な頽落した存在が、旧世界アメリカきっての高名な部族のひとつに属していたのである。われわれが目の前に持っていたのは、語るも涙だが、かの有名なイロクォイ同盟の最後の名残であった。その雄々しい知恵は、勇気に劣らず有名で、そのおかげで、彼らは長いあいだヨーロッパ最大の二国のあいだで、釣り合いを保ってきたのである。とはいえ、この型くずれした見本からインディアン人種を判断したがるのは、わが都会の泥のなかで育ってきた野生の樹木の迷える若芽のようなものとして彼らを見るのと同じで、間違いであろう。」

バッファローからデトロイトへ湖上の旅

一八三一年七月一九日

バッファローでの二回目の散歩。綺麗な店。フランス製品。ヨーロッパ的奢侈。インディアンを見るのは二度目。昨夜よりも機嫌が悪くない印象。彼らのうちの幾人かは、われわれの農民の特徴にほぼ近い（しかしながら、野性的な顔だち）。シチリア島人の顔だち。まずまずのインディアン女性はひとりも見かけない。

一八三一年七月二〇日

デトロイトへ出発。小さな蒸気船〔オハイオ号〕。だれもわれわれを知らない。われわれに対するアメリカ人の礼儀作法における著しい変化。反対向きの強風。荒天時の海のような湖面のざわめき。

同日

われわれは、半島という名前のもとで、フランス人が築いた**エリエ**に朝の九時に着岸した。湖には湖岸の大地と半島とのあいだにいまでは水路が通ったために、半島が島となってしまった。土砂降りの雨のなか、エリエ訪問となった。このときには、ピッツバーグ（かつてのデュケーヌ砦）から一本の運河が掘られ、エリエに達しようとしていた。この運河はミシシッピ河と北部の河をつなぎ、メキシコ湾と大西洋とをつなぐだろう。一時間後にわれわれは再び動き出した。

七月二一日

船長ともめる。クリーヴランドに夜の六時に到着。そこまでは湖の様子は単調。だいたいは、右手に湖を見ていたが、湖は海に似ていて、視野が消えるほど遠くにまで、ずっと透明な水が広がる。左手には、ペンシルヴェニアとオハイオの湖岸があって、そのまぢかすれすれをわれわれは通る。湖岸はたいていの場合、完全に平地なのだが、ときとして数ピエ〔フィートと同じ〕盛り上がっている場合がある。ほとんどどこでも湖岸は原始林に覆われているように見える。その巨木は、根を水没させる湖の水面にみずからを映し出している。この光景に威圧感があるのは、それが単調そのものだからである。そこでこんなことを信じる気になる人がいるかもしれない。湖面に航跡を残してきた船はたった一隻しかなく、それがあなたがたを運んできた。そして船から見える土地はいまだに人間の所有地になったことがない、と。しかしそんなことは全然ない。湖が始まっている場所でのみ終わる薄暗い森林は、その縁に沿って、まるまる数時間歩いてみると、突然、鐘楼や洒落た家や美しい村や富と生業の外観が見えてくるのである。野生的なものと言えば、ここには自然以外にはひとつもない。人間は文明のすべての力で武装して、自然といたるところで戦っている。都市の通りになると、あいだに無人の荒野が挟まることなく、もっとも野生的な場景から文明化された生活のもっとものどかな絵画へと移っていく。夜があなたがたを驚かせないうえに、一本の木の根元に夜がねぐらを求めざるをえなくさせないのであれば、あなたがたは、フランス人の流行とパレ＝ロワイヤル〔パリの繁華街〕のカリカチュアに至るまで、どんなものでも発見するような場所にきっと行き着くことだろう。

七時にわれわれはクリーヴランドを出発した。素晴らしい夜。森林を照らす月が湖面にみずからを映し出している。

デトロイト到着

七月二二日

日が昇る頃、湖のまんなかを北西の方へ航行した。湖岸はもはや遠くの方にしか現われないが、しかし、非常に多数の小島がわれわれを取り囲んでいる。**ミドル・シスター**の小島のそばを通過する。この付近で海軍の戦いが交えられ、イギリス軍が敗れた。

デトロイト河へ入る。島がひとつ。通り道は二本。われわれはイングリッシュ・チャネルの方［左岸の方］をとる。フォート＝モールデンの建物。村はフランス風の外観。カトリック教会。風見鶏の鐘楼。河岸には、いかつい軍服のスコットランド人兵士。他方には、一隻のカヌーに丸裸の二人の未開人。それがわれわれの船の周囲を渦巻きのように早く回っている。鼻に輪をぶら下げている。河岸の木々の下に、一種の納屋のような建物がまんなかに火を灯して建っている。回りには裸の子供たち。一方は文明の極端で、他方はそれとは対極をなす。

われわれがデトロイトに着いたのは四時。アメリカ風の綺麗な村。建物には多くのフランス語の名前。フランス風の縁なし帽。デトロイトでカトリック教会の司祭をしているリシャール氏に会いに行く。学校建設に従事している彼を見つけた。彼の来歴は以下のとおり。パリでは、アイルランド人たちに育てられ、サン

＝シュルピス［教会］で神学を勉強し、一七九一年に最後の叙任で司祭となり、国を棄て、デトロイトにやってきた。数年前からミシガン準州選出の連邦議会下院議員。熱烈で、真摯な信仰心を持つように見える老人。会話はあちこち飛んだが、にもかかわらず面白い。移民のせいで、ミシガンでもプロテスタント人口が多数を占めるようになり始めている。いずれにせよ、カトリックはもっとも開明的な人びとのあいだで、若干の改宗を勝ち取っている。宗教に関しては、アメリカでは上流階級が極端に冷たいという点に関するリシャール氏の意見。極端な寛容の原因のひとつはこれ。要するに完全な宗教寛容。あなたが**何教であるかは聞いてこない**。しかし、**仕事ができるかどうかは聞いてくる**。人間ができる宗教への最大の奉仕は、地上権力からそれを引き離すことである。人民政府、陰謀、謀反に対する悪感情が感知しえないほどの微妙な差異をもたらしている。中央政府が選挙を実施することまでやる。新しい諸州に対する合衆国方式。自分自身による自己統治に段階を追って諸州は慣れていく。ミシリマキノーのそばに未開人キリスト教徒がコロニーを建設。彼らの熱狂、彼らの熱心さ、彼らの教育。

リシャール氏の家を出て、どの方向をとるべきか迷う。アメリカ人全員がもっとも整備された道をわれわれにとらせようとし、もっとも古い**植民地**を経めぐらせようとした。われわれの方は、**荒野**《ワイルダネス》と未開人を望んでいる。あえて、あまりそのようなことは打ち明けない。サギノー湾が提案された。根負けして、そうすることに決めた。

エリー湖に関する情報

デトロイトの住人(8)からエリー湖に関して七月二三日に情報を得た。

シラキュースとオナイダ湖の周辺で未開墾の土地は、一エーカーあたり五ドルから六ドルで売られている。そして開墾されている土地は、一五ドルから二〇ドルで売られている（一八三一年七月八日）。

キャナンデイグアでは、耕作地は、一エーカーあたり一八ドルから二〇ドルで売られ、最良の耕作地は一エーカーあたり二五ドルで売られている。バッファローも同じ値段。

ミシガン準州では、未開墾の土地面積は、均一価格で、一エーカーあたり一〇シリングで売られている。その場で全額を支払うことが義務づけられている。州が売り出す土地もすべて、同じやり方をとっている（あとで借金を回収するのがむずかしかったという理由で、一般的にこういうやり方がとられている）。州はそれに利益を見いだしている。安く売るけれども、借金回収をしなくて済むのが公益に資すると思っている。(9)

開墾したいと思ったときに、事業のなかでもっとも容易なのは、土地の購入であると見なされている。本当にかねを払わなければならないのは、耕作に対してである。その値段は一エーカーあたり、五ドルから一〇ドルかかる（木を切り、それらを取り除き、囲い地を作り、土地を耕す）。こういう風にして用意される一エーカーあたりの年間収益は、二ドルから四ドルである。一労働日の値段は五〇セントで、食事代を含まない。

日雇い人夫に飯を食わせなければ、一労働日は六シリングにつく（このことは、大量に出回っている情報と矛盾している。そうした情報によると、食事抜きの一労働日の値段は八シリング、あるいは、一ドルだというのである）。

デトロイトからポンティアックへ

七月二三日

(8) ジョン・ビドル（一七八九—一八五九）のこと。軍人で、ミシガン準州下院議員（一八二九—一八三一）。父はペンシルヴェニア州副知事チャールズ・ビドル（一七四五—一八二一）。叔父に合衆国銀行総裁のニコラス・ビドルがいる。軍職を退いたあと一八二一年から一年間グリーン・ベイでインディアン代理人を務めたのち、一八二三年から一四年間、デトロイト土地管理局の管理官を務める。一八二七年から一年間デトロイト市長を務めたのち下院議員。トクヴィルが会話を持ったときには、議員を辞職したばかり。

(9) 公有地はニューヨークに設置された財務省内の土地管理総局が管理していた。四二地区に分けられ、それぞれの地区の土地管理局には大統領と上院が任命する二人の公務員（書記官と収税官）が配置されていた。一八二〇年までは借金で購入が許されていたが、のちに投機を防ぐために、最低価格を一エーカー（一二二六坪）あたり一・二五ドルとし、現金購入が法令で定められた。ミシガン地区デトロイトでは、トクヴィルが訪問したころには、八七九万五一六五ドルで七〇三万六一二一エーカーの土地が払い下げられたが、これを現在の州面積で計算すると、ほぼ一割に当たるために、州全体では相当の面積が二束三文の値段で私有地になったと考えられる。

枕、磁石、ブランデー、砂糖、弾薬を買い込む。馬を二頭借りる。
ビドル氏との会話。

いざウィルダニスへ

一一時に出発した。われわれの服装。われわれの旅行スタイル。仕留められた鳥たち。ついに荒野へ向かって歩き出す喜び。大地は完全に平ら。一リューのあいだ、木がなく、デトロイト周辺の耕作地が続く。その後、深い森林に入る。素敵な道が開けた。時折なにもない小さな空間。素晴らしい木がぐるりを取り囲む。焼かれた木も混じる。木の幹で覆われた野原。そのまんなかに**ログ・ハウス**、しばしば窓なし。貧困をうかがわせるようなものはなにもない。農民の身なりは良い。まわりにいる家畜に付けられた鈴。トロイ近郊の裕福な雰囲気のなか、**ログ・ハウス**の戸の前では家族がお茶を飲んでいる。人家がますますまばらになる。人家のあとにはすぐに森が再び始まる。うっとりとさせる沼地を渡る。自然がすべての費用を賄ったような英国庭園風の眺め。トロイでの夕食。カナダのフランス人といった光景。

ポンティアックに夜の八時に着く。われわれは馬を替えようと思った。森林へ一マイルのところの男を指示された。われわれだけが歩いている。夜の光景。森林の信じられないほどの沈黙。木々のあいだの月がもたらす効果。まるまる半時間して、小さな空地に**ログ・ハウス**を見つける。われわれは柵を飛び越えたが、犬の吠えるのを聞いて、あえて近づこうとはしなかった。ようやくわれわれは着いた。家の収容能力のすべてを占めている部屋に入る。隅に火がおこり、あらゆる類の用具があり、もう片隅には素晴らしい寝台がある。男女が寝ていた。女性の方は貴婦人のように服を着込んでいた。裕福と貧困の奇妙な取り合わせ。**ログ・ハウス**のなかのアメリカ人は、一時期、ある季節に、狩猟小屋に腰を落ち着けに来るような裕福な人間の雰囲気を漂わせている。

ポンティアックからサギノーへ

七月二四日

ポンティアックを出ると、道は徐々に街道としての特徴を失った。道は木々のあいだを曲がりくねり始める。**開拓地**はだんだん恐ろしく珍しくなる。ウィリアムズ氏[10]という人物に会いに行くようにと言われていた。彼はインディアンと取引をする仕事をしており、有益な情報をわれわれに与えることができるかもしれないということだった。ポンティアックから四マイルの**開拓地**近くを通り過ぎたとき、まさしくウィリアムズ氏という老人にわれわれは話しかけたのである。われわれは行きたい場所を示した。彼にインディアンのことを話す。インディアン讃。彼らを恐れる必要はなにもない。白人よりも信用できる。

(10) オリヴィエ・ウィリアムズはインディアンと毛皮取引をしているポンティアックの商人。サギノーの大地主で、アメリカ毛皮会社の代理人その息子。

耕された畑がすっかり終わった感じ。ずいぶん間を置いてログ・ハウスが一軒。まるで絵に出てくるような地方。木が茂る丘。木々の下に見えるのはおびただしい数の湖。リトル＝スプリングから五マイルのところに、素晴らしい谷。丘の斜面は巨大な松で覆われている。峡谷の底から滝の音が聞こえる。賛嘆すべき光景を味わうためにわれわれは振り返る。ひとりのインディアンを見かける。狼ほどにも物音を立てないで、駆けながらわれわれについてくる。髪の毛を三つ編みに垂らして、丸坊主。耳飾りをして、ブルーズ［仕事着］の類をまとい、裏当てのない赤い半ズボン姿。モカシン(11)。火薬入れ、長いカービン銃(12)。二羽の鳥を手に持つ。思わず恐怖に駆られた動き。ウィリアムズ氏の話と彼の顔の表情がわれわれを安心させる。彼に話しかける。われわれの話を静かに聞いている。そして、英語がわからないと身振りで示した。彼にブランデーを与え、彼から鳥を買う。馬に再び乗る。しばらくたって振り返る。われわれの歩みにインディアンはついてくる。歩みを遅らせる。彼はゆっくり歩く。われわれが走ると、ほんの少しの物音も立てないで彼は走る。われわれのまわりをひらひらと飛び回っているように見える。沈黙した不思議な存在が引き起こす奇妙な印象。一マイルも向こうの森のなかに第二のカービン銃を認めた。われわれは不意打ちを警戒する。白人だった。未開人のように、着の身着のままで帽子をかぶっている。半分未開人になりかけのヨーロッパ人だ。枝のあいだにある自分の小屋をわれわれに示してくれた！　そこで狩りをして暮らしている。インディアンに

開拓者のログ・ハウス

彼らの言葉（*Chippeway*）（チポワ語[13]）で彼は話しかけた。彼は、インディアンの人となりと暮らしを好んでいるらしく、最大の賛辞を持って、インディアンについてわれわれに語って聞かせた。帰りに寄ってくれ、と彼はわれわれを招待した。速歩で再び出発した。インディアンは、二マイルにわたってつねにわれわれの歩みについてきた。**リトル＝スプリング**の小さな開墾地に到着した。

インディアン戦士の図

インディアンの移動キャンプ。男、女、子供たちが火のまわりにいて、ジャガイモとトウモロコシを半分焼いた状態で食べている。笑っているときには、かなり気持ちよさそうで、真面目なときには恐ろしい顔つきを示す。横顔はまずまずの男前、前から見ると、醜い。突き出すぎた頬骨。まさに語られているとおりだ。彼らで恐れるべきなのは酩酊だけ。ほかは正直で優しい。その証拠に**リトル＝**

（11）モカシン　鹿もしくはバッファローの仔牛皮からできたインディアン独得の足の覆い。靴の原型と見られている。

（12）カービン銃　元来はフランス騎兵が用いた小銃。

（13）チポワ族　オジブワ族のことで、言語はアルゴンキン語族に属する。もと五大湖地方中部に居住し、狩猟、漁労活動に従事していたが、フランス人植民地が北アメリカ東部に成立し、毛皮交易が盛んになるにつれ、毛皮獣を求めて西方に移動。のちには農業も行なう。独特の技術で作られるブーツを履く。イロクォイ同盟とは敵対関係にあった。一八三〇年代にはインディアン移住法にもとづいて、ミシシッピ河西岸への移住が促進された。

トクヴィルによるインディアン男女のデッサン

スプリングの主人は、このインディアン部族のまっただなかに、自分の妻と六人の幼子を残してきたし、今朝がたには狩りさえしていた。

　リトル＝スプリングからグランド・バンクまでの地方の様子。とても起伏に富んだ地方。萌芽林[14]がまったくない。人間が作ったかのようなまばらな老齢高林。背の高い野草、とくにシダ類で覆われた下地。もう家がほとんどない。時折、下生えの野草のまんなかを通るインディアンの一団あるいは焚き火。グランド・バンクで夕食。蹄鉄職人がひとりだけいた。七時頃再び歩き始める。化け物のようなオーク[15]の森に入っている。萌芽林が再び始まる。道とは見分けられないほど道が細くなる。夜が来た。われわれの心配はフリント＝リヴァーにつけないかもしれないということだ。風が弱まる。静けさは完璧。深い闇。木々の圧倒的な沈黙。馬の物音とわれわれの歩みについてくるかに思われた一匹の鳥の鳴き声で沈黙がかき乱される。月が昇りきっている。感嘆する効果。木々の下で野草が月の光を受けて銀色に輝き、まるで海の波のよう。黒く見える干からびた幹が地面のまんなかに寝そべる。白い大理石の円柱のようなオークの巨大な幹がもたらす奇妙な効果。開墾地に近づくにつれて干からびた一本の木の向こうに月が見え出す。丘のあいだから、木々の下に小さな湖がひとつ見える。非常に遠くに、インディアン野営地の火。氷のような冷たさ。われわれは丘の高いところに着いた。開墾地。小川。道はわれわれにとって確かではない。ずっと遠くに開墾地に認めた家々にひとりで向かうためにボーモンと別れた。私は銃を手に木を次から次へと飛び越えた。地面に巨大なオーク。なかば四角く切られた木々が敷かれている小川を渡った。そのとき私は月の光で認めた。不格好な堤防が作られ、おそらく製材工場になるに違いない建物の工事現場が始まっていた。家々は完成していなかった。だれもいない。ボーモンと落ち合うために、すさまじい大声で叫ぶ羽目に陥った。叫び声がインディアンを引き寄せはしまいかと恐れた。荒野からのこだま。それに続く沈黙。われわれはめぐり会った。さらに半時間歩いた。遠くの方で犬が騒ぐのが聞こえた。われわれは開拓地に着いて、明かりを認めた。ボーモンがそこに行く。女がひとりいて、隠れた。トッド氏〔開拓者で宿の主人〕を指さす。彼は犬を制止した。門につながれた彼の熊。彼は月の光を頼りに燕麦を刈り取る。われわれに寝台をひとつくれた。私は地面に寝た。

土地の開墾にかかる費用

七月二五日

---

(14)　萌芽林　原生林がなんらかの原因で破壊されたあとに自然に再生した森林。

(15)　オーク　ブナ科コナラ属の樹木の総称的英名。コナラ亜属とアカガシ亜属に大別される。コナラ亜属の樹種は北半球の温帯を中心に分布し、多くは落葉樹。欧米でオークという場合はこの樹種を指す。オーク材は建築、家具、洋酒伍など広い用途があり、船舶用材としても重用された。

ポンティアックで、宿の主人が一八三一年七月二五日にもたらしてくれた情報。

一エーカーの耕された土地からの収入を二ドルと算定でき、もっとしばしば、二ドル以上とさえ算定できる。土地の購入に費用はまったくかからず、文字通りの支出は、収入を得るための準備と労賃からなる。

以下は、自分で土地を耕さなかった場合（きわめてまれな事例だが）、そこから利益を得るためにはどのようなやり方をしなければならないかである。ひとりの人間に二〇エーカーの土地を開墾させる。彼に私は一エーカーにつき五ドル与える。そして私は彼に働いてもらうために、犂と牛数頭を供給する。そのほか、種を半分供給する。そして、われわれは、その後、二人で初年度の収穫を分ける。収穫が良ければ、私のものになる半分に対して、五ドルの支出を超えて支払う。次からの収穫は全部私のものになる。

サギノーへ準備を整え出発

七月二五日
われわれには、インディアンの案内人がひとりあてがわれた。若い二〇歳の男。**ソルターズ**（*Sauteurs*）[16]部族の**サガン＝キュイスコ**（*Sagan-Kuisko*）[17]という。帽子をかぶらずに、ブリキのプレートで首に青い上っ張りを留め、ブリキの耳飾りを付けている。インディアンらしく裏当てのない青いズボン。モカシン。革のベルト。トマホーク[18]。カービン銃。不潔ではない。白い歯。非常に気持ちの良い微笑。野性のまなざし、たとえば狼に似た犬のような。礼儀正しさに類したところは微塵もない。しかし、役に立つものすべてに対して注意を払っている。一二、三歳の子供を連れている。武器を持たない。彼らは歩く。というよりむしろ、彼らの人種の軽やかさと沈黙で、われわれがあとについてきているかどうかも見ないで、われわれの前を走る。まずフリント河を渡る。そこで広い空地に入る。背の高い野草。インディアンの方は、野生の果物を探しながらかがんで走る。二、三マイル行っただけで、原生林へ完全に入る。一日中ほぼ同じ光景。背丈がほとんどない萌芽林。まんなかには太い巨木の林。とてつもなく大きなオークだが、高いところまでほとんど枝がない。巨人のような松の木。立っているのと同じだけの数の木が倒れている。もうろくして、風でへし折られた巨大な木々。それらが円天井のようなものを形づくる。根こぎにされた木々の方は、巨大な盾のようなものを形づくる。野草とあらゆる残骸のうえに生えている木蔦《きづた》。宙ぶらりんになった木々。ほかの木々は小川のなかに放り込まれている。沼だらけの場所が植生に打ち勝っている。感心するほどの雑然とした積み重なり。光景の連続性は長く続くことで印象的。数羽の猛禽を除いて、もう鳥たちはいない。間をおいて森鳩が数羽。孤立感。遺棄されたとの思い。それは、大洋のなかでの思いさえもしのぐ大きさ。再びめぐり

---

(16) ソルターズ　フランス語では「バッタ」の意味。飛び跳ねるように走り回る俊敏な動作からつけられた部族名。英訳ではSaulters。チポワ族のうちで、ミシガン地方スペリオル湖南東端のスー・セント・マリー付近に居住するインディアン。

(17) サガン＝キュイスコ　トクヴィルが雇ったインディアンの案内人。『荒野の二週間』ではサガン＝リュイスコ。

(18) トマホーク　インディアンが武器としても使う森林伐採用の斧。

ウィグワム

会う確率ははるかに少ない。わがインディアンたちは、四時間ものあいだ、われわれの前を止まることなく飛び跳ねていて、たどらなければならない小道に一度もためらうことはないし、地面のほんのちょっとした支障をも知っているように見える。彼らのうちのどちらかが一種の野性のくぐもった叫び声をあげる。枝越しにもっとも高い木を彼はわれわれに示した。名高い**聖書の木**だ。彼らが描く絵。われわれは再び出発する。わがインディアンは立ち止まる。彼らは一本の線を砂に描く。一方の端を示してフリントと叫び、別の端を示してサギノーと叫び、中間を示して、われわれが道半ばであること、止まらなければならないことを指示する。泉でしか立ち止まりたくないことを示すために、水を飲む仕草をする。彼らは再び走り始め、われわれを雨水が溜まった場所に連れて行く。馬の鞍を外し、備蓄を食べる。フリントではパンを見つけられなかった。われわれの肉は傷んでいて、卵の大半は傷ついていた。砂糖と数枚のクラッカーしか持っていない。水に引き寄せられた雲霞のような蚊の大群が周囲をたちまち我慢できないものにする。われわれは再び歩き始める。五時頃にわれわれが行き着いたのは、両側がひどく切り立っている急流の岸辺である。しかし、この川に水深はほとんどない。白人の入植地を見たように思ったわれわれは一服する。向こう岸にはトウモロコシ畑、三つの放棄されたウィグワム[19]。甘美な景勝地。老齢高林を右に、左には木々に覆われた人気のない岸のあいだをゆったりと流れている河。

インディアンは太陽をわれわれに指して、あまりにも低すぎて、サギノーには着けないことを身振りで示す。彼は木の幹に飛びつく。われわれを捕まえに夜がやってくることをわからせようとしたのである。いまいる場所で夜を過ごすように、彼はわれわれに勧める。われわれは夕食を食べていなかった。彼に歩くように誘いをかける。疲れていることを彼は身振りで示す。われわれは彼に覆いをかけた瓶[20]を差し出す。すると、彼は矢のように走り出す。老齢高林を通過し、時折河を渡る。時折オークの樹皮で作った納屋と火を消したあとの残りかす。われわれが出くわしたのはたったひとりだけ。女が火のそばで子供と寝ていた。視線が動かない。われわれは野禽を数匹殺し、それから動くのをやめようと思う。インディアンは、もう作業をやめなければならないと合図してくる。夜がわれわれに勝った。絶えず巨大な木々を跳び越え、沼を渡らなければならない。インディアンは明らかに疲れ切っているようだ。彼はぞっとするような鼻血に襲われた。われわれは彼を馬の尻に乗せる。奇妙な結果。彼にわれわれの馬と銃と肉を与え、われわれは歩く。湿気、森林の沈黙。遠くの方で一発の銃声。一行全体が立ち止まる。道を見つけるのがほぼ不可能。雲霞のごとき蚊の大群。奴らが味わわせてくれる拷問。夜の八時に草原に到着。四ピエの野草。わが二名のインディアンは、三回、野生の叫び声を発し始める。彼らに遠くの方から答えがあり、われわれはそこに火を見る。すぐ

---

(19) ウィグワム　北米インディアンのテント小屋。通常、半球形で骨組の上に樹皮、ござ、獣皮などを張った住居用の小屋。主に五大湖以東の部族が用いる。

(20) トクヴィルが柳を編んで作った袋に入れて脇腹にぶら下げていた小さな瓶の火薬入れのことで、リュイスコはそれをとても欲しがっていた。

にパリ市内でのセーヌ河とほぼ同じくらいの幅の河の岸辺にわれわれは出た。サギノー河だ。草原の野草がわれわれから河を隠している。前へ進む一匹の黒い、長い魚に似たインディアンの小さな丸木舟を、夕暮れ時の最後の陽光がわれわれに見せてくれている。ひとりの男が舟のなかにうずくまっていたが、われわれは彼をインディアンと見まちがえた。彼らとほぼ同じような服を着ていて、モカシンを履いている。帽子をかぶっていない。彼はインディアンに向かって、彼らの言葉で話しかける。私は、馬の手綱を引いて舟のなかに入ろうとする。「鞍をとらなくてはならんぞ」とインディアンとおぼしき男は私に言った。「溺れるときがよくあるからな」。ノルマンディーなまりがあったが、フランス語はほとんどわからず。私は鞍を外し、カヌーにそれを置き、そのそばに座る。手綱をつかんだ背の高いインディアンが端に座る。カナダ人が漕いだ。馬は泳いだ。光景の奇妙なこと。私は船頭に声をかける。彼にはフランスとインディアンの血が混じっている。半分未開人だ。インディアンは河岸に着き、蚊に食われると思って、外衣にしっかりとくるまって、地上に身を投げた。私の不安はボーモンだった。再びカヌーの音がすぐにした。満月が昇っている。森林や河や情景全部を照らしている。印象を表現するのは不可能。二人の男が近づいてきて、フランス語でわれわれに話しかけてきた。彼らはカナダ人だった。彼らの言葉はわれわれのところの農民の言葉である。サギノーを形づくる三軒の家のうちの一軒にわれわれは案内された。ぞっとする夜。蚊だ。インディアンのように、外衣にくるまって床で寝なければならなかった。インディアンたちは彼らの犬と一緒に戸のところで寝ていた。

サギノーにて

七月二六日

サギノー。未開原住民集団と分け入りがたい森林のまんなかにある耕された一点。歩く速さで流れる孤独な河の美しさ。ウィリアムズ氏に会いに行く。彼はインディアン相手に商売をしている。彼らが日常的に使っているおびただしい数の小物をわれわれに見せてくれる。合衆国が土地代としてインディアンに与えているかねと交換したり、毛皮と交換したりするためのものである。彼がインディアンに対して盗みを働いているのは明らかだ。彼と他のすべてのヨーロッパ人が未開人について語っていることは、こうだ。優れた人間だ。善良で温厚だ。白人よりも信用が置ける。これは一致した証言である。帰りしなに私はフランス人のうちのひとりの家に入る。彼の妻はインディアン女性のようであり、ござの上で仕事をしている。彼女のそばの赤い色をした子供。彼女がフランス人かどうかを聞いてみる。——いいえ。——イギリス人ですか？——いいえ。——どんな血？　彼女は頭を下げながら**未開人の女**ですと答える。フランス人男性は彼女の夫で、彼は彼女にもう幾人もの子供を作らせた。とんでもない人種、未開人と文明人の混血は、どの言語にも長けてはいないが、英語、フランス語、インディアン語を喋る。荒野に出たがる性癖を持ちながら、まだ町にこだわっている。フランス人にはありがちな例だと言う。インディアンのカヌーで、若い男と一緒に鴨猟。分け入りがたい森林のまんなかで、サギノー河をうずくまりながら遡る。未開人たちがわれわれに近づいてくる。雨中で弾が飛び出すと言われている私の銃が彼らには羨望の的だった。そのようなものはどこで作られているのか？　カナダ人の父親たちが住んでいる国のなかでだ。ビーバー。昆虫類……。

夜、日が沈むと、われわれだけがカヌーで遡っている。われわれはサギノー河の分流をたどることにした。ほとんど一度も見たことがないような夜だった。空気が動かない。雲ひとつない空。われわれのカヌーは、ほんのちょっとした音も立てずに滑るように進む。われわれはゆっくりと漕いで、風景を楽しむ。透明で動かない水面。その岸辺を縁取る賛嘆すべき植生。巨大な森林が水面に反射している。沈みかけた太陽が森林を突き抜け、その下を照らす。二〇年後には、これらすべてが村々と交替するだろう。近づく未来の変化が現在の光景をなおいっそう偉大にしている。一発の銃声のこだま。夜がとっぷりと暮れてから戻った。蚊から身を守るためのわれわれの努力の数々。

七月二七日

われわれは出発しようと思った。出発は妨げられた。野生の鴨を追い、サギノー河を縁取る草原深くに入り込む。ひとりのカナダ人がわれわれを案内する。インディアンに関する会話。きついリキュールに対する彼らの情熱には抗いがたい。酒で死ぬに違いないとしても、インディアンは呑める限りは呑む。酒が入っていないときには優秀な連中。彼らのもてなしぶり。荒野では、彼らの食料をくれる。残念ながら、商品の値段で、彼らをだますことほど容易なことはもはやないくらいだ。宗教をまったく持たない。とはいえ善の作り手としての神、悪の作り手としての霊、別の世界を信じている。そこではいつも遊んで暮らせる。草原に分け入る。蚊どもが引き起こす筆舌に尽くしがたい拷問。長い蛇を何匹か見た。カナダ人に、どうしてインディアンは背の高い野草の茂るところまでは、われわれについてこないのかと尋ねた。履物が駄目だからだと彼は言う。しかもインディアンはガラガラ蛇を怖がる。だから数匹はいる。草原にはたくさんいる。インディアンは、ガラガラ蛇に噛まれて死なないように薬を持っている。われわれはいままで以上に慎重になった。はじめてハチドリ(21)を見た。日中は雷雨。美しい光景。それに先立つ穏やかさ。昆虫のぶんぶんという羽音、雷光、われわれを取り囲む孤独のなかで、ほとんど果てることなく雷鳴が響く。

サギノーからポンティアックへ戻る

七月二八日

眠れない一夜のあと、われわれだけで五時にサギノーを出る。宿の主人に暇乞いをしたあとで、案内人もなく森林に入ったとき、深刻な思いにとらわれた。私は落ち着かずにいた。われわれはたやすく**キャス＝リヴァー**と再会した。そこで昼食をとる。場所の美しさ、静けさ。見捨てられたウィグワム。二つの道。ためらい。右側の道をとることにし、川を渡る。ほとんど切り開かれたようには見えない道。長いあいだの重苦しい疑念。太陽と磁石に相談。ついにわれわれが昼食をとった場所に着く。夜の六時、ダマジカ(22)と鳥以外には生き物と出くわさずにようやく森林を出た。森林のなかでの一八三〇年七月二八日の記憶(23)。

(21) ハチドリ　アメリカ大陸に特有の小鳥。蜂のように小さいところからその名がある。

バリケードを築く反乱者たち1830年７月28日。

ポンティアックからデトロイトへ戻る

七月二九日
もと来た道を通って、われわれはポンティアックに着いた。道中、特筆すべきなにごともなし。

七月三〇日
オーチャード湖とパイン湖という小さな湖を訪ねる。今年できた入植地。バーンズ氏の小屋。きわめて文明化された教育と、別の本性を持つ現在の習慣との独特の混交。本。貧乏な身なり、あばら家。彼が畑を熊手で拾い集めているところを見つけた。彼がくれた情報の詳細。

未耕作地。それらの耕しかた

ポンティアック近郊で、若い新植民者のスコットランド人医師〔バーンズのこと〕が一八三一年七月三〇日にくれた情報。

ひとりの新植民者が到着するとき、もし隣人がいれば、隣人の住居に腰を据える。それがなければ、彼はテントを張る。最初にやることは野原をきれいに整地することである。これをやるために労働者に助けてもらう。この労働（開墾と柵を設ける仕事を含む）の支払いについては、一エーカーの土地につきだいたい三ドル程度と算定される。こうして土地を準備すると、新植民者は一エーカーの土地にジャガイモを植え、残りの土地には、土質によって小麦またはトウモロコシを植える。トウモロコシは春播きなので、もっとも湿気た土地でも育つことができる。新植民者は、少なくとも六カ月分の食料を持ちこまなければならない。彼には、自分と家族用に二バレル（約四七〇リットル）の小麦粉と一バレルの塩漬け豚肉があればいい。塩漬け豚

(22) ダマジカ　偶蹄目シカ科の哺乳類で、角が手のひら状に広がった扁平な角を持つ。ヨーロッパ産だが、この頃には、アメリカ大陸にも移入されていたヘラジカにも似る。

(23) トクヴィルは、一年前の七月革命の栄光の三日間のことを記憶に呼び戻して、『荒野の二週間』の最終パラグラフで次のように表現している。「この深遠な孤独のまっただなかで、われわれが突然思い浮かべたのは、第一回の記念日に到達したばかりの一八三〇年革命だった。どんなに強烈に七月二九日の記憶がわれわれの精神をわしづかみにしたか、私には語ることができない。戦闘の叫び声と煙、砲声、一斉射撃の轟音、なお一層恐ろしい警鐘の乱打、燃え上がる熱気とともに、あの日が丸ごと突然過去から出てきて私の前に生きた絵さながらに戻ってきているように思われた。そこにあるのは、突然のひらめきにすぎず、片時の夢にすぎなかった。頭を上げてまわりに目を向けたときには、亡霊はすでに消え去ってしまっていた。しかし私には、かつてこれほど森林の沈黙が凍りついたように見えたことはなく、その影がこれ以上暗くなったように見えたこともなく、その孤独がかくも完璧になったように見えたこともなかった」。

肉の値段は一四ドル。茶は飲物として使う。普通、腰を落ち着けるには、自由に使えるおかねが少なくとも一五〇ドルから二〇〇ドル必要。土地の購入には一〇〇ドル支払うが、この金額では八〇エーカーを所有することになる。残りは最初の入植費用と不意の出費に役立てる。新植民者はこのかねで家畜も買う。家畜を飼育しても高くはつかない。家畜は鈴を付けて森に放ち、自由に草を食べさせる。食事つきでなければ、労働者はひとりにつき一ドルかかる。彼らに食べさせれば、六シリング。一日一二シリングかかる牛たちと一緒に畑仕事をする。

デトロイト帰着と新たな情報

七月三一日

デトロイト到着。夜に波止場を散歩。わがオハイオ号の船客のひとりと出くわす。彼は、グリーン・ベイへ向かうスペリオル号が到着する予定であることを教えてくれた。急遽、決めていたことを変更し、グリーン・ベイに行くことにした。

第七章　五大湖紀行

［訳者解説］デトロイトに戻ったトクヴィルとボーモンは、そのままエリー湖を横断してバッファローに行き、ナイアガラの滝を見物したのち、カナダへ向かう予定だったが、たまたま、港にグリーン・ベイ行きの豪華客船スペリオル号が到着することを聞きつけ、予定を変更、スペリオル号でヒューロン湖へ出て、北上し、スペリオル湖を望むスー・セント・マリーまで足を伸ばし、その後ミシガン湖の北西端からグリーン湾の湾奥グリーン・ベイに向かうことにした。船中でトクヴィルは、サギノーへの冒険旅行をまとめた『荒野の二週間』の執筆を開始する。ヒューロン湖、スペリオル湖を見たのち、一行はミシガン湖深く入り込み、グリーン・ベイへ到着する。しかし、このグリーン・ベイでトクヴィルは「することがなくて」、単独で狩猟に出かけることにした。ところが、彼は強度の近視だったために、河幅を読み間違え、対岸へ泳いで渡ろうとして「危うく溺れ死にしそうになった」（ボーモンの証言）。対岸に着いたときには、トクヴィルは疲労困憊していたという。これで懲りたかと思いきや、彼は、夕食後にイギリス人と連れだって四マイルほど先のダックス・クリークを見物するために、カヌーで出かける。これを彼は「素敵な冒険」と称している（一八三一年八月一日〜八月一七日）。

ヒューロン湖縦断

八月一日

二時に乗船。デトロイト河。耕作された低地。家は多い。セントクレア湖。夜には甲板でダンス。アメリカ式の大はしゃぎ。

八月二日

翌日、ヒューロン湖の出口に位置するXXX〔スー・セント・マリー〕を目ざす。われわれはこの広大な湖に入る。風は反対向きとなった。要塞〔フォート・グラティオット〕に戻り、そこから二マイル先の**ブラック・リヴァー**へ薪を探しに行く。要塞訪問。士官と兵士の服装。訓練。服務違反。

八月三日

セントクレア河の対岸にある沼地で狩りをするために、一時に出かける。まずは要塞に行く。道の途中で森林のなかから未開人による太鼓の音。叫び声。小さな腰巻をのぞけば、あとはまったく裸の未開人が八人でやってくるのを見る（六人が子供で、二人が大人の男）。頭から足までべたべたに絵の具を塗りたくっている。髪の毛を逆立て、背中からうしろの方に毛先をたくさんぶら下げている。手には木の棍棒を持ち、悪魔のように飛び跳ねている。男前。趣味と実益を兼ねて、踊っている。彼らに一シリングやった。**戦争ダンス**を踊る。見るも恐ろしい。ひどく下品。もうひとつはひざまずいて頭を地面に着けた踊り。……こんなことをやりながら、どうやって来たのかがわからない。対岸の沼地に小屋が並ぶ。一隻のカヌーが岸を離れてやってくる。威嚇航行。沼地では豊猟。

八月四日

朝六時に出る。まったくつまらない一日。夜にはいってわれわれはすべての大地を見失った。

八月五日

四時にヒューロン湖の端に到着。遠くの方に山がいくつか見える。湖の奥には、おびただしい、数え切れないほどの小さな島々がちりばめられている。島々は、まるで水面上の小さな木のように、湖に生え出ている。完全なる孤独。いたるところ森林。人間のほんのちょっとした痕跡もない。一隻の船も視界に入らない。セント・ジョゼフ島に並走する。同じ名前を持つ要塞の廃墟。まだ煙突が立っていた。われわれはセント・メアリーズ河に入る。あるときには湖のように幅広く、あるときには島と森で覆われた岬のあいだで狭くなっている。完全なる孤独。河岸に時折、インディアンの家族。焚き火のそばで動かずに座っている。彼らのカヌーは砂州にひっぱりあげられている。八人が乗った大きなカヌーがわれわれに近づいてくる。インディアンたちは銃を発射し、喜びの叫びをあげる。彼らはわれわれに鳩をくれた。彼らには酒をやる。日が沈む頃、われわれはきわめて狭い運河に入った。素晴らしい眺め。うっとりさせる瞬間。河の水は動かず透き通っている。そこに映っている素晴らしい森林。遠方には、最後の陽光に照らし出された青い山々。木々のあいだに光り輝くインディアンの焚き火。わが船は堂々とこの孤独のまんなかをファンファーレのような音を響かせて進む。この船音が森に鳴り響いて、こだまが四方八方から戻ってくる。夜に入って、錨が降ろされた。甲板でダンス。**水のなかで仕事をしている**（*working in the water*）[1]蒸気船を初めて見て、インディアンは驚き、感心した。

八月六日

一年前のきょう、国王〔ルイ・フィリップ〕を作った。厚い霧がわれわれの出発を妨げる。霧が晴れ、いくつもの丘と永遠の森林の覆いを取った。九時にスー・セント・マリーに到着。うっとりさせる景観。素晴らしい天気。セント・マリーは柵で囲われた四角い土地で、まんなかに一本の支柱と巨大なアメリカ国旗がある。もっと遠くには、美しい木々で覆われた二つの岬。それが河をせばめている。木々の下にはウィグワム。岬のあいだは急流。ずっと遠くには、山々と終わることなき森林。われわれが到着したので、河の上と家の屋根の上に住民全体がいる。われわれのところのように、一年にただ一度だけしか大型船を見たことがない。この住民の特異な性格、あらゆる血が混じっている。最大多数はボア・ブリュレ(2)すなわち混血のフランス系カナダ人である。ヨーロッパ人から未開人に至るまでの肌色。配色のけばけばしい、絵の具を塗った姿。羽根とともに反り返った髪。マロン氏に対するインディアンたちの熱狂的行動。大型船の船室での洗礼。われわれは、スペリオル湖に行くために一隻のインディアン・カヌーを調達する。インディアン商人（この先を見よ［マロン司祭との会話］）たちのキャンプを訪れた。樹皮製のカ

スー・セント・マリーの周辺に居住するチポワ族の漁の様子

ヌーがどんな色で塗られていたことか。船底に座った八人（われわれを含めて）、生真面目、動かない。二つの先端で、なかば未開だが、父祖の陽気さの全体をとどめるカナダ人が、歌いながら機知に富んだ言葉を吐きつつ、カヌーを飛ぶように走らせる。世界の果てで聞く、古い言い回しと田舎風のアクセントを持つあのフランス語が奇妙な効果をわれわれの上に引き起こす。ラリドンデーヌ、ラリドンドン。時折、ちぇっ！とか、**進め**、とか。われわれはオークの茂った岬に着いた。インディアンの小さな村。彼らの小屋。直径一二ピエ、六ピエの高さ。彼らの犬は野生だ。酋長が私の銃（撃鉄つき）を見せろと要求する。酋長の服装。赤いズボン、外衣、頭のてっぺんで髪の毛が逆立っている。なかに二つの鳥の羽根。歳を食っている。彼の前で銃を発射して見せる。彼は感心して、フランス人は非常に偉大な戦士からなる国民だということをいつも言って聞かせてきたんだ、などと言う。私は、これらの羽根はなんだ、と聞く。彼は私に喜びの笑みを浮かべて答える。それは二人のスー族[3]（彼は、ほかの民族としょっちゅう戦争をしているソルターズ族の人間である）

（1）　トクヴィルは walk in を working と聞き違えた可能性がある。だとすると、このフレーズはスペリオル号の前に就航していた初めての蒸気船の船名となる。ウォーク・イン・ザ・ウォーター号は一八二一年に沈没。スペリオル号の就役となった。

（2）　ボア・ブリュレ　フランス人とインディアンとの混血の呼び名。「焦げた木」すなわち茶褐色を意味するこのフランス語はチポワ族が居住する地域の河の名前。

（3）　スー族　北米に住むインディアンの一種族。バイソン狩猟を中心とした民族で、ダコタ部族とラコタ部族がその最大部族。白人と激しく戦ったことで知られる。

を殺したしるしなんだ、と。私は、彼に羽根を一本欲しい、と頼む。私は偉大な戦士の国へそれを持って行ったら、感心されるに違いないと彼には言った。彼はすぐさま髪の毛からそれを引きちぎって、私にそれを与え、それから手を広げ、私の手をぎゅっと握りしめる。

　われわれは戻る。急流下り。カナダ人の操船の巧みさは、信じられないくらい。矢のように岩と岩のあいだを抜けていく。インディアン商人のキャンプにいたジョンソン一家（どんな会話かは覚えていない）。そっけなく、冷たく、無口なイギリス人。スペリオル湖のインディアンたちと取引をさせるために連れてきている大勢のカナダ人と未開人のまんなかにいる。カナダ人はフランス人の率直さと人の良さで、われわれを取り囲む。彼らはフランス人を見て、魅了されたようだった。インディアンに関する情報が欲しい、と彼らに頼む。毎年彼らは湖奥にまで行くが、彼らが知っているインディアンは全員、われわれが見てきたのと同じ服装をしている。泥棒はいない。世話好きで客を歓待する。ヨーロッパ人の友人は、彼らにとっては必要欠くべからざるものとなっている品物を彼らに供給している。戦争になると野獣となる。だれであろうとお構いなしに無差別に殺す。頭の皮を剝ぎ、捕虜を焼く。ソルターズ族とスー族は敵対する二つの民族である。酋長は名前だけの権威を持つにすぎない。裁判はない。個別の償いまたは復讐。宗教もまったくない。神と来世への信仰。暮らし向きが悪かった人間は、来世でも野禽のいない森林で狩りをしなければならない。ほかの人間は、野禽で満ち満ちている森林で狩りをする。英語に対するインディアンの反発。彼らのフランス人好み。もっとも僻遠の荒野で、インディアンはヨーロッパ人に出くわすと、ボンジュールと言って挨拶をする。

八月七日

朝の五時に出発する。南西ヒューロン湖の岬を横切る。インディアン・カヌー一二隻の船団。反対方向へ通り過ぎ、イギリス人から贈り物〔外衣、銃、糧秣〕を受け取ったあとで、自分たちの家へ帰っていく。

三時にボワ・ブラン島とラウンド島とに沿って航行し、マキノーに到着。周囲三リューの島で、かなり高さがある。頂上には、アメリカ風城塞の白い防御設備。斜面には五〇ほどの館。いくつかはそこそこ美しく、アメリカの会社〔アメリカ毛皮会社〕のものである。湖岸には多数のインディアンの小屋。遠く離れた地方からやってくる彼らは、贈り物のために立ち寄る。教会が二つある。カナダ人の案内人を雇う。穴の開いた岩〔天然のアーチ〕を見に行く。画趣に富む。そこからはピラミッドが大きさと形の点では奇妙な石に見える。五時に帰る。ボーモンは穴の開いた洞窟を写生しに行く。私は、自分の習慣にしたがって散歩に行く。司祭に会いに行くが、彼はいなかった。フランボワーズ夫人。インディアンの血。彼女の興味深い詳細。非常に尊敬すべき女性。若いインディアン女性の手紙。インディアンの祈祷書。湖岸のカナダ人野営地。火を囲んでの野営。フランス風の雰囲気と作法を身に着けたカナダ人男性。陽気、開放的、精力的。ボワ・ブリュレ。私は彼らの焚き火の前に座り、彼らとおしゃべりをした。ボワ・ブリュレの団長は、非常に知的な人間だった。未開人について私に詳細な知識を与えてくれた。彼らがキリスト教徒でない場合には、ヨーロッパ人から離れれば離れるほど、よりましになる。南西部地方の荒野部の奥地には、まだ矢で武装した人びとがいる。あそこでは幸せだ。動物が途方もなく多い。動物たちは、つねに文明の一〇〇リュー前へ後退している。インディアンたちは、ヨーロッパ人たちの歩みが、早晩、彼らに追いつくだろうということ

マキノーの風景

天然のアーチ。ボーモンの写生

に気づくことができない。この能力のなさを癒すにはもはや時間がなくなったときになって初めて、彼らはそのことに気づくのだ。酋長は世襲。戦争指導者は別。ある種の裁判らしきもの。殺人者は被害者の家族に引き渡され、家族は彼を殺すか、あるいは償いを受け取るか、どちらかである。泥棒は皆無。戦争では情け容赦しない。イロクォイ人とヒューロン人はほぼ消滅。ヒューロン人はほぼ壊滅した。生き残ったイロクォイ人は、湖のこちら側の民族のあいだで分封して暮らしている。グリーン・ベイには大勢住んでいる。

カトリック的熱意。長老派たちと戦うのに熱心。マロン氏は、〔長老派の〕一種の挑戦に応じるためにやってきた。貧しいカナダ人たちが彼らの教会を支え、学校を創設するために払っている努力。X氏〔毛皮会社のアボット〕を訪問。一一時に船に戻る。帰り道で未開人の小屋〔がちらりと見えた〕。インディアンの言葉で教会の賛美歌を歌っている家族。

マロン司祭との会話

マロン氏は、非常に宗教的熱意に燃えているように見えるカトリック聖職者である。私が彼に出会ったときには、彼は、アルブル・クロシュに新しく建設されたカトリック系インディアンの入植地で、宗教教育を行なうためにミシリマキノーへ行っていた。

問い――世俗権力の支持は、宗教にとって有用であると考えていますか？

答え――そんなことは宗教にとって有害だと私は深く確信しています。ヨーロッパではカトリック聖職者の大部分が正反対の信念を持っていることを知っています。私には彼らの見方はわかります。彼らは自由の精神に疑念を抱いています。自由の精神は、彼らに反対するために一番の努力を払ってきたからです。そのうえ、彼らは、彼らを守ってくれていた君主制度の支配のもとでいつも暮らしてきたために、自然に、この保護を懐かしむ気にならざるをえません。ですから、彼らは避けがたい誤謬の犠牲者なのです。もし彼らがこの国に住むことができたなら、意見をすみやかに変えることでしょうに。ここではすべての宗教信仰が同じ足で立っています。そのどれも政府が支持することはないし、迫害することもありません。そして、おそらく世界で、カトリック教がこれほど熱心な信徒数を数え、これほど数多い新信徒を抱えているような国はありません。繰り返し申し上げますが、宗教とその聖職者たちが世俗政府とまじり合わなくなればなるほど、政治的議論に加わらなくなればなるほど、宗教思想は力を得るでしょう。

問い――カトリシズムの一番の敵、異端宗派と言えば合衆国ではなんなのでしょう。

答え――カトリシズム憎しですべての宗派がまとまっています。暴力的と言えば、長老派をおいてほかには存在しません。彼らは、もっとも熱狂的な信仰を持つ人間でもあります。

問い――あなたは、インディアンのあいだでイエズス会士たちの仕事の跡と出くわすこともありますか？

答え――ええ。イエズス会士たちが彼らに教えた宗教について、混乱した観念を保持したままである部族が存在しています。そして彼らのもとへわれわれが到着したときには、彼らはすみやかにキリスト教に戻っています（アルブル・クロシュには、いまから一五〇年前にキリスト教の第一原理を受け取った家族が存在するし、これらの家族は、その痕跡のいくつかをいまだに保持していた）。一般にインディアン種族は、尊崇を持って黒衣［イエズス会士の僧服］の記憶を保持しています。時折、イエズス会士たちがかつて建てた十字架に荒野でお目にかかることがあります。

問い――インディアンが生まれつき雄弁だというのは本当でしょうか？

答え――ええ、それ以上本当の話などないくらいです。彼らの話の深い意味と簡潔さには、感心することしきりです。言葉遣いは、なにかしらラケダイモン［古代スパルタの立法者］のような響きを持っています。

問い――同じような獰猛さで彼らはまだ戦争をしているのですか？

答え――同じ獰猛さです。彼らは捕虜を火で焼き、実に多種多様なやり方で拷問にかけます。死者と負傷者の頭の皮を剝ぎます。しかしながら、戦争で情熱がかきたてられていないときには、優しくて正直な人間です。私は彼らの戦士たちの踊りを見たことがあります。あんなに恐ろしい見世物に一度も出くわしたことがありません。踊らなければならない戦士たちは、絵の具をべたべたと塗りたくって、自分をできる限り恐ろしく見せようと一所懸命になります。踊りながら、インディアン同士の戦争でいつも起こる野蛮な場景のすべてを模倣します。身振り手振りで、あるときには敵の頭を砕いたり、あるときには敵を拷問にかけたり、あるときには頭の皮を剝いだりする真似をします。数年前に、シンシナティの司教が、あるインディアン種族（マロン氏は名前を言ったのだが、忘れてしまった）に、幾人かの子供たちを教育のために自分のもとへ送るように申し入れをしました。私は、この申し入れを協議する会議に参加しました。自信をもってあなたに申し上げますが、会議は未開人から構成されていたにもかかわらず、やはり正々堂々たるものでした。彼らは車座になって座り、自分の番になると、各人が大きな重みと天性の雄弁をもって発言していました。インディアンは弁士の話の腰を折るようなことは、しませんでした。

問い――未開人のあいだにはどんな公共権力がありますか？

答え――長たる人物がいます。だいたいは世襲です。そして彼らの一門は、なんらかの恥ずべき罪を犯したあとでなければ、その権利を失うことはありません。セント・ジョゼフ河の河岸には、最初にこの地方を訪れたフランス人を歓待した先祖の酋長まで、直接たどることができる系図を確定しているインディアン酋長がいます。

問い――アルブル・クロシュのインディアンたちは熱烈な信徒でしょうか？

答え――（ここでマロン氏の顔は、途方もなく活気づいた）私は、キリスト教徒として彼らほどその名に値する人間を見たことがありません。彼らの信仰は完全です。宗教の律法への服従も完璧です。改宗したあるインディアンなどは、禁欲の定めを守れないようなら、むしろ殺された方がましだと思っています。彼らの生活はとても道徳的です。あなたもご覧になることができたでしょうが、スー・セント・マリーのインディアン住民は、聖職者が船に乗っているのを知ったとたんに、急いで私に会いにやってきました。私は多くの子供たちに洗礼を授けました。

問い――アメリカの聖職者はどうやって募られるのですか？

答え――これまでは、聖職者の大部分がヨーロッパからやってきました。アメリカ生まれの聖職者をようやく持ち始めたところです。（これはとても良いことだ。）連邦に一二、一三の神学校をいまでは持っています。四〇年前からわれわれのあいだでは、カトリシズムが信じられないくらいの広がりを見せました〔全人口の二・五％〕。

問い――信仰のための支出はどうやって支払われているのですか？

答え――任意の寄付です。各家庭が教会に信者席(4)を持つことが主要な収入となっています。

問い――どうやって司教が任命されるのですか？

答え――法王が彼らを直接任命します。ですが習慣的には、現存している司教たちの団体に法王が諮問をするのです。そんなことをしない場合もときには起こります。そんな場合には、選択がうまくいったことは稀でした。

インディアンの現状と未来

八月七日

カナダ人（インディアンと商取引をしている）との会話。

八月七日夜にマキノー島の湖岸を散歩していたら、カナダ人たちの野営地に着いた。焚き火のまわりに座り、彼らの団長と次のような会話を持った。（この会話のなかからは、これまですでに受け取っていたすべての観念と一致していたことしか、とりあげなかった。）

問い――植民地の歴史のなかでとても大きな役割を果たしてきたヒューロン人[5]とイロクォイ人はどうなってしまったのですか？

答え――ヒューロン人はほとんどいなくなりました。イロクォイ人は半分ほどが消滅し、残りのほとんど全員がチポワ人と混交してしまいました。多くは、グリーン・ベイとその周辺地域に居住しています。イロ

（4） 信者席　信者の一家が教会のなかに、寄付に応じて自分の座る席を持つことができる封建時代の制度。

（5） ヒューロン人　フランス語の hure が語源で、部族の男性の髪の毛がもじゃもじゃの剛毛だったことからつけた名前。居住地はヒューロン湖とオンタリオ湖周辺で、イロクォイ系にもかかわらず、アルゴンキン同盟に加わり、一七世紀半ばに起こったイロクォイ人との戦争で滅ぼされたと言われる。

クォイ人は狡猾な民族ですから、運命が有利に傾く方向をとろうとして、われわれの側についたり、イギリス人の側についたりする用意がいつでもできています。
問い――インディアンと商取引をしていて、なにかインディアンを恐れなければならないようなことを経験しましたか?
答え――ほとんどありません。インディアンは泥棒ではありませんし、そのうえ、彼らにとってわれわれは有用なのです。
問い――インディアンがヨーロッパ人のそばにいるか、あるいは、離れているかにしたがって、よりよくなったり、より悪くなったりすると思いますか?
答え――彼らはわれわれと接触しなかったときには、はるかによかったと思います。きっと、より幸せだったでしょう。ますます荒野に進んでいくにつれて、彼らのあいだには、もはや秩序も、統治も存在しなくなります。とはいえキリスト教徒のインディアン、なかでもカトリック教徒のインディアンは例外です。すべてのインディアンのなかでカトリック教徒のインディアンが最良です。
問い――あなたがお話になっている遠隔地のインディアンたちには、酋長はいるのですか?
答え――ええ、彼らが持っている酋長は、平和なあいだは、その権力がとても尊敬されています。(酋長は世襲制でその起源は時間の闇に消え去っている。)彼らは、戦争で彼らの指揮をとってもらうために、特別な(もっとも勇敢な)指導者を任命します。厳密には、彼らに裁判はありません。とはいえ、殺人が犯されると、殺人者を死者の家族に引き渡します。しばしば彼は罪の償いに成功することもしばしばです。もっとしばしば起こることは、殺害であり、犠牲者とともに彼も葬られます。
問い――あなたがお話になったインディアンたちはどうやって暮らしていますか?
答え――ヨーロッパ人の植民地のそばで、絶対に理解されないような安逸さで暮らしています。彼らは土地を耕しません。あまりいい服も着てません。弓しか使いません。でも彼らの荒野は、野禽にとても恵まれています。私が想像するに、ヨーロッパ人が到着する前は大西洋側までこんな風だったのでしょう。ですが野禽類は信じられないくらいの速さで西へ逃げ去りました。白人の一〇〇リューも先を進んでいます。われわれのまわりのインディアン村落は、もし土地の耕作を少しでもしないのなら、飢えて死んでしまいます。
問い――インディアンは、自分たちの人種がわが人種によって早晩滅ぼされるという考えを持っていないのでしょうか?
答え――未来については信じられないほど無関心です。もうすでに半分がやられています。でなければ、われわれがその跡を追いかけています。彼らは、ヨーロッパ人が西へ向かって進んでいるのを絶望的な目で見ていますが、しかし抵抗するにはもはや時間がないわけです。西部の遠く離れた民族すべて(三〇〇万人はいると私は聞かされた)が彼らを脅かしている危険に気づいているようには見えないのです。
問い――インディアンがフランス人好きだというのは、本当でしょうか?
答え――ええ、本当ですよ。あなた。それも、ひどく。彼らはフランス語を話すことしか受け付けません。最僻遠の荒野でフランス人という資格は、インディアンのそばに行くと、最良の推薦状となります。われわれがカナダの主人だったときに、よい扱いをうけたことをいつも思い出しています。それに、われわれのあいだの多くのフランス人が彼らにとっては同盟者であり、ほとんど彼らとそっくりの暮らしを送っています。

問い――カナダのフランス人はどうしてイギリスの支配に甘んじているのですか?

答え――避けがたい悪として我慢しています。しかし、われわれはまったく溶け合ってはいません。二つの区別された国民のままです。カナダのフランス系住民は、きわめて多数となってしまいました。

グリーン・ベイ訪問後、マキノーに戻る

八月八日

湖面で過ごした無意味な一日。時折、右に左に、森林におおわれた低地。

八月九日

グリーン・ベイに朝の八時到着。要塞。一本の川の岸、草原のまんなかで、水辺の村。イロクォイ系インディアンの村はもっと上にある。大入植地。なにをすべきかわからない。私はひとりで狩りに行く。川を泳いで渡る。カヌー。水底に草。一瞬、迷子になる。それに気づかずに同じ場所に戻る。夕食のあと、ダックス・クリークへひとりのイギリス人(6)と一緒に出発。四マイルある。われわれはカヌーで孤独な小川を遡った。インディアン女性の家に着く。野草。素敵な冒険。われわれは帰った。

八月一一日

文明化した未開人との会話。わが農民のひとりのような服装をしている。英語を上手に話す。未開人はフランス人の方がより好きだ〔と彼は言う〕。文明生活に関する彼の考え。すべてのインディアンたちがそれに順応することが望まれる。彼はキリスト教徒ではない。インディアンの宗教である。神、魂の不死性。インディアンの天国。神の命令に従うこと。

湖での単調な一日。

八月一二日一一時にマキノー帰着〔略〕

インディアンの現状に関するラマード少佐との会話

一八三一年八月一二日

ラマード少佐は、高い教養を身につけた良識に富む人間である。一年半のあいだプレーリー・ドゥ・シーン[7]に駐屯してきた。プレーリー・ドゥ・シーンは、ミシシッピ河付近にある大草原である。ヨーロッパ人はそこに前進哨所を持っていたが、インディアンは、この場所を中立地帯と見なしていたから、そこで

---

(6) このイギリス人は、おそらく、船上で知り合った旅行家で弁護士のゴドフリー・トーマス・ヴァイン（一八〇一―一八六三）。彼は翌年に『アメリカの六ヶ月』という書物を公刊した。

は、さまざまな民族が平和に出会っている。

問い――あなたは、インディアンたちがいつかは文明に服従するとお思いですか？

答え――それは疑わしいですね。彼らは労働をひどく怖がっています。とりわけ彼らは、つねに彼らを野蛮状態にとどめ置くような先入見をいくつも持っています。黒人はヨーロッパ人を真似ようと熱心ですが、それに成功することはできていません。インディアンは、そうできるのに、ちっともそれを望まないのです。彼らは戦争と狩りしか評価しません。労働を恥辱と見ているのです。文明の幸福な暮らしを望むどころか、それを軽蔑し、それをはねつけています。私は一年で一番寒い日々を通して、インディアンを見てきましたが、身にまとうものと言えば、外衣一枚しか持っていません。われわれの毛皮服や外套をうらやましがるどころか、憐みを持ってそれらを見ていました。ウィグワムで安全に眠ることができるのに、どうしてほかのものを望むのか、生きるのに必要な野禽を一丁の銃で殺すことができるのに、どうして畑を耕すのかが彼らには理解できません。

問い――白人を襲うために彼らが二度と団結しないとあなたは考えていますか？

答え――いいえ、考えていません。彼らのなかには、彼らの人種の最終的運命を明確に認識し、戦おうと努める人物が複数います。しかし、一般にインディアンは、彼らの個別的な戦争に夢中になりすぎているために、共通の利害で団結することに思いいたすことがありません。いましがた、インディアンの性格は測りがたいと申し上げたところでした。その証拠をお見せしましょう。私はひとりのインディアン酋長の息子と知り合いでした。彼は、はたちになるまでわれわれの一番優秀な学校のひとつで教育されてきました。この歳になって、彼は森へ帰りました。その頃、戦争がイギリスと合衆国のあいだで起こりました。若者は、われわれの軍隊の隊列で彼の部族とともに行進しました。アメリカ人は、殺された敵の頭皮を剝ぐことを同盟したインディアンには厳に禁じていました。最初の衝突があったのち、私がお話しした若者はたまたま士官のひとりと出くわしました。会話は楽しい雰囲気でしたから、指揮官に見られないようにチョッキとシャツのあいだに入れていた頭皮をこの士官に見せないでいることはできませんでした。

問い――彼らが持っているのはどんな類の統治体ですか?

答え――彼らには世襲の酋長がいますが、この酋長がなんらかの権限を持つのは、才能ある人間である場合に限られます。それ以外に、戦時には彼らは有能さと勇敢さを基準にして戦争指導者を選びます。

問い――彼らが持っているのはどんな類の司法ですか?

答え――ある人間が別の人間を殺したときには、彼は死者の家族に引き渡される場合があります。たいてい、公権力が介入することはありません。復讐するのは犠牲者の親族の務めです。たいてい和議になります。

---

(7) プレーリー・ドゥ・シーン　フランス語で「犬の平原」を意味する Prairie du Chien という単語を英語読みした地名。ミシガン湖西方、ミシシッピ河左岸のウィスコンシン渓谷に広がる。

デトロイト帰還

八月一三日
マキノーを九時に発つ。帰路、面白いものはなにもなし。デトロイトへ一四日（日曜日）夜に到着。

第八章　英仏が対立する旧仏領カナダへ

［訳者解説］トクヴィルとボーモンは、デトロイトを出て、エリー湖の東端バッファローまで戻り、そこから北に出て、オンタリオ湖とのあいだにあるナイアガラの大瀑布を見物した。その後、かねてより興味を持っていた、英仏両国の比較が可能となるフランス系カナダの実情を調査するために、オンタリオ湖を蒸気船グレート・ブリテン号で渡り、セント・ローレンス河を下り、モントリオールに着いた。そこで、フランス人の聖職者および弁護士と会話を持ったのち、さらに最新鋭の蒸気船ジョン・モルソン号に乗って河を下り、ケベックにはいり、ここでも精力的にインタビューを行なった。カナダ滞在の半分以上を、彼らはケベックで過ごした。こうして、カナダを調査したのち、彼らは九月三日にモントリオールを出発して、陸路と河川路を使ってオールバニーに戻り、ボストンを訪ね、ニューヨークに戻り、今度はそこから西部への大旅行に出発することになる（一八三一年八月一八日～九月三日）。

幸福なカナダにおけるカトリック信仰の拡大

一八三一年八月二四日

モントリオール神学校校長キブリエ氏との会話。

キブリエ氏(1)は、愛想がよくて、開明的な聖職者であるように見えた（一八三一年八月二四日）。彼は数年前にフランスからやってきたフランス人である。

キブリエ氏いわく。私は、世界でカナダ国民以上に幸せな国民が存在するとは思えません。彼らは非常に穏やかな習俗を持ち、世俗の激しい対立も、宗教的な対立も持たないうえに、全然税金を支払ってはいません。

問い――ですが、ここには封建制の残り物のようなものがありませんか？

答え――ええ、ありますよ。ですが、それはなじみのないものではなく、むしろひとつの普通名詞になっています。カナダの一番広い部分はまだ荘園に分けられたままです。この荘園で、土地に住んだり、土地を買ったりする人間は、領主に定期金と名義変更税を支払わなければなりません。しかし、定期金はとるに足らない金額にすぎません。領主はいかなる栄誉権も、定額賃租人〔サンス地代負担者〕に対するいかなる優越権も持ちません。領主はヨーロッパの地主とその小作人よりもはるかに低い相対的立場のなかで、小作人に向き合っていると思います。

問い――信仰のための費用はどうやって工面しているのですか？

答え――一〇分の一税で賄っています。だいたいにおいて聖職者は土地所有者ではありません。一〇分の一税と呼ばれるものは収穫物の二六分の一です。難なく、すすんで、人びとはそれを支払っています。

問い――男子修道院を持っていますか？

答え――いいえ。カナダには女子修道院しかありません。といっても、彼女らは活発な生活のすべてを営んでいます。子供たちを育てたり、病人の世話をしたりしています。
問い――出版の自由を持ってますか？
答え――無制限で完全な自由を持ってますよ。
問い――その自由を宗教に対して向ける人間も、時にはいますか？
答え――いいえ、けっして。宗教は尊敬されすぎているくらいですから、ジャーナリストが宗教をあえて攻撃しようなどと思うことは、ただの一度もないほどです。
問い――社会の上流階級は宗教に帰依していますか？
答え――ええ、ずいぶんと。
問い――二つの人種間で敵意はありますか？
答え――ええ。でも激しくはないです。それは、生活の習慣的な関係にまでは広がっていません。カナダ人は主張します。イギリス政府はイギリス人にしか地位を与えていない、と。イギリス人は反対に、カナダ人を優遇していると文句を言っています。双方ともに、不平不満には誇張があると私は思います。総じて言えば、法律上寛容は完全なので、両国民の宗教的敵意はほとんどありません。

(1) キブリエ、ジャン・ヴァンサン（一七九六―一八五二）フランスの聖職者。サン・シュルピスからカナダに渡ってきたのは一八二五年のことで、モントリオールの神学校で一八三一年から一八四六年まで宗教教育に携わった。

問い――この植民地は、早晩、イギリスから脱するとお思いですか?
答え――そうはまったく思っていません。カナダ人は現在の体制のもとで幸せです。彼らは、合衆国で人びとが享受しているのと同じくらい大きな政治的自由を持っています。もし独立すれば、おびただしい公共支出が彼ら自身の負担になってのしかかってきます。もし合衆国と統一されれば、彼らは早晩、移民の大洪水のなかに吸い取られてしまうのではないか、彼らの港は年に四カ月も封鎖されて、イギリスの市場がなくなるとしたら、無一文になるのではないかと心配しなければならなくなるでしょう。
問い――教育が広まっているというのは事実ですか?
答え――数年前から、この点では完全な変化が起こってしまいました。いまでは、推進力が与えられていますし、教育を受けてくるカナダ人種は、既存のカナダ人種とは似ていないことになりそうです。
問い――そうした知識の光〔啓蒙〕が宗教原理を傷つけると心配ではないのですか?
答え――どんな結果が生じるかはまだ知ることはできません。とはいえ、宗教がそれを恐れる必要はなにもないと私は信じています。
問い――カナダ人種は広がっていますか?
答え――ええ。ですがゆっくりと、徐々にです。カナダ人種は、アメリカ人の特徴である、例の進取の気風も、出生と家系の絆に対する例の軽蔑も全然持っていません。カナダ人は最後の最後まで、教会の鐘楼と親類縁者からは離れませんし、できる限り早く定住しようとします。とはいえ、動きは大きく、私が言い続けているように、知識の増大とともに、私が思うに、動きは何倍にも大きくなっていくことでしょう。

英仏の対立と新聞事情、キリスト教

一八三一年八月二四日

モンドレ兄弟[2]との会話（一八三一年八月二四日）。モンドレ兄弟はモントリオールで弁護士をしている。知的で良識を持った若者である。

問い——カナダでは、フランス系人口は、イギリス系人口に対してどのような割合ですか？

答え——九対一〇〔四五万人対五五万人〕です。しかしほとんど全部の富と貿易がイギリス人の手にあります。彼らは、イギリスに家族と親類縁者を持ちます。そしてわれわれが持ち合わせてはいない特典を持っています。

問い——あなたがたはフランス語の新聞をたくさん持っていますか？

答え——二紙持っています[3]。

(2) モンドレ兄弟　兄はドミニク・モンドレ（一七九九—一八六三）で、訪問時にはモントリオール選出の議員になったばかり。弟はシャルル・ジョゼフ・エルゼアル・モンドレ（一八〇一—一八七六）。兄弟ともに弁護士。

(3) 一八三一年の時点で、カナダには五五万三一三四人が住んでいて、そのうちフランス語を話す人口は、四五万人とされていた。

問い――英語新聞の予約者にくらべて、フランス語新聞の予約者はどれくらいの比率ですか？
答え――八〇〇対一三〇〇です。
問い――フランス語の新聞は影響力を持ってますか？
答え――ええ。フランスで新聞が獲得していると言われる影響力には及びませんが、非常に目立った影響力を持っています。
問い――聖職者の地位はどんなものですか？　ヨーロッパでは、聖職者は政治的傾向性を帯びていると非難されているわけですが、そうした政治的傾向性が聖職者にあるとあなたがたは気づいていますか？
答え――多分、統治したい、あるいは指導したいというひそかなる傾向性を彼らにも認めることはできるでしょう。でもそれはとても些細なものです。総じてわが聖職者は際立って国民的です。このことは部分的には、彼らがたまたま置かれていた四囲の状況の結果です。イギリス政府は、征服の初期の時代、そして現代まで、ひそかにカナダ人の宗教的意見を変えようと努力してきました。カナダ人をイギリス人ともっと似通った集団にしようとしているのです。ですから、宗教の利益は政府のそれと対立するようになってしまったのです。そして人民の利益とは一致するようになりました。ですから、イギリス人と戦うことが問題になったときにはいつでも、聖職者は、われわれの先頭に立ったり、われわれの隊列のなかにいたり、してきたのです。聖職者は相変わらずみんなからは愛され、尊敬されています。彼らは自由の思想に反対するどころか、むしろそういう思想を彼ら自身が説教してきました。イギリスの存在などお構いなく、ほとんど無理を承知でとってきた公教育を優遇するためのすべての対策は、聖職者のなかに支持を見いだしてきました。

貴族主義思想を支持しているのは、カナダではプロテスタントの方です。カトリックはデマゴーグだと非難されています。わが聖職者の政治性がカナダに特有だと私に信じさせるものは、時折フランスからわれわれのところに到着する聖職者たちが、逆に、権力のために、われわれには考えつきもしない寛容さと従順の精神を示しているということなのです。

問い――カナダでは習俗はきれいですか？

答え――ええ、とてもきれいです。

カナダ――モントリオールの風景

モントリオール、一八三一年八月二五日。

外見――これまで訪れてきたアメリカのなかで、ヨーロッパに、そしてとくにフランスに一番似ている地域は断然カナダだ。セント・ローレンス河の河岸は完璧に耕され、みんなわれわれのところのものと似ている家や村で覆い尽くされている。**無人の荒野**《ウィルダニス》の痕跡すべてが消え去った。耕された畑、鐘楼、わが諸地方においてと同じくらい多い人口がそれに取って代わった。

諸都市、とくにモントリオール（まだケベックは見てなかった）は、わが地方都市と驚くほど酷似。

人口の基盤と大多数の人間はいたるところでフランス系である。しかし、フランス人が敗北した国民であることを見るのはたやすい。富裕な諸階級は、だいたいがイギリス人種に属している。フランス語はだいたいどこでも話されている言語であるにもかかわらず、新聞、ポスターの大部分、そしてフランス系商人の看板にいたるまで、英語で表記されている始末だ！　商取引関係の事業のほとんど全部が彼らの手にある。カナダにおける指導階級は、まぎれもなくイギリス人種だ。ずいぶん前からこのようであったのか、私は疑問に思っている。聖職者と、富んではいないが、開明的ではある階級の大半はフランス系である。彼らは、彼らの副次的な地位に激しく反応し始めている。私が読んできたフランス系新聞は、イギリス人に対してつねに、激しく反対している。いままでのところ、知的な欲求や情熱をほぼ持たず、物質的に非常に落ち着いた生活を送っている民衆は、征服された民族の地位を非常に不完全に垣間見てきたにすぎず、開明的な階級に弱々しい支持しか与えてこなかった。しかし、数年前から、ほとんどすべてがカナダ人である下院は、教育を大規模に広げるための処置を取った。新たな世代が現世代と異なってくるであろうということをすべてが予告している。そして、これから数年たって、イギリス人種が移民によってさほど大きく増加しないし、フランス人が現在所有している空間のなかに、フランス人を囲い込むことに成功しないなら、両国民は対峙することになる。彼らが一度でも混交し合うとは思えないし、お互いのあいだで、解消しがたい絆〔結婚のこと〕で結ばれることもありうるとは思えない。私がまだなお期待するのは、征服されたにもかかわらず、フランス人が新世界のなかに、彼らだけで、いつの日にか彼らの父祖よりは、おそらく啓蒙されており、より道徳的で、より幸せな美しい帝国を築き上げるのに成功することである。人種間のこの分裂はさしあたりいまはイギリスの支配にとくに有利に働いている。

英仏対立に関するイギリス人の意見

一八三一年八月二六日

ケベックの某氏（商人）との会話。

問い——**カナダ人**を恐れるなにか理由でもあるとお考えですか？

答え——いいえ。フランス人種に属する弁護士と富裕者はイギリス人を嫌っています。彼らはわれわれに新聞や下院で激しく反対しています。しかしそれは言葉だけのものです。それで全部です。カナダ住民の基礎部分には政治的情熱が少しもありません。そのうえ、富のほとんど全部がわれわれの手にあるのですから。

問い——でもあなたがたは、この多数の緊密に結びついたがきょうのところは政治的情熱を持っていないにせよ、明日にはそれを持つのではないかと恐ろしくはないですか？

答え——われわれの数は日に日に増大しています。この面からは恐れることはすぐにはなにもありません。カナダ人は、われわれに対してよりも、なおそれ以上にアメリカ人に憎しみを持っています。

注記——カナダ人の話題になると、某氏の冷静な表情には、とてもはっきりとした憎悪と軽蔑の感情が浮き出ていた。恐れるところがなにもなければ、これほどの熱情をたぎらせて語ることは稀である。

カナダ（項目の続き）――ケベックの風景

ケベック、一八三一年八月二七日。

モントリオールとケベックのあいだの地方は、ヨーロッパのわが美しき諸地方の人びとと同じような人びとが暮らすという外見を持っている。そのうえ河が壮麗である。ケベックは、豊かで肥沃な田園に囲まれた、まるで絵に描いたような場所に位置している。ケベックの周辺地域が呈する絵画ほど、生気に満ちた絵画をヨーロッパでは私はけっして見たことがなかった。

ケベックに働く労働人口の全部がフランス系である。通りではフランス語を話す声しか聞こえない。とはいえ、すべての看板が英語で書かれている。劇場は二つしかないが、それらは英語である。町なかは汚いが、しかし、アメリカの町とはいかなる類似性も持たない。それは、わが地方諸都市の大部分の町なかと驚くほど似ている。

ケベック周辺で見てきた村々は、わが美しき村々ととんでもなく似ている。そこではフランス語しか話されない。住民は幸せで裕福に見える。そこでは、合衆国において以上に、血は注目すべきほど美しい。人種はそこでは強く、女性はアメリカ人女性の大半の特徴である病的で繊細な雰囲気を持たない。

南ヨーロッパ諸国において絶大な影響力を行使して君臨しているカトリック教は、さまざまな小道具を持っているが、こちらでは、そうした小道具を一切持ってはいない。男子修道院は皆無で、女子修道院は有用な目的を持ち、イギリス人までもが強く褒めたたえるほどの慈善の例を与えている。路上には聖母マリア像を見かけない。教会のなかには、奇妙で、滑稽な装飾もなく、奉献物もない。宗教は開明的で、ここではカトリシズムは、プロテスタントの憎悪も、当てこすりもかきたてない。私は正直に言うが、私としては、合衆国のプロテスタンティズムよりも、カトリシズムの方が私の精神に、より満足を与えてくれている。司祭は、まったくまがうことなく羊の群れの牧者である。アメリカの牧師たちの大部分がそうであるように、宗教関係の仕事師のようなものではそれはまったくない。聖職者の有用性を否定しなければならないか、カナダでのように、有用性を持っていなければならないかのどちらかである。

英仏対立の現状と将来

一八三一年八月二七日

ニールソン氏との会話。

ニールソン氏[4]はスコットランド人である。カナダで生まれ、カナダ人と姻戚関係にある。自分の母語と同

(4) ニールソン、ジョン(一七七六―一八四八) スコットランド生まれ。ケベックのフランス語紙『ケベック新聞』の社主であった叔父と一七九〇年にケベックで落ち合い、新聞の主筆として活躍するかたわら、一八一八年から一八三四年まで立法議会議員を務めた。プロテスタントで英語圏の人間であるにもかかわらず、フランス系住民の自由を認める請願を持ってロンドンに陳情する任務を二度にわたって果たした。

じくらい流ちょうにフランス語をしゃべる。外国人であるにもかかわらず、ニールソン氏は、イギリス政府とのカナダ人の戦いでは、カナダ人指導者のひとりと見なしうる存在である。プロテスタントなのに、一五年前から、つねに議会の議員にカナダ人によって選出されてきた。彼のうちに、カナダ住民を優遇する措置のすべての熱烈な擁護者が見いだされる。彼と他の二人が一八二五年に苦情処理を請願するためにロンドンに送られた。ニールソン氏は、活発で独創的な気質の持ち主である。彼の生まれと社会的な地位とは、相互に対立していて、それが時として彼の思想や会話において奇妙な対照を形づくっている。

問い——今年のカナダは、イギリス政府にとっていくらぐらいにつきましたか?
答え——二〇万ポンドから二五万ポンドのあいだです。
問い——カナダはなにかイギリス政府にもたらしましたか?
答え——いいえ、なにも。税関で徴収された税金は植民地のために使われます。むしろわれわれは、イギリス人にかねを一文たりとも渡さないようにするために戦っています。
問い——しかし、カナダの保持にどんな利益がイギリスにはあるのでしょうか?
答え——大領主が彼らの称号のなかに記載されている大領地を保持することに、利益を持っているわけですが、しかし、それは彼らには高くつくうえに、悪い訴訟をしばしば引き起こしています。とはいえ、イギリスは、われわれを保持することで、間接的利益を得ていることは否定できません。合衆国との戦争になったとき、セント・ローレンス河は運河となり、イギリスはアメリカ内部にまで商品と武器を届けさせました。

ヨーロッパ北部諸国民との戦争になったときには、カナダは、イギリスが必要としていた船舶建造用木材を供給しました。イギリスは、その栄光のためではなく、その生存のために海の支配権を持たずにはいられません。イギリスがこの覇権に至るために支払うべき支出は、植民地の保持しか目的として持たない国にとってそうであるよりも、イギリスにとっては、植民地占有をはるかに安いものにつかせています。

問い——カナダ人は、早晩イギリスの軛《くびき》を脱するとお考えですか？

答え——いいえ。イギリスがそれを強制しなければ。強制せずに独立させることは、絶対にわれわれの利益に反します。低カナダにおいては、われわれはまだ六〇万人でしかありません。もし独立するようになったら、早晩、合衆国に呑み込まれることでしょう。わが住民は、あらがいがたい移民の大群に圧倒されてしまうようなことになりかねません。わが民族性を守るのに十分な数の人間がいるようになるのを待たなければなりません。そのときには、われわれは立派にカナダ国民となるでしょう。自然に任された場合に、人口は合衆国の速さと同じくらいの速さでここでは増えます。一七六三年に征服されたときには、六万人しかいなかったわけですから。

問い——あなたは、フランス人種がイギリス人種をいつか厄介払いすることに成功するとお思いですか？

（この質問が慎重に投げかけられたのは、質問者の生まれを前提としてのことである。）

答え——いいえ。二つの人種は同一の土の上で暮らし、混じり合うだろうと私は思いますし、英語は正式の商用語として残っていくだろうと思います。北米は英語圏であるだろうし、運命が判決を下しました。しかし、カナダのフランス人種は消え去らないでしょう。あなたが考えていらっしゃるほど、混交はむずかしいことではありません。とりわけ、あなたがたの言語を維持しているのは聖職者です。聖職者はフランス語をしゃべりたいと願い、純粋なフランス語をしゃべる啓蒙された、知的な唯一の階級を形成しています。

問い――カナダ農民の性格はどうですか？

答え――これは私の意見ですが、彼らは賛嘆すべき人種です。カナダ農民は趣味が単純で、家族愛には非常に厚く、習俗はきれいで、目立って社交的で、マナーは洗練されています。それとともに、抑圧に抵抗することがとても得意で、独立心に富み、戦闘的で、平等精神のなかで育てられています。ここでは、公共世論が信じがたいほどの力を持っています。村には権力機関がありませんが、しかしながら、世界中のほかのどんな国よりもよく公共秩序が維持されています。ある人間が罪を犯したら、人びとは彼から離れていきますから、彼は村を離れざるをえなくなります。盗みが犯されたら、犯罪者は告訴されませんが、しかし、恥じいって逃げ出さざるをえません。一〇年前からカナダでは斬首刑の執行はみたことがありません。私生児はわれわれの農村では、ほぼ知られてはいません。

私は、X氏（名前を忘れてしまった）との会話を思い出します。二〇〇年前には私生児はひとりも見かけませんでした。一〇年前にひとりのイギリス人が入植したとき、娘を誘惑しました。悪評はすさまじいものでした。

カナダ人は、生まれるのを見てくれた土地、鐘楼、家族に優しく結びつけられています。それが、よそへ財産を探し求めに行く気になるのを非常にむずかしくしています。そのうえ、私も言いましたように、カナダ人は優れて社交的です。友達の集まり、共通の神への典礼、教会の門前での集まり――そこに彼らの唯一の喜びがあります。カナダ人は心底から信心深いのです。一〇分の一税を払っても嫌悪感を示しません。だれもが自分をプロテスタントだと宣言して、一〇分の一税を免れることができるはずなのに、そんな例にはいまだもってお目にかかったことはありません。聖職者は、ここでは、人民と緊密な一体しか形成していません。聖職者は人民と考え方を分かち持ち、その政治的利害のなかにはいり、人民とともに権力機関と戦います。人民から出て、人民のためにのみ聖職者は存在します。聖職者をデマゴーグだと糾弾するのはこの点にあります。ヨーロッパでは、カトリックに対して同じような非難をしているという話は聞いたことがありません。事実は、聖職者が自由派で、啓蒙されており、とはいえ、心底からの信者であり、その習俗は模範的であるということです。私が聖職者の寛容精神の証拠です。カトリック信者は、プロテスタントの私をわが下院に一〇回も選んでくれました。だれによってであれ、宗教のほんの少しの先入見も私に対して申立てられるのを聞いたことがけっしてありませんでした。われわれのところにヨーロッパから到着したフランスの聖職者は、彼らの習俗については、われわれのところの聖職者に似ていますが、政治的傾向としては、絶対的に異なっています。

私は、カナダの農民のあいだには社交性の大きな気質があると申し上げました。どのような危機的な状況に置かれていても、この気質がお互いのあいだで助け合う気にならせるのです。彼らのうちのひとりの畑に不幸が起こると、共同体［市町村］全体がそれを修復するために、普通に運動を始めます。最近も、某農民の納屋が雷でやられましたが、五日後にはただで隣人たちがそれを復興しました。

問い——ここには、なにか封建制の名残がありますか?

答え――ええ。ですが軽微ですから、ほとんど気が付きません。（一）領主は、昔譲渡した土地から、ごくわずかですが、定期金を受け取っています。それは、たとえば九〇アルパンに対して六フランから八フランといったところです。（二）領主の水車で粉をひかなければなりませんが、しかし、領主は法律で定められた料金より以上に請求することができません。それは、自由と競争とともに合衆国で支払われている料金を下回っています。（三）**土地移転税**があります。封土として与えられた土地の保有者が土地を売ろうとするときには、領主に対して売買金額の一二分の一を与えなければならないのです。住民の支配的気質が打ち勝ちがたいほどに土地に執着したままでなかったなら、この負担はかなり重たく感じられることでしょうが。カナダにおける封建制度の名残はこれで全部です。付け加えれば、領主は栄誉権をまったく持ちません。特権も持ちません。貴族身分はまったくなく、そんなものは存在しえないのです。ここでは、合衆国のように、生きるためには働かなくてはなりません。小作人が見つからないのです。ですから、普通、領主自身が耕作者です。そして、それでもやはり、領主がいま位置づけられている平等の水準がどのようなものであろうとも、住民は、幾分かの恐れと嫉妬心を持って彼らを見ています。彼らのうちのある者は、下院に当選することができましたが、それは、民衆党を選ぶことによってしか可能とはなりませんでした。農民は、フランス政府のもとで隷属状態に置かれていたことを覚えています。政治的脅しの道具として、とりわけ彼らの記憶に残ってきた言葉があります。それは**タイユ**(5)という言葉です。彼らは、正確にこの言葉がなにを意味するか、もはや知っているわけじゃありません。ですが、それはいつも、彼らにとっては耐えがたいものの代表になっています。この名前に相当するようななんらかの税が定められようとするようなことにでもなれば、彼らは武器を取るだろうと私は確信しています。
問い――下院議員の座を手に入れるための被選挙権の条件とはどのようなものですか？
答え――なにもありません。
問い――農村では、選挙権者はどのような人間ですか？
答え――土地収入で四一リーヴルある人が選挙権者です。
問い――そんなに多数の選挙民大衆で、なにも恐ろしくないのでしょうか？
答え――ちっとも。大衆の全員が地主ですから。彼らは宗教的で、秩序を好み、選択眼はなかなかのもので、選挙で大きな利益を得られるのに、選挙戦が悶着を引き起こすことなどほとんど一度もありません。イギリス人は、われわれのところに彼らの腐敗した選挙制度を持ちこみたがってきたのに、わが農民の道徳性と名誉心に完全に負けました。
問い――初等教育はどこで行なわれていますか？

（5） タイユ　フランスにおける封建的賦課租の一種で、人的タイユと物的タイユの二種類あり、平民にのみ課せられた直接税。前者は、収税吏が納税能力にしたがって税額を決定し、徴収する。後者は、平民の財産にかけられた税金。一四三九年に王国タイユが常備軍を養うための戦争税として設けられてからは、国王が平民に課す直接税となった。後年『旧制度と大革命』を執筆するにあたって、トクヴィルはこの時の会話を思い出し、農民にとってはタイユが「貧困と悪の同義語であることに気づいた」と書いている（OC., II,2, p.284-285）。

答え——話せば長い歴史があります。フランス人の時代から教育がまったくありませんでした。カナダ人はいつも武器を手にしていました。カナダ人は時間を学校で過ごすことができませんでした。征服以後は、イギリス人は自分たちのことにしか取り組みませんでした。二〇年前から、政府は教育を制度化しようとしましたが、立ち回りがまずかったわけです。宗教的先入見に衝撃を与えました。教育を握ろうとしているらしい、それをプロテスタンティズムに有利な方向に向けようとしているらしいと政府は思われるようになりました。少なくともわれわれはそう言ってきましたし、計画は失敗に終わりました。イギリス人はこう言いました。カトリックの坊主は人民を無知な状態にとどめ置こうとしている、と。双方ともに本当のことを語ってはいませんでした。それこそは党派の言葉遣いです。四年前わが下院がはっきりと認めたことは、もし、カナダ住民が啓発されなければ、最終的には異国の住民にまるごと併合されるだろうに、ということです。なにしろカナダ住民のそばで、彼らのまんなかで、異国の住民は増加していたのですから。勧告が作られ、励ましの言葉が送られ、基金が設立され、さらには、視学官が任命されました。私も視学官のひとりです。私は視察を終えて戻ってきたばかりです。私がまとめた報告書ほど満足がいくものはなにもないくらいです。刺激は与えられています。住民は学ぶ機会を信じられないほど積極的につかんでいます。聖職者は全力を挙げてわれわれを助けています。すでに、われわれの学校のなかには、子供の半分、約五万［あるいは六万］人がいます。二、三年たてば、彼らの全員を学校に入れることになると信じて疑いません。そのときにはカナダ人種が河岸を離れ、内陸へと進み始めることを私は期待しています。いまのところわれわれは、セント・ローレンス河の両岸に沿ってほぼ一二〇リューくらいにまで広がっています。しかしこの線が一〇リューの幅を持つことは稀です。でも、その向こうには素晴らしい土地があります。それらはほとんどいつもただ同然で与えられます（文字通りただ）。そして耕作するのはいとも簡単にできます（手間賃は都会で三フラン、農村では三フランを切る）。食料はとても安値で手に入ります。カナダ農民は必要なものすべてを自分で作っています。靴も、服も、身を覆う毛織物のすべてを作ります（実際私はそれを見た）。
問い――あなたは、フランス人がここに入植しに来ることができるとお思いですか？
答え――はい。一年前に下院は、外国人遺産没収の法律体系を廃止するための法律を通過させました。七年間居住すれば、外国人はカナダ人になり、市民権を得ます。

われわれは、ニールソン氏と一緒に、ケベックから三リュー離れたところにイエズス会士が作ったロレット村を見学しに行った。ニールソン氏はイエズス会士が建てた古い教会を示し、こう言った。「イエズス会士の記憶はここでは崇敬されています」。インディアンの家はとても清潔だった。彼ら自身がフランス語を話していて、着ている服は違っていたけれども、ほぼヨーロッパ風の外見をしていた。ほぼ全員が混血。彼らが土地を耕作するのを見なかったことには驚いた。「まさか」とニールソン氏は私に言った。「あのヒューロン人たちが労働することを恥と考える貴族だったとは。牛のように大地を掘り返すだなんて、と彼らは言うのですが、そいつは、フランス人か、イギリス人か、どちらかにお似合いのことでしかないぞ、と。彼らはいまだに狩りをして暮らしていて、こまごました仕事は彼らの妻がしています」。

問い——インディアンがフランス人をひいきにしているとは本当ですか?

答え——ええ、本当です。間違いありません。多分、フランス人というのは、自分たちの昔からの足跡を断固としてもっともよく守る民族なのでしょうが、しかしながら、しばらくのあいだなら、自分たちが生きている国に住む人びとの習俗や思想や先入見に、もっとも容易に身を屈する民族なのでしょう。まさにあなたがたは未開人になることで、いまだに続く愛情を未開人から獲得したというわけです。

問い——フランス人にいつのときにでも変わらざる愛情を示し、植民地の歴史のなかであれほど大きな役割を演じてきたヒューロン族は、いったいどうなってしまったのでしょうか?

答え——彼らはゆっくりと混交してきました。とはいえ、ヒューロン族は、この大陸においてはインディアンでは最大の部族でした。それは、六万人に及ぶ男性に戦闘態勢を取らせることができる部族でした。その名残をあなたはご覧になっているわけです。北アメリカのほとんどすべての未開人は同じ祖先を持っていると考えられています。別の人種に明らかに属するのは、ハドソン湾のエスキモーしかいません。かの地ではすべてが異なっています。言葉も、カヌー〔毛皮製〕も……。私は、先ほど未開人になるあなたがたの能力について話しました。この点については、抜きん出ていて、いまではほとんど消え去っている人びとからなる人種をとりわけカナダでは持っていました。それは、旅行者[6]という名前で知られている毛皮取引代理人たちでした。彼らは全住民から徴募されていました。私は大胆さと進取の気風がそれほど遠くに永久に押しやられたとは思いません。彼らは森林のなかでインディアンさえも驚かせ、屈服させていました。

ケベックの民事裁判所のひとつを訪問

階段席で埋まっているだだっぴろいホール〔国王裁判所下級法廷〕にはいった。階段席は一群の人間で埋め尽くされていたが、彼らの外見はすべてフランス人のようだった。ホールの奥にはイギリス人の武器が大きく描かれていた。この絵の下に法服姿で胸飾りを付けた裁判官が席についていた。彼の前には弁護士たちが整列していた。

このホールに到着したとき、名誉棄損事件の弁護をしていた。他人を「縛り首野郎」、「ろくでなし」と罵った男を罰金刑に処すかどうかが問題になっていた。弁護士は英語で弁護をしていた。弁護士は、まったくブリテン風のアクセントで単語を発音しながら、「縛り首野郎とは」と言っていた。「縛り首になった人間を意味する」。「そうではなくて」と裁判官は重々しく咎めていた。「縛り首に相当する人間のことです」。この発言に対して被告側弁護人は憤激して立ち上がり、彼の事件をフランス語で弁護したが、彼の相手方は彼に英語で答えていた。二つの言語で、おそらく完全には理解し合うことはなかったからなのだろう。双方の側で、二つの言語がかっかと燃え盛った。イギリス人は、彼の考えを時折フランス語で表現しようと努力していたが、それは、相手方に、より密着してついて行こうとしたためであった。時として相手方も同じよう

（6）旅行者　カナダで毛皮専門の白人猟師のことをフランス語で **voyageur**（旅行者）と呼ぶ。彼らはインディアンとしばしば争ったために一九世紀にはこの地域からいなくなっていた。

なことをやっていた。裁判官は、ある時にはフランス語、ある時には英語を使って、秩序を回復しようと努めていた。執達吏が「静粛に」と叫んでいたが、この言葉を交互に英語とフランス語で発音するのである。平穏が再び確立され、証人が立てられた。証人たちは、聖書のカバーになっている黄金のキリスト像に口づけをして、フランス語で真実を述べると誓い、他の証人たちは、英語で同じ誓いをし、まったく装飾のない聖書の別の側にプロテスタントとして口づけをした。それからノルマンディーの慣習法が引用され、ドニザール(7)が持ち出され、パリ高等法院諸判決とジョージ三世治世〔一七六〇―一八二〇〕の諸規約とに言及があった。そののち裁判官は、「ろくでなしという言葉は、不道徳で、不行跡で、無節操な人間の観念を含むことに鑑み、被告を一〇ルイないし一〇ポンドの罰金刑に処する」ことにした。

そこで私が見た弁護士は、ケベック随一優秀な弁護士たちということだったが、事の本質においても、物の言い方でも、才能の証明をしたわけではなかった。彼らはとくに気品に欠けていた。フランス語は、ノルマンディー地方の中流階級のアクセントで話されていた。彼らの言葉遣いは平凡で、奇妙さと英語風の慣用句が混じっていた。彼らは一〇ルイが要求されているというかわりに、一〇ルイについて男に責任がある、という風に言う。

「箱に入りなさい」と彼らは証人に向かって叫んだが、それは、証言席について証言しなければならないことを証人に指示するためだった。

絵の全体は奇妙な、一貫性のない、なにかしら滑稽なものさえあった。とはいえ、それが生み出す印象内容は悲しいものだった。私がそこから出るときに、かつてなかったほど痛感したことは、人民にとってもっとも大きく、かつもっとも取り返しがつかない不幸は、征服されたことであるということだった。

カナダ日誌——フランス系カナダ見聞録

一八三一年八月二八日

ニールソン氏は、きょうはわれわれを地方見学に連れて行くために迎えに来た。(ニールソン氏の性格と立場については彼との会話を見よ。)この散歩の結果は、これ以上ないほど、カナダ人に対して好意的なものとなった。われわれはよく耕された土地や裕福さを印象づける家を見た。数軒の家にもはいった。広い応接間には、素晴らしい寝台がしつらえてあり、壁は白く塗られていた。家具はとても清潔だった。小さな鏡、十字架または、聖書の主題を表わす版画が全体を完成している。農民は屈強で、体つきもがっしりしている。着ている服もよい。人当たりのよさが率直な誠意を感じさせるが、これがアメリカ人には見られないのである。卑屈さがなく磨かれていて、あなたがたを平等な基準で受け入れるけれども、しかし、気配りがちゃんとしてあった。われわれが入った家の人びと自身が自分たち流儀の歓迎のなかに、われわれを驚かせるよう

(7) ドニザール、ジャン・バティスト(一七一二—一七六五) フランスの検察官だったが、検察官としての業績よりも、法令研究と編纂で多大の貢献をした。六巻本の『法律学に関係した新しい決定および概念集』(一七五四—一七五六)を出版した。

ななにか目立ったものを持っていた。（村に最初から住んでいた家族の家に案内されたのは嘘ではない。）全体としてこの人種に属する人間は、アメリカ人よりも知識の点では劣っているように見えるが、しかし、心の質については、彼らよりも優れているように思われた。ここでは、アメリカ人の話のすべてにも、同じく、アメリカ人のすべての行動にも現われている例の商売気質など、みじんも感じられないのである。カナダ人の理性はほとんど磨かれてはいないが、しかし、単純で、まっすぐである。彼らは、彼らの隣人［アメリカ人］よりも着想には異論の余地なく富まないが、しかし、感受性となると、隣人よりははるかに進んでいるように見える。彼らは心の生命を持ち、あちらは、頭の生命を持っている。

八月二九日

きょうは馬に乗って、案内人なしで村を訪ねに行った。ケベックから二リューのところのボーフォール［ボーポール］村では、人びとが教会から出てきたところに出くわした。その身なりが最大の裕福さを物語っていた。離れた小集落に属している人びとは、馬車でそこから帰っていた。われわれは小道で別れたが、出会った住民全員と話をし、なるべく深刻な話題に会話を持って行かせようとした。そういう会話の結果と思われたものが以下のようなことである。

（一）現在のところ彼らには、大きな生活のゆとりがみなぎっている。ケベック近郊の土地は非常に高く売れるし、フランスと同じくらい高く売れる。しかし土地からの収益も非常に大きい。

（二）ここの住民の考え方はまだほとんど成長しているようには見えない。とはいえ、彼らがすでに非常によく感じていることは、イギリス人種が警戒すべきほどに自分たちのまわりで伸び広がっているということであり、まだ自由に任されている地方に広がるかわりに、ある範囲内に閉じこもるという間違いを自分たちが犯しているということである。ヨーロッパからやってくる新しい人びとが日々到着することで、彼らの嫉妬心は激しくかきたてられている。彼らは結局は併合されてしまうと感じている。この主題に関して語られていることのすべてが彼らの情熱をかきたてることが分かる。しかし、彼らにはそれに対する対策が明確には分かっていない。カナダ人は鐘楼の眺めから離れることをあまりにも恐れすぎている。彼らには抜け目のなさがあまりない。「ええ、あなたはとても正しい、でもどうしたいのですか？」これが彼らの返事である。彼らは、自分たちの〔七年戦争の〕敗北民としての立場を明確に感じており、善意をまったく当てにしていない。正確には、政府の善意ではなく、イギリス人の善意であるが。彼らの希望のすべては、彼らの代表に結びつけられている。彼らは代表に対して、とりわけニールソンに対して――「でも彼はイギリス人だ」と、驚くか、もしくは後悔しているかどちらかの感情を持ってでもいるかのように、われわれに語っていた――被抑圧民が一般に庇護者に対して持つ、例の高揚した愛情を持っているように思われる。多くの人びとが教育の必要性を完全に理解し、それを助けるためにとられたばかりの対策を大いに喜んでいるようにわれわれには映った。全体としては、この住民は自分自身で自分を指導することはまだできていないが、指導される力は持っているように思われた。われわれは危機の瞬間に立ち至っている。これから二〇年間のうちに、カナダ人が無気力から脱することがなければ、もはやそこから脱する時間はなくなるだろう。この民族の覚醒が近づいているということをすべてが告げ知らせている。もし、この努力のなかで、カナダ住民のうちの中間階級と上層階級が下層階級を見捨て、イギリス人の運動のなかに引きずり込まれるなら、フランス人種はアメリカから姿を消す。そんなことになれば、正直に言って、大損失であろう。というのも、ここには偉大な民族の要素がすべてあるからである。アメリカのフランスのフランス人がフランス人に対するは、アメリカ人がイギリス人に対するのと同じである。アメリカのフランス人は、民族的性格における独創的特徴の大部分を保持し、それらを、もっと道徳的な性質ともっと単純素朴な性質に混ぜ合わせてきた。おそらくいつも、ヨーロッパの不幸を作り、これからも作り出すはずの、おびただしい先入見と根拠のない出発点から、彼らは彼らなりに解放されている。ひとことで言えば、彼らは、フランスの偉大な記憶を新世界において作り出すために必要なすべてのものを、彼らのうちに持っている。しかし、彼らは、彼らの民族性を再征服で完全に取り返すことにいつか成功するだろうか？　それはありうることだが、不幸にして、成功の確かな保証はない。人民の民族的情熱を理解し、感じとり、伸長させる能力を持った天才的人物がここでは、素晴らしい役割を演じるかもしれない。彼はたちまち植民地のなかで強力無比の人間となるだろう。しかし、まだどこにも私はそうした人物を見かけない。

すでに、ケベックには、フランス人とイギリス人との橋渡しをする部類の人間が存在する。それは、カナダ人と同盟したイギリス人であり、行政に不満を持つイギリス人であり、要職に就いたフランス人である。この階級は、定期誌のなかでは、英語とフランス語を混ぜ合わせた『ケベック新聞』によって代弁され、政治集会においては、ニールソンやおそらくわれわれが知らない、ほかの多数の人びとによって代表されている。まさにこの階級こそ、私がカナダ住民の将来の運命にとってもっとも恐れている階級なのである。この階級は、嫉妬心も、情熱もかきたてないかわりに、反対に、利害という点で、イギリス人的である以上にカナダ人的なのである。というのも、彼らは政府に反対しているからである。とはいえ、実際のところ、習俗や思想や言語については英国流である。この階級が、カナダ人のあいだで上層階級と開明的階級の地位を一度でも占めれば、カナダ人の民族性は、消え失せ、もう戻っては来ないだろう。カナダ人は、フランスの低ブルターニュ人〔英仏海峡に面した同名の半島の住民〕のように、細々と暮らしていくことだろう。さいわいなことに、宗教が両人種間の結婚の妨げとなっている。宗教は、フランス語をしゃべり、フランスの文学と思想を糧とすることに関心を持つ啓蒙された階級を聖職者のなかに作り出している。

この国の民衆との会話を通じて、彼らのうちに領主に対するわずかばかりの憎悪と嫉妬を発見することができた。とはいうものの、領主たちは、言わばなんの権利も持たず、目いっぱい民衆的であり、ほとんど全員が土地で耕作せざるをえない羽目に陥っている。しかし合衆国と同じくここでも、さほど理詰めで彼らが考えているわけではないのだが、民主主義の平等精神は生きている。私は、これらの農民の心情の奥底に、わが「フランス」大革命を導き、われわれの不幸のすべての原因といまだになっている政治的情熱を再発見した。ここではこの政治的情熱は無害である。あるいはほぼ害を及ぼさない。なにものもそれにあらがわないからである。われわれは、聖職者が持っていた一〇分の一税の徴収権を農民が重たい負担と見ていたこと、また、この税が数人の聖職者たちの手に富を積み上げることになるのを彼らが羨望とともに見つめていたことにも気づくべきだと確信した。宗教がカナダで支配権を永遠に失うとすれば、まさにこの風穴を通って敵が入ってくるときだろう。

フランス人のように、カナダの農民は陽気で活発な気質をしているので、彼らの当意即妙な答えには、なにかしら刺激的なところがほとんどいつもある。ある日私はひとりの農夫に、どうしてカナダ人は、二〇リューも行けば、肥沃で、耕作していない土地を見つけることができるのに、狭い農地で我慢させられたままなのかを問うてみた。「どうして」と農夫は答えてくれた。「あなたは、隣人の奥さんがあなたの奥さんより、美しい目をしているにもかかわらず、あなたの奥さんの方を、より愛しているのですか?」この答えには、現実的で深い感情があると私は思った。

カナダのフランス語新聞は、毎日、散文や韻文の文学的小編を含んでいるが、英語の新聞のだだっぴろ紙面では、こんなものにはお目にかかれない。この詩法は、フランス詩法の昔ながらの特徴を持っている。われわれの大げさな言葉や誇張法やわが現代文学のきざな単純性からはほど遠い単純素朴な筆致をそれは持つが、しかし、ちっぽけな考え、あるいは古くなった考えに終始している。

一八三一年八月三一日
きょうは、ニールソン氏、カナダ人のヴィジェ氏と一緒にケベックから一〇リューのところにあるセント・ローレンス河右岸のサン・トマ村を訪ねた。そこはセント・ローレンス河が七リューの河幅に広がり、その幅が五〇リューにわたって続いている地点である。われわれがまわった畑のどれもが豊饒だ。セント・ローレンス河と北部の山岳地帯とに結びつけられた農村は完璧きわまりない、このうえなく壮麗な絵画を形づくっている。家屋はどこにおいても素晴らしい造りをしている。それらはすべて、ゆとりと清潔さの雰囲気を醸し出している。

教会は富んでいるが、しかし、非常によき趣味にも富んでいる。内部装飾ときたら、われわれの町に移転させられないほどのものである。注意してほしいのは、共同体〔市町村〕自体が自分たちの教会を建てるうえで重要な地位を占めているということである。カナダのこの部分からは、英語がまったく聞こえてこない。住民はフランス語だけを話すが、とはいうものの、旅籠や商人と出くわすと、その看板は英語だ。

一般的注記

一八三一年九月一日〔モントリオール〕

われわれが多くのカナダ人とのあいだで交わした会話を通じて気づいたことは、彼らの憎しみは、イギリス人種一般に向けられているよりもなおいっそう、政府に対して向けられているということである。人民の本能は反イギリス人だが、しかし、開明的な階級に属する多くのカナダ人は、その起源の痕跡を手つかずのまま残したい、そして、まったく別の民族になりたいという欲望に、われわれが思っているほどには、突き動かされているようには見えなかった。多くの人びとは、イギリス人が地方の諸利益を取り入れようという気になるなら、彼らと混交することを忌避するようには見えなかった。したがって、恐れるべきは、時間がたつにつれ、とりわけカトリックのアイルランド人移民との混交が起こりはしまいか、ということである。

そして、この混交は、フランスの人種と言語と習俗を犠牲にしてはじめて遂行されうるのである。〔略〕

カナダ日誌（続き）

一八三一年九月二日

カナダに来て以来、実にたくさんの聖職者と出会ってきた。明らかに彼らはカナダ人のあいだでは、優等階級を形成していたように思われた。われわれが出会った聖職者の全員が教育されており、洗練されていて、たいへん高尚である。彼らは純粋なフランス語をしゃべる。概してフランスのわが司祭たちの大部分よりも、彼らの方が優れている。会話をすると、彼らが**まさにカナダ人そのもの**であることがわかる。彼らは、心と利害を住民に結びつけ、住民の欲求についてとてもよく議論している。とはいえ、彼らは、イギリス国王に対して**忠誠**感情を持っているように見えたし、概して合法性の原理を支持しているように見えた。しかしながら、彼らのうちのひとりが私にこう言った。「いまのうち、全部を希望すべきだ。政府は**民主主義者**だから」。彼らは、今日では野党であり、もし政府が横暴になったら、叛乱にきっと打って出るだろう(8)。

まとめて言えば、こちらの人民は、フランス人民と瓜二つである。いやむしろ、正確に彼らはまだフランス人である。したがって、彼らを取り囲むイギリス系住民からは、完全に異なっている。陽気で、活発、からかうのが好きで、栄光と名声が大好きで、知的で、優れて社交的である。彼らの習俗は温和で、性格は世話好きである。人民は、一般にフランスよりも、道徳的で、もてなし好きで、より宗教的である。フランスでは、お人好しと呼ばれる人間を見つけることができるのは、カナダをおいてほかにはない。イギリス人とアメリカ人は、粗野であるか、あるいは氷のように冷たいか、どちらかである。

ある農民が私に言っていた。「口げんかになると、イギリス人は危ない橋を渡るぞ」。

一八三一年九月二日

五、六年前にイギリス政府は、カナダ全体を唯一の集合体に統合しようとした。それがカナダ民族を完全に解消するために一番適切な対策だった。だから、人民全体が突如覚醒し、そのときからカナダ人は自分の力を知っている[9]。

多くの司祭が私に言ってきたことだが、彼らの共同体には英語をしゃべる人間はひとりもいなかったらしい。彼ら自身は英語を聞いてもわからなかったし、われわれを通訳と取り違えていた。

民兵組織の士官を任命することは、政府の権限に属するけれども、民兵組織の士官になるには、彼の指揮する場所に居住しなければならないことを下院が決定したために、結果は、武装した兵力の指揮権をカナダ人の手のみにほぼ独占的に置くこととなってしまった[10]。

---

(8) 実際、一八三七年に起こる叛乱の指導者は聖職者だった。

(9) イギリス政府は二度にわたり単一国家への統合を企てたが、二回目の一八二八年にも国民請願運動が巻き起こり、ニールソンが英国へ派遣される事態となっあるカナダ人がきょう私に言ったのだが、下院では議論が活発で、かっと燃え上がるし、しばしば性急に決議を採択してしまうために、頭を冷やすと、決議したことを後悔するという。フランスの議会について彼がしゃべるのを聞いていたのだとは考えられないだろうか?

存命するアメリカ人作家

ヴァープランク[11]、ボールディング、ホール、ストーン、ニール、パーカー、ウィリス、セジウィック嬢。

(10) 民兵組織がカナダに残ったのは、フランスの植民地時代の名残だが、二転三転した挙句に、一八三〇年には再び民兵組織が復活した。

(11) グーリアン・クロムリン・ヴァープランク(一七八六—一八七〇)はヨーロッパを旅したあと、ニューヨークで風刺誌を発刊した。本格的な哲学・文学著作のほか、ニューヨーク州議会の議員も務めた。ジェームズ・カーク・ポールディング(一七七八—一八六〇)はワシントン・アーヴィングの友人で、ユーモア作家。第八代大統領ヴァン・ビューレンのもとで海軍次官を務めた。次のホールは、イリノイ州の法律家のジェームズ・ホール(一七九三—一八六八)と推定。ジョン・オーガスタス・ストーン(一八〇〇—一八三四)は俳優兼劇作家。ジョン・ニール(一七九三—一八七六)は詩人で小説家。イギリスに滞在して、アメリカ人作家を紹介した。法律家でもあった。

ジェームズ・ネルソン・バーカー(一七八四—一八五八)はフィラデルフィア市長の息子で、彼自身も市長を務めた。劇作家で、アメリカ合衆国で初めてインディアンをとりあげた戯曲を書いた。ナサニエル・パーカー・ウィリス(一八〇六—一八六七)はジャーナリストで詩人。ヨーロッパへ五年間滞在していたために、アメリカ人作家としては、ヨーロッパに知られた稀有な作家となった。帰国後、エドガー・アラン・ポーの友人となった。キャサリナ・マリア・セジウィック(一七八九—一八六七)は合衆国の女流小説家で、家庭小説の草わけ。トクヴィルの来米のときにはすでに有名作家だった。一八三五年の『リンウッズ家』がもっとも有名な小説。以上作家履歴はプレイヤッド版編集者の調べによる。なお九月六日にトクヴィルとボーモンは、カナダからの帰途、ストックブリッジへ彼女に会いに立ち寄っている。

第九章　建国の地で民主制を考える

〔訳者解説〕カナダ旅行を終えたトクヴィルとボーモンはボストンへ向かう。彼らは超高級ホテルであるトレモンに宿をとった。ニューヨークの場合とは違って、ボストンでは、より市民生活に密着した人びとと会い、率直な質問をぶつけることができた。そのなかでトクヴィルは合衆国がまさに平等な市民の契約によって自然状態から社会状態へ自覚的、意識的に移行した社会であることを知る。さらにトクヴィルは、開明的教育と市民道徳と化した宗教さえあれば、民主制の社会は統治体がなくてもやっていけるのではないかとまで推論する。また、やがて南北戦争へとつながるアメリカ社会の奴隷制を中心とした南北対立にトクヴィルが着目するようになったのも、この地においてである。ボストン訪問後、刑務所調査のためにハートフォードに立ち寄ったのち、クエーカー教徒が創建したフィラデルフィアに入る。フィラデルフィアでは、民主主義社会において活気づく結社の精神とともに選挙の問題が姿を現わす。一般大衆は、選挙になると、古くからの名家を本能的に排除しようとするのではないかという危惧の念がトクヴィルにはあった。また、彼らはフィラデルフィアで黒人奴隷の叛乱を知る。一九人の黒人奴隷が縛り首を宣告され、処刑は、ボルティモアで一一月一一日に行なわれる。ことの真相を知るために、二人はフィラデルフィアを一〇月二九日に発って、ボルティモアに向かう。しかし残念なことに、トクヴィルがボルティモア滞在中に書き記したノートの大部分は失われているために、直接事件に関係した書付は残っていない。ボルティモアには一一月六日まで滞在し、いったんフィラデルフィアに戻ったのち、一一月二一日にピッツバーグに向かって移動し、二六日には、彼らは都会を去って、オハイオ河で蒸気船に乗り、西部から南部へと新たな冒険旅行を開始する（一八三一年九月三日〜一一月二五日）。

第一節　知的都市ボストン

マサチューセッツ

一八三一年九月七—九日

オールバニーからボストンに至る最長距離[1]でマサチューセッツ州を横断した。州の様相はニューヨーク州の様相とはまったく異なっていることを発見した。野原のまんなかには、もう**ログ・ハウス**がなく、焼かれた木々も、捨てられた幹もない。ひとことで言うと、**荒野**の痕跡がもうない。土地はよく耕されている。地方には古い時代の雰囲気がある。家々はほとんどみな魅力に溢れている（とりわけ村では）。驚くべきこと

（1）トクヴィルは、オールバニーからボストンまで、距離にして、約一六三マイルすなわち二六〇キロメートル以上を九月七日から九日の三日間で移動した。

に、清潔さが溢れんばかりに幅を利かせている。地方それ自体が絵に描いたようにはるかに美しい。山が多い。

プロテスタント信仰と教育の意義

ボストン、九月一六日

非常に熱心なプロテスタントの牧師であるドワイト氏[2]が教育の良き効果について語っていたので、彼に対して私はこういうことを言った。「フランスには、盲目的な愛を教育に対して持っている手合がいます。彼らはこう想像しています。読み書きそろばんを叩きこんでしまうことだけが人間を良き市民にし、ほぼ有徳と言える人間を作る、と。同じ過ちがアメリカにもあるのではないでしょうか?」

ボストン市の中心地

彼はこう答えた。「いいえ。おそらく、いいえですね。教育は有害な結果をもたらすかもしれないなどという主張がヨーロッパではしばしば支持されていますが、ここでは、そうしたことを主張する人はだれにも歓迎されないでしょう。しかし、だれもが暗黙に了解していることは、教育が道徳的かつ宗教的でなければならないということです。人びとの全体的な声のようなものがあるようです。反対の制度を持ちこもうと望む連中に対しては、一種の民衆暴動が起きるでしょう。そして、だれもがこう言うでしょう。そんなやり方で教育が与えられるなら、教育なんてないほうがましだ、と。子供たち全部が読み書きを学ぶのは聖書からです。とはいえ、教養ある人間が私にこんな主張をするのにすでに出くわしました。宗教教育が他の教育すべてよりも好ましいのであれば、自分は教育がどのようなやり方で与えられようとも、一般に、無知よりも人民には役に立つものとして教育を見なすことにしている、と」。

ドワイト氏は、宗教原理は合衆国で進歩したと思う、と付け加えて言った。彼が私に言ったことだが、公表された報告書では、陪餐にあずかった（プロテスタント式の聖餐のこと）人間の数が今年は激増したことを知らせているようである。しかしながら、彼は正直に、ボストンではユニテリアニズム[3]が一三（と私は記憶している）の教会を持っていると打ち明けた。人口六万人のボストン全体では、六〇の教会がある。

ジャクソン大統領を支持する多数派の世論

一八三一年九月一七日

（2）ドワイト、ルイス（一七九三―一八一四）女流作家セジウィックの甥で、ボストン刑務所協会の幹事。フィラデルフィアの刑務所の独房隔離制度に激しく反対していた。トクヴィルは、彼には賛成せず、フィラデルフィアの刑務所制度の方を評価した。

（3）ユニテリアニズム　神を第一位の位格とし、それ以外の位格を認めない反三位一体の教義と新約聖書におけるイエスの登場の目的がすべての人間を罪から救うことにあるとする万人救済説（普遍主義ともいう）とを組み合わせた教義を持つ。

スパークス氏(4)（ボストンの著名な文筆家）はきょうこんなことを言っていた。「開明的人士の多数派がいまや、ジャクソン将軍は大統領職を務めるのにふさわしくないということを認めています。民政にかかわることで彼にはほとんど経験がないこと、歳をとりすぎていてその務めを果たす能力がないことがその理由です。とはいえ彼は再選されるでしょう」。

「それはどうしてなんですか?」と私は言った。

第７代大統領ジャクソン

「わが人民はあなたがたのところの人民とは似ていないんですよ」とスパークス氏は答えた。「われわれのところの公共世論はゆっくりと作られます。世論はたいへん誤りに陥りやすいのに、不意打ちを食らって占領されるようなことは決してありません。ジャクソン将軍が偉大な人物で、彼はアメリカを栄えあらしめるのだということを、人民の頭に注入するために、長いあいだまめに努力が払われてきました。それで、人民にそのことを信じさせるのに成功してしまったというわけです。人民を別の意見に持って行くには時間が足りませんでした。多数派はまだ確実に将軍の手中にありますよ」〔彼は再選された〕」。

平、等、

一八三一年九月一七日

信じがたいほどの外面的平等がアメリカを支配している。あらゆる階級が絶えずめぐり会い、異なった社会的地位に起因するほんのちょっとしたしるしも現われない。すべての人が手を差し出し合っている。私はキャナンデイグアで、地区主席検事〔スペンサーのこと〕が収監者に手を差し出して握手を求めているのを見た。富と教育とが導く不平等には、私生活ではよくお目にかかる。一般には、もっとも富める者ともっとも教育のある者は、一緒に暮らしている。しかし、一介の外国人にとっては、こうした不平等はまったく目にとまらない。そして、私が思うに、事実はほかのどこよりも、不平等が感じられないということなのである。従事していると、自然に個人の地位が下がってくるような職があるとは、私には思えない。あなたがたは、新聞で絶えずこんな言葉を男に対する賛辞として読むことだろう。「彼はこんな場所で、立派な居酒屋を経営している」〔原文英語〕。白人の召使が彼らの主人と対等な人間として見なされることは明白である。彼らは馴れ馴れしく話す。蒸気船のなかで、まずわれわれは、給仕頭にチップをはずもうとした。それは彼に対する侮辱になる、と注意を受けて、引き止められてしまった。旅籠では、みんなが席につき、食事の世話がなされていたときに、われわれの横で、給仕頭が食事しているのを見た。要するに、アメリカで召使を

（4）　スパークス、ジェイリッド（一七八九—一八六六）　クリンの著作集の編集者で、トクヴィルの生涯に渡る情報ハーバード大学出身の歴史家で、ボルティモアのユニテリ提供者。『北米評論』の編集者。アン牧師。アメリカ革命の外交文書やワシントン、フラン

見つけるのはほぼ不可能なのである。彼らは、助けを与えている（この言葉は特徴的である）と言うし、たまたま彼らの隣人を助けにやってきた隣人であるような形で、自分たちを取り扱ってもらいたいと言っている。彼らは主人と一緒に食べなければならないのである。

世評で恥ずべきことと見なされているかねもうけの仕方は、法律に即した形では、存在しないという、上で言われたことを裏づけるための逸話。

私は、ボストンの広間で、二人の立派な紳士のうしろにいた。彼らは興味深げにある重大問題を論じているように見えた。

「どれぐらいの実入りがあるかね？」と一方が言っていた。

「かなりいい取引だよ」と他方が答えた。「各自、およそ一〇〇ドルが与えられるわけだ」。

「実は」と最初の方の紳士が続けた。「あなたがいい取引だというのはそういうことなんだ」。

ところで、話題になっていたのは、明日縛り首にしなければならない二人の海賊の話しにほかならなかった。連邦法執行官である対話者の一方は、役職上、処刑に立ち会い、命令通り万事が運ばれるかを監視する義務があった。法律は、絞首刑一件につき一〇〇ドルを立ち会い料として支給していた。そして、彼は、まるで翌日市場へ売りに行かねばならない牛のつがいについて話すようにして、二人の死刑囚について話していたのだった。以上、領事の話。

合衆国を旅行していて、どの旅行でも、自分自身の馬車と一緒に、あるいは彼の馬と一緒にいる人をひとりも見かけなかった。どんなに金持ちでもみな、召使なしで公共交通機関に乗って旅をしている。私は、何度となく、夫や母と一緒に、女中を連れず、ほぼ荷物も持たずにひとりで旅をする女性を見かけた。概して、彼女らは、なにも文句を言わずに、じっと我慢して、どんな旅の不便にも耐えている。この忍耐が証明していることは、ヨーロッパで上流社会の女性たちが受けている教育は、彼女らが受けている教育とは違うということである。

北部の産業社会と南部の奴隷制

一八三一年九月一八日

きょうクレイ氏（クレイ氏はジョージアの農園主。彼ほど愛想が良くて、教養のある人物とはめったに会ったことがない）は、ボストンにあるいくつかの美しい館に目を向けるように、と私に注意を促した。彼が言っていたことによると、あれほど贅沢な住まいを建てた人間の大部分は自分で財産を作った人間で、非常に貧乏な状況から出発しているそうである。彼は付け加えてこう言っていた。「財産はここでは信じられないほどの速さで、持ち主を変えます。金持ちの父親のあとをほとんどいつも継ぐのは貧乏な息子であり、家族がまばゆく輝くのは一代限りであると指摘されてきました」。「その理由はどこから来ているのでしょう？」と私は言った。「私にわかっているのは、あなたがたの相続法が財産の破壊に役立っているのです。しかし、フランスには、もっと民主的な法律が存在します。たしかに、徐々に財産は減っていきますが、あなたがたのところのように、消えてなくなりはしません」。クレイ氏は答えて言った。「相違の理由は、フランスでは大財産が土地にかかわるものであるのに対して、ニュー・イングランドでは、すべてそれは商業的なものであるという点にあります。あなたもご存知のように、こちらでは、そして一般にアメリカでは、小作人を見つけるのは困難ですし、反対のことは例外です。土地の値段はただ同然ですし、その生産物はあまりにも安値なので、地主でもなければ、だれも大地を耕したいとは思わないのです。小作人なしには、大土地財産もなしなのです。ところが、大商業財産は巧みさと腕前次第で、稼ぎ出され、取って置けるのです。こんなものは、ドルのように、まったく遺産相続できませんし、父親から息子に渡されることも稀です。逆に南部では、わが奴隷たちがあなたがたの言う小作人の役割を果たしていて、あなたがたのところよりも早く財産が消え去ることがないのです」。

こうしてわれわれは、奴隷制について話すように導かれた。クレイ氏(5)はわれわれに言った。「南部のわが諸州では、多数の地域で、白人が気候に慣れることができずにいるのに、黒人の方は暮らしを成り立たせ、繁栄しています。私が想像するに、時間がたって、南部の黒色人口は自由になればなるほど、アメリカ領土のこの部分の土地に集中され、反対に白色人口はこの地域から少しずつ離れていくことでしょう。こうしたやり方で、この地域には、アフリカ人から完全に出てきた一民族が形成されるでしょう。彼らの国籍を持ち、彼ら独自の法律を享受することができるようになるのです。奴隷制という大問題について、私はこれ以外の答えを見ることができません。黒人が白人とともに単一の民族しか形成しないほどに、黒人が完全に白人と混じり合うことなどけっしてないでしょう。要するに、このような外国の人種を引き入れたことは、アメリカの大きな唯一の傷なのです」。

注記——連邦のこの部分の人間たちを実に常識はずれなほどに際立たせているのは、彼らの商人的、工場主的、投機家的精神であるが、クレイ氏が言っているように、合衆国北部においては、土地財産の形成が不可能であること（この点については疑いを差しはさむことができない）は、この精神の形成に大きな割合で貢献しているのではないか？　金持ちになろうとする情熱を、ニュー・イングランドで満たそうとすれば、商工業に従事するしかない。

知性の自立が見られるボストン

一八三一年九月二〇日

ボストンは、水のまんなかにある美しい都市で、いくつもの丘の上に趣のあるやり方で位置している。この瞬間まで、ボストンの住民のうちに見かけたものは、われわれがニューヨークで見かけたものと完全に異なっていた。社交界、少なくともわれわれが紹介された社交界は、私には初めての社会でもあると思うが、

（5）クレイは、トクヴィルが出会った初めての南部代表者で、黒人奴隷制の敵。黒人と白人の完全分離の予言は『民主主義』、第二部、第一〇章（『デモクラシー』、第一巻、（下）、二六四ページ以下）でもとりあげられる。

ヨーロッパの上流階級にほぼ完全に似ていた。そこでは奢侈や洗練が幅を利かせている。そこでは、ほとんど全部のご婦人がたが上手にフランス語をしゃべるし、これまでのところ出会った男性の方は、全員ヨーロッパに行ったことがあった。彼らの礼儀作法は上品で、会話は知的題材をめぐって展開されている。ニューヨーク社会をとても陳腐なものにしていたあの商業習慣と金融精神から人びとは脱却しているように感じられる。すでにボストンには、なにもせずに、精神の喜びのみを追求する一定数の人間が存在する。物書きが数人いる。われわれはすでに全部が文学からなる非常に素晴らしい図書館を三つか、四つか見かけた。（それに、われわれが会ったのは、ほとんどすべてが上品な人間ばかりであったことに注意しなければならない。しかし、彼らは、ニューヨークの上品な人間とは別な流儀を持っている）。そのうえ、なにもやっていない人間に対する先入見（結局、先入見には非常な効用がある）は、いまだにボストンでは大きな力を持っているようである。このときまで歩きまわったすべての州においてのように、とりわけボストンにおける精神的労働は、宗教に関することに向けられている。アシニーアムにある半定期的な二五の書物や小冊子の類には、宗教関係の題材に多少とも関係したものが一二冊ある。

個人の自由が開花する州

一八三一年九月二〇日

クィンジー氏[6]はケンブリッジ大学で学長を務めているが、彼がきょう私にこんなことを言っていた。「マサチューセッツ州は、自分たちの行政官を任命し、自分たちの政務をやっている小共和国集合です」。「しかし」と私は言った。「中心となる紐帯はなんでしょうか?」「立法府です」とクィンジー氏は答えた。「これらの小共和国は、法で定められた活動圏を持っています。その圏域を超えてしまうと、小共和国は、人民を代表する大きな政治体への完全な依存状態に落ち込みます。個々の自治体が法を侵犯すると、州の主席検事が法廷に自治体を訴えます。自治体によって権利を侵害された人びとすべてが自治体を訴えることさえできます。ある市が道路を修復する任務を負っているのに、それを無視したとしたら、私は私の車をそこで壊してしまうでしょう。私は直ちに、私の蒙った損害と失った利益について市に対して訴訟を起こします」。

クィンジー氏はこうも言っていた。「われわれにいまの幸せがあるのは、わが憲法もさることながら、それ以上に、われわれの意志とは無関係な諸事情のおかげだと思います。ここでは人間の物質的欲望のすべてが充足されます。おまけに！ われわれは生まれながらにして自由で、自由しか知りません。ほんのわずかなことを除けば、今日も革命前もマサチューセッツは自由でした。王の名前があったところに人民の名前を置きました。しかし、われわれにはひとつも変化した感じはありませんでした」。

注記――政府がない（一国民が政府なしで済ませられるほど十分に幸せなときは稀）ということのもっとも幸せな帰結のひとつは、個人の力の拡大であるが、個人の力の拡大は、きまって政府がないことの帰結である。

（6） クィンジー、ジョサイア（一七七二―一八六四） 教育者で連邦主義の政治家。弁護士でもあった。ボストン市長（一八二三―一八二八）を務めたのち、ハーバード大学学長（一八二九―一八四五）。

各人は自分の頭で考えること、そして自分で行動することを学び、注意深いといくら予想してみても社会的欲求のすべてに応えることなどけっしてできない部外者の力による助けを当てにしない。このようにして、人間が自分の幸せを自分自身の努力のうちにしか求めないことに慣れると、他人の意見を聞くことで自分が高められるように、自分自身の意見にも磨きがかかる。同時に彼の精神は強くなり成長する。クィンジー氏は、公道を駄目になったまま放っておいた市を訴えたあの個人のことを話したときに、こうした状況の例を示していたのである。ほかのことも万事がこんな調子である。人間がなんらかの社会改善を思いついたとき、学校でも、病院でも、道路でもいい、そのとき彼には当局に話しに出かけようというような考えが浮かばない。彼は自分の計画を公にし、それを実現しようと申し出、自分の個人的力への助力を他人の個人的力に求め、ひとつひとつの障害に対して体ごとぶつかって戦う。私は正直に言うが、要するに、当局が彼と交代した場合にくらべると、それよりうまく仕上がることはたいていないが、しかし、これらの個人的事業すべての全体的結果を見ると、結局は、行政などが企てることができるものよりも優れていることになるだろう。そのうえ、このような物事の進め方が国民の道徳的・公共的性質に及ぼす影響も埋め合わせになるだろう。行政と個人のあいだでなんらかの差異が存在していたとしても、それらの差異のすべてを超えるという話である。しかし、繰り返し言わなければならないが、このように政府なしで済ませられる国民はほとんどいない。こうした事態は文明の両極端にしか、けっして存続することができなかった。肉体的欲求だけを充足すれば済む未開人もまた、自分しか当てにしない。文明人がそれと同じだけのことをやれるようにするには、彼の知識が彼にとってなにが有用かをはっきり気づかせることができる社会状態に達していなければならない。しかも、彼の煩悩がその実現を妨げないことが必要である。良き統治体の最大の気づかいは、徐々に国民が政府なしで済ますことに慣れさせせることでなければならない。

マサチューセッツ州の自治体制度と法体系——グレイ上院議員へのインタビュー

一八三一年九月二一日

グレイ氏[7]はマサチューセッツ州の上院議員で、たいへん多彩な才能に恵まれた人物である。

「あなたがたは市政を規制する法律集をお持ちですか?」と私は彼に言った。「いいえ、持ちません」とグレイ氏は私に答えた。「われわれは一般原則を持っています。残りはすべて習慣からできあがっています」。

問い——それらの原則はどういうもので、実践への適用はどのようなものですか?

答え——一般原則としてはこうです。人民全体が、その代表を通じて、自治体のあらゆる事柄を規制する権利を持っていますが、しかし、人民は、自治体の内部統治や治安法や収入の管理や地方のみにかかわる事業に関係したなにもかもにおいては、その権利を行使するのを慎むべきだというのです。立法府は、こうした対象にはけっして口出しすることはありません。自治体それ自身は、自治体が毎年任命する代理人を通じて

(7) グレイ、フランシス・キャリー(一七九〇—一八五六) 船舶艤装業者の息子で、弁護士。上院議員で、監獄監察官。慈善家でもあった。

これらの事柄をやります。承認されている規則によれば、自治体は自分のためにのみ行動し、だれの権利も侵さない限りは、その分野でなんでもやれるわけです。たとえば、自治体はあるいくつかの事業の経費を負担することを目的として、税額を定める無制限の権利を持ちますし、その予算はけっして監査にかけられません。

問い――自治体が法律にまったく従わない場合は、どんなことが起こりますか？

答え――自治体がある郡の大陪審に、主席検事が自治体を個人のようなものとして訴えます。自治体住民は陪審員になることもできません。そして違反があれば、自治体には罰金の判決が下ります。

問い――どうやって自治体が罰金を支払わざるをえないようにできるでしょうか？　フランスでは知事が職権で、自分の予算にこの支払いを書き込む権限を持っています。

答え――われわれのところでは、やり方が違います。法律は罰金ないし損害賠償の債権者が気に入った自治体住民を捕まえることを許しています。捕まえられた住民は、こうしたやり方をして、今度は自分が自治体の債権者となり、同じように行動することができ、こうして次々と続くことになります。こういうことは、要するに純理論上のことです。こんな権利行使を避けるために、自治体はいつでも支払いを急ぎます。

問い――裁判官は大きな政治権力を持っていますか？

答え――わが裁判所は州第一の権力を形成しています。裁判所が反憲法的と認めた法律の場合には、その法律の施行を裁判所が拒むことができるというのは、だれもが認めていることです。そして、そのように裁判所が行動することが毎日のように起こっています。裁判官に認められたこの権力は、自由に対して人民が持てる限りでの最大の保証のひとつだと私は見ています。それに、裁判官はこの権力を濫用してはいません。裁判官は告訴を促したりなどしません。人民は彼らと知り合いですし、陪審を通じて彼らの審議に参加します。私がいまお話しした関係のなかに、民事における陪審制最大の利点のひとつを私は見ています。陪審が人民と司法官職とのあいだに作り出す一致と相互信頼は、この後者の志気を著しく増大させます。

問い――あなたが陪審制についてお触れになったので、この際、私に説明してくださいますか？　いったいどうして、アメリカ、いや少なくとも、ニューヨーク州においては、善意の欠如が問題であるときと、良心に触れるような同じ類のほかの問題に関するときの訴訟では、陪審による裁判をまったくやろうとしないのですか？　このような訴訟に裁決を下すためにこそ、私には、陪審制が有益であると思われるのですが。いったい、あなたがたの衡平法裁判所の意味するところはなんなのですか？

答え――まず、あなたに知っておいていただかなければならないのは、マサチューセッツ州では、衡平法裁判所は、同じように、組織されているわけではないということです。ここでは、あなたがお話しになった訴訟は、訴訟当事者が反対のことを望むのでなければ、陪審が管轄する他の訴訟と同じような取り扱いになります。ニューヨーク州で、そして連邦の多くの州で、衡平法裁判所が完璧に確立されたのは、そこでは、英国法に盲従したからなのです(8)。いまここにありますように、あなたもご指摘の、そして私も認めますが、奇妙さが英国法には存在するということになっているわけです。イギリスは、もともと、ローマ法の使用が絶対的に終わってしまった国です。法体系全体が慣習法の上に築かれ、すべての訴訟が陪審で裁かれていました。しかし国の文明化が始まるやいなや、慣習法の欠陥が感じられ始めました。これらの欠陥は、ひとつの国民が慣習に従ったままであったためにけっして明らかにされえなかったとは、私にはまったく思えない類いのものです。少しずつですが、いくつかの訴訟が**成文法**を採用しました。この変更を実行し始めたのは聖職者階級です。つまり、もっとも教育され、もっとも開明的な階級だったわけです。知識と野心から、聖職者たちは、彼らの裁判所へ多数の訴訟をなんだかんだと理屈をつけて、引き寄せました。悪意にもとづいた訴訟こそまさしく良心に触れる訴訟でした。ところが、聖職者の裁判所は成文法とともにあったために、陪審が存在しませんでした。こうしてこれらの訴訟は陪審に付されることはなくなったのです。もっとあとになって、衡平法裁判所が聖職者裁判所を引き継ぎました。そしてもはや陪審を忌避する同じ理由がなくなったにもかかわらず、同じ道を習慣上歩み続けるということになりました。こういうわけで、ローマ教会の権力から生まれたひとつの制度がわれわれ、プロテスタントで共和主義者のもとにまで存続してしまったというわけです。

習俗——とくに性風俗について

ボストン、一八三一年九月二一日

私が思うには、アメリカの習俗は、どのような国に存在する習俗とくらべてみても、比較にならないほどきれいである。このことは、五つの主要な原因に帰することができるように私には思われる。

（一）体質。彼らは、イギリスよりも暑い風土にほとんど全員が暮らしているにもかかわらず、北方人種に属している。

（二）そこでの宗教は、いまだに彼らの魂に対して多大の支配力を握っている。彼らはこのうえなく厳格な宗派の伝統を部分的に固守さえしてきた。

（三）彼らは財を成すための心配りで頭が完全にいっぱいになっている。彼らのあいだに怠け者はいない。彼らは、つねに働いている人間の列に連なるという習慣を持っている。

（四）ヨーロッパにはびこる出生にまつわる先入見のいかなる痕跡も存在しない。あまりにも容易に金持ちになれるために、貧しさがけっして結婚の障害にはならない。そこから若い両性の個人が結びつき、お互いに惹かれ合うことでのみ結婚し、人間がほとんどいつも、感覚の喜びよりも心の喜びにいっそう感じやすくなる生涯の一時期まで、彼らは結びつけられていると感じている。二三歳までに結婚しない男性は珍しい。

（8）衡平法裁判所は、この時代の英国では大法院と呼ばれ、通常のコモン・ロー裁判所からは独立した大法官管轄の裁判所だった。この制度は、王は正義の士として法の番人であるという考え方にもとづき、臣民には国王に訴える権利が認められていたことに由来する。王は主権者として裁く権限を大法官に委託した。はじめは高位聖職者が任命されていたが、チューダー王朝になり、政治家を任命するようになった。トーマス・モアがヘンリー八世によって大法官に任命されたのがその例。開廷は、慣習法が古くて有効でないと見なされたり、あるいは不公正であると認められたりした場合で、「衡平」を図るために、良心にもとづき、先行する大法官の判例にしたがって、大法官が事件を裁いた。

（五）女性は一般に合理的な（おそらく、少し理屈っぽすぎるとさえ言える教育）教育を受ける。以上述べた原因から、大した不都合を生じさせることなく、女性に極端な自由を残すことができている。結婚した女性の身分へ独身女性から移ることは、彼女らにとってはなんの危険も持たない。

クレイ氏は、この点に関して統計学的調査に取り組んできたらしいが、その彼がボーモンに向かって、ボストンには約二〇〇〇人の街娼がいる（私にはそんなことを信じるのはとても無理だ）と言ったそうだ。こうした女性は、田舎の娘から徴募されている。彼女らは、誘惑されたあとで、故郷と家族のもとから逃げ出さざるをえなくなり、食い詰めてしまったのである。都会の若者が彼女らのもとに足繁く通っているようだ。しかし、この事実は、きわめて入念に隠されているし、害悪はその場所に限られていて、けっして家庭の敷居をまたがないし、家族を煩わせることもない。情事を楽しんだと罪状を認めた場合ではなく、そう疑われただけで、男はすぐさま社会からはじき出されるにようだ。ドワイト氏がわれわれに語っていたところでは、性病は不名誉のしるしで、それを洗い流すのにはとても苦労するという。

それに警察はいかなるやり方でも街娼にはかかわり合いを持たない。アメリカ人は言う。そんな治療法を病気に施すことは、それを合法化することになってしまう、と。ドワイト氏が語ったことだが（われわれはすでに監獄報告のなかで、その点を指摘する機会を持った）、すべての収監者のなかで、自分を矯正した人間にはめったにお目にかかれなかったし、身持ちの悪い女に限って、私は更生したと言っていたという。

亡命者のアメリカ共和制への賛美

一八三一年九月二二日

リーバー氏(9)（自由主義ゆえに祖国から追放されたリーバー氏は若いドイツ人で、合衆国では『エンサイクロペディア・

(9) リーバー、フランシスまたはフランツ（一八〇〇―一八七二） ドイツ生まれの亡命者。法学者・哲学者。アメリカ百科事典の編集者。ベルリン大学に合格したものの、学生運動にかかわっていたために入学を拒否され、イエナ大学に入るが、官憲に追われたために、あちこち転々とする。ギリシア独立戦争に志願。帰国後逮捕され、投獄されるが、歴史家ニーブーアの助力で釈放される。その後一八二五年にイギリスに逃れ、体育の教師として、一八二七年にボストンへ亡命。ブロックハウスの百科事典をモデルに『エンサイクロペディア・アメリカーナ』を全一三巻で出版（一八二九―一八三三）。一八五六年から六五年までコロンビア大学の前身のカレッジで歴史・政治学の教授。南部に居住していたが、南北戦争では北軍を支持。しかし、人道的見地からリーバー・コードを作成。その後、一八七〇年からニューヨークに転居し、メキシコとの外交交渉にあたった。フランスのアカデミー会員。トクヴィルとボーモンの刑務所報告を英訳し出版（一八三三）した。序文で彼は次のように言う。「読者は、彼らが政府からこの国に調査のために送られた以上、その主題を忠実な熱意と知性と、そして真実を見て、語ろうとするあの気構えで、調査してきたということを発見するだろう。われわれの国を訪問する人びとのなかで、こうしたものとお目にかかるのは、さほど頻繁なことではない。洞察力のある目と正直な心を持つ外国人が行なう自分たち自身の国に対する観察に耳を傾けることは、いつでも多大の利益をもたらす。知性あるドイツ人なら、スタール夫人の彼の国に関する著作のいくつかの部分を読んで益にならないなどということになんでなろうか？」

アメリカーナ』という題名の著作で有名になった）は、この日の夜私にこう語っていた。「ほかでもなくわれわれヨーロッパ人は、一大政治的合議体を組織することで、共和国を作ろうと考えています。ところが話は逆で、すべての統治体のなかで、社会全体からもっとも多く出てくるのは共和政体なのです。この国をご覧なさい！　共和制はいたるところにあります。連邦議会にも、同じように街路にもあります。一個の障害物が公道を塞いでいるとしてご覧なさい。すぐさま隣人たちは協議体を結成します。彼らは指名によってひとつの委員会を立ち上げ、賢明な指導のもとで集団的な力で病を治そうとするでしょう。公共の儀式や宴会が行なわれるときはどうでしょう。あなたがたは、同じく会合、協議、そこから生まれる執行権力を目にするでしょう。利害関係者の権威より前に存在している権威という発想は、だれの頭のなかにもありません。人民は骨の髄まで共和制を持っています」。

別なときには、われわれに彼はこうも言っていた。「アメリカを見てしまった人間なら、その政治法をヨーロッパに移植できるなんて、とりわけ一気に移植できるなんてどうしたら思えるでしょうか。この国を私が見てしまったからには、ド・ラ・ファイエット氏[10]が彼の理論において正気であったとは思えません。こんなに重大な間違いを犯せるとは。私の場合は諸政体と政治諸法は、それ自体としては、なんでもないんだ、と、だんだん、毎日のように考えるようになってくるのを感じています。それらは船舶上部構造物〔死せる作品〕であって、人民の習俗と社会的状況だけが、それらに生命を与えることができます」。

われわれは彼に質問をしてみた。「習俗がきれいだと断言されていますが、ここでは、それぐらいきれいだというのは、本当ですか？」彼はこう答えた。「下層階級では習俗は、開明的階級にくらべると、よくありません。とはいえ、ヨーロッパにおける同じ階級にくらべると、こちらの下層階級の習俗の方がより良いと思います。開明的階級となると、彼らの習俗は想像しうる限りで完璧です。ボストン社会では、情事がたった一件でもあるとは思いません。そう疑われた女性は姿を消すでしょうから。しかしながら、女性はそこでは非常にコケティッシュです。女性はわれわれのところよりもはるかに大胆に、コケティッシュぶりをわざと見せつけさえします。というのも、彼女らは、ある点を越えることはできないことをわきまえているからです。しかもそれを越えているなどと、だれも信じないということを彼女らは知っていますから。とどのつまり私は、アメリカ人女性の凍りついた利己主義的美徳よりも、弱さを持ったヨーロッパのわが女性の方がなおさら好ましく思えるのです。

問い――ここで人がおのれの情熱に対して獲得している、あの信じられないような力は、なんのせいだとお思いですか?

(10) ラ・ファイエット侯爵、マリー・ジョゼフ・ポール・イヴ・ロック・ジルベール・デュ・モチエ、ド(一七五七―一八三四) フランスの軍人で政治家。アメリカ独立戦争に参加(一七七七)。フランス革命初期に活躍。国民軍司令官となり、のちにフイヤン派として立憲君主制を唱える。オランダへ亡命後、オーストリアの捕虜となる。帰国後反ナポレオン派、ついで反王政派も下院議員を務め、一八三〇年七月革命で再び国民軍司令官となる。七月王政下でも反政府派として活躍し、リーバーも言及しているように、アメリカ流の民主制政体をフランスでも採用するように主張した。

答え——いくつも原因があります。体質、ピューリタニズムの名残、労働習慣、たとえば守備隊のような、無為徒食あるいは品行不良の階級が存在しないこと、早婚、不義密通の秘密を守ることをほぼ不可能にする住宅の造りそのものなどです。

問い——結婚前の若者は身持ちが良くないと聞きますが。

答え——いいえ、そんなことはありません。イギリス人と同じとさえ言えます。彼らは趣味が粗野です。しかし、彼らは、イギリス人のように、自分たちが日常的に住んでいる社会と彼らの快楽のために利用する社会とを完全に峻別しています。それらは、お互いになんの共通性もない二つの世界みたいなものです。堅気の女性を誘惑しようなどと彼らは思いません。

リーバー氏と散歩していたときに、彼は、われわれのそばを通りかかったひとりの紳士を指してこう言った。「あの人は保安官です。軍では大佐でした。昨日、市長のオーティス氏[11]のところで彼とわれわれは親しくなりましたね（これは本当の話）。いやはや二カ月前には、彼が二人の男を縛り首にしたのを私は見たのです」。

問い——どうしてそんなことが？　お話しいただけませんか？

答え——アメリカでは、保安官が死刑執行人の役割を果たします。

問い——そんな仕事に就いていて、恥とは思わないのでしょうか？

答え——ちっとも。保安官は犯罪者を処刑しても、司法官が犯罪者に死刑を宣告したように、法律に従っているだけですから。それに、彼は、自分の職業に憎しみも侮蔑も感じないのです。人が法律そのものに対して持っている極端な敬意（というのも、自分たちが法律を作ったのですから）から派生する法の代理人に対するこの敬意こそが、ここでは、人民が〔司法〕警察官や収税吏や関税係官に対していささかの敵意も感じない原因を作っているのです。これらの役職のすべてに敬意が表されています。

われわれにドイツについて語りながら、彼はなおもこう言っていた。「われわれの不幸は、唯一の国民を形成していないことです。文学のドイツはありますが、政治的なドイツはありません。人民にとっては、自由よりも政治的統一を獲得することがもっとはるかに重要であり、また、それを獲得することはもっとはるかにむずかしいと私は見ています。すべてのドイツ人が同じ軛《くびき》につながれれば、大きな幸せだと私は見なします。たとえそれが鉄の軛《くびき》であってもです。彼らは、そのときに唯一の国民となることでしょう。そして時間がたてば、彼らは自由になるでしょう」。

考察。ヨーロッパで、われわれにもっとも不愉快な思いをさせることは、低い身分から抜け出るための手段を提供しないまま、そこから抜け出したいという羨望だけを低い身分に生まれついた人びとに与える教育がなされ、それを彼らが受け取ってきたことである。アメリカでは、教育のこのような類の不都合がほとんど感じられない。教育はいつでも金持ちになるための自然な手段を提供し、いかなる社会的不安も作り出していない。

（11）オーティス、ハリソン・グレイ（一七六五—一八四八）ボストン市長で連邦主義者。

一八三一年九月二一日のグレイ氏との会話を参照。

一八三一年九月二二日

陪審——民法への適用

陪審は、それが民事に適用される場合でさえ、ひとつの政治的制度である。これこそけっして忘れてはならない一般観念であり、これがそれの良し悪しを判断するための出発点だ。

私はきょう巡回裁判所[12]の法廷を傍聴しに行った。それは次のような事件だった。一隻の船に保険がかけられていて、その船が沈んだ。保険人側の主張は、船は航海に耐えることができなかったというのである。訴訟は陪審に持ちこまれたが、評決で陪審は、船は契約時には航行可能な状態にあったと宣告した。陪審の宣告が巡回裁判所に訴えられた。この裁判所は、合衆国最高裁判事によって指揮されていて、それ自身では判決を下せないのだが、しかし別の陪審へ送り返すことはできる。

被保険人の弁護士——フレッチャー氏[13]で、ボストンの非常に優秀な弁護士——は、被保険人に有利な評決を下した陪審に対して投げつけられたいくつかの非難に答えることから始めた。陪審員たちは有能な人たちだった。彼らは、事件にたゆまぬ注意力を注いできていた、と。それから、法律問題に入ったとき、彼が主張したのは、陪審のさまざまな評決を廃棄する自由裁量権を裁判官に認めるなら、陪審員制度がもはや力を持たない見せかけにすぎないものになるということだった。その一方で、彼は熱情に駆られて陪審が行動してしまったり、明瞭、明白な誤りに陥ってしまったりするような場合には、評決を破毀することには根拠があるということも認めていた。しかし彼が主張するには、こうした常識はずれな場合はのぞき、疑わしい問題で、陪審が裁判官と意見をともにしないで、異なる意見に従うだけであった場合はいつでも、裁判官には**評決**を改める権利がないというのである。

反対弁論には立ち会うことができなかったが、その代わり頃合いを見計らって、裁判官のひとりと話をした。その裁判官は次のように言った。「あなたがたがお聞きになったばかりのことがあなたがたを驚かせたということは、私にはわかっています。陪審員の諸権利と裁判官の諸権利とが行使される場合、それらはいかなる限界を持つかについて、明確な観念をあなたがたは抱くことができないでしょう。これらの限界は、実際には、理論によって決まるというよりもむしろ、実際に即して決められます。事実、われわれには、陪審の評決理由がどのようなものであっても、評決を破毀し、他の人びとからなる陪審にそれを再送する権利を持っています。しかし、われわれが権限を行使するのは、最終的な極限状態においてであり、誤りとか熱情とかがだれの目にも止まらないわけにはいかないときです。人民は、民事においてさえ、陪審による判断をとても大事にします。人民は、陪審の精神力を少しでも傷つけないようにと、非常にやきもきしながら、注視しています。裁判官が評決を破毀したときには、人民は、彼の上に無限責任をおっかぶせてきます。私

(12) 巡回裁判所　連邦裁判所の第一審に当たり、連邦最高裁判事が州に巡回してくるので、その名がある。一七八九年の裁判所法で設立された。

(13) フレッチャー、リチャード（一七八八―一八六九）ボストンの弁護士で、保険法の専門家。

の場合は、破毀したのは生涯で一〇回は超えていないと思います。私には納得がいかないけれども、しかしながらそれなりの重みを持った理由で、陪審が決定したということが私にわかれば、その評価の一切は陪審に委ね、その意見を尊重します。上告しても十中八九、負けます。ですから五〇人の原告のうち、われわれのところに訴えに来るのはおそらくひとりもいません。このように陪審員制度は、理論に従えば、ほぼ中身が空っぽのものに仕立てあげることができるのに、実際上の話では、その全権力を再び取り戻しているわけです。

黒人

一八三一年九月二七日
マサチューセッツでは、黒人は市民権を持っている。彼らは選挙に投票しに行けるが……、しかし、偏見が強すぎて、学校では、彼らの子弟は受け入れられてはいない。

中央集権化

一八三一年九月二七日
アメリカには中央集権化がないことから出てくる欠陥。

タッカーマン氏[14]はきょう（一八三一年九月二七日）私に、マサチューセッツ州に欠けているものは、学校を訪れ、視察し、ニューヨーク州でそのことがやられているように、学校の状態はどのようであるか、そこで受け入れている子供の数は何人か、などということを毎年確認し、報告書を公表する権限を持った中央権力が存在していないことである、と言った。

公教育――自治体が資金を出すべし

一八三一年九月二七日

熱意に溢れたユニテリアン牧師タッカーマンは、とりわけこれらの問題に取り組んできたが、きょう（一八三一年九月二七日）私にこんなことを言っていた。「後生ですから、フランスでは、学校向けの資金など作らないでください。ただ学校教育推進にのみ役立つように、少なくとも、資金不足にしておいてください。

(14) タッカーマン、ジョゼフ（一七七八―一八四〇）ハーバード大学出身のユニテリアン牧師で慈善家。スコットランドのトーマス・チャーマーズ（一七八〇―一八四七）の影響を受け、貧困者の救済と教育問題に取り組み、ボストンに『貧困防止協会』を一八三五年に設立した。トクヴィルは、彼の慈善事業への献身的奉仕と貧困問題への深い関心に感動し、彼のことを「尊敬を持ってしかその名前を口にできない」と賞賛している。生来虚弱体質で、「ほとんど消え入りそうな」生命の「ひと吹き」でしかない生活を送っていたという。

私たちが見てきたことですが、政府が教育のすべての資金を出していることを自治体が知ったときには、自治体は彼らの学校にかなり無関心になってしまいました。自治体が自分たち自身のかねをそこへ投入していたときには、それが正しく使われているかどうかということにとても関心を抱いていました。コネティカット州の学校よりもマサチューセッツ州の学校の方が優れている原因は、このことにあると私たちは考えています」。

同じことは、キャナンデイグアでスペンサー氏がわれわれに語っていたことである。自治体と地区のあらゆる種類の関心について同じ指摘をしてきたと彼は主張しさえしていた。

公教育——ニュー・イングランド全域

ニュー・イングランドでは、八〇の家族あるいは地主を含むすべての町には、少なくとも年に六カ月、読み書きと英文法、地理、算数が教えられる学校をひとつ持つことが義務づけられている。五〇〇家族を擁するすべての町には、合衆国の歴史を教え、図面を書く技術と幾何学と代数を教える学校をひとつ持つことが義務づけられている。

さらに四〇〇〇人の住民を擁する各町では、先生がラテン語、ギリシア語、外国の歴史を教えられなければならない。

初等教育あるいは初歩的知識がどんな地位を占めているかが分かる。それは広大なものである。いたるところで、国の歴史と地理が教育の必要部分を作っている。

ニュー・イングランドの民主的習慣

一八三一年九月二八日

グレイ氏はきょうこんなことを言っていた。「大きな政治的合議体を設立するよりも、人民のなかでは、都市制度を設立する方がなおいっそうむずかしいことだと私は見ています。私が都市制度と言うときには、形ではなく、それを生かす精神そのもののことを意味しています。どの問題を取り扱う際にも議論し、もっとも些細な問題さえも含めて、とにかくありとあらゆる問題を多数決で解決するという習慣、この習慣を身に着けることは、ほかのあらゆる習慣を身に着けることにくらべてむずかしいわけです。しかしながら、真に自由な統治体を形づくるのは、この習慣だけです。この習慣こそが、他のすべてのヨーロッパ諸国のみならず、アメリカの他のすべての地方からさえも、ニュー・イングランドを区別しています。われわれの子供たちでさえ、先生にけっして訴えません。彼らは、自分たちのあいだですべてを決めますし、われわれのあいだでは、一五歳になったら、陪審員の役割を何度も果たさなかった人間はいません。ボストンでは、人民の最下層に属していても、いっそう真実の議会精神を持っていることを、私は疑いません。あなたがたの国会議員の最大多数よりも、彼らが公の議論に慣れていることを私は疑いません。しかしまた、われわれは、二〇〇年前からこの精神を養うのに努力をしていますし、われわれはイギリス精神とまさしく共和主義教を出発点として持っていました」。

問い――あなたは、このニュー・イングランドの習慣の政治的性格は、彼らの本性に多く由来するものだと思いませんか？

答え――本性は、そこではなんらかの役には立っていますが、しかし、とりわけそれは法律が作り出したものであり、なおいっそう習慣が作り出したものです。

起源が与える習慣の根強さ

一八三一年九月二九日

合衆国の元スペイン公使で、優れた著作家のエヴェリット氏（アレグザンダー）[15]は、この日の夜、こんなことを私に言っていた。「一国民にとって出発点はひとつの巨大な事実です。善と悪とにおける結果は、絶えず人を驚かすほどの射程を持っています。わが父祖のイギリス人は、立証された借金に対しては獄につなぐことを許しています。彼らは、はるかに正当化しえないことを許してさえいます。立証前に獄につなぐことがそれです。こうした法体系がわれわれのもとに移ってきました。しかし、人びとはそれを攻撃し、いくつかの州では、それを修正し始めてきました。ニューヨーク州では、来年施行される法律のおかげで、借金を理由とした投獄は決定的に廃止されてしまいます。ケンタッキーにおいては、借金が立証された場合には、借金を理由とした投獄は廃止されましたが、しかしながら、裁判前に相手方を牢に入れさせることが訴訟人に許され続けています。起源が国に与える習慣は、これほど打ち勝ちがたいということです」。

自治体精神の重要性

一八三一年九月二九日

スパークス氏はきょうこんなことを言っていた。「すべての地方新聞の念頭を去らない連邦全体の一般的政治問題があります。新聞はすべて、全国的行政府に賛成するか、反対するか、どちらかの陣営に属しています。この意味では、新聞の集団的効果は、不完全ではありますが、二、三のパリの大新聞が生み出す効果に似ています。それに、ある個別の州における行政自体をめぐって分裂するということはかなり珍しいことなのです。新聞はそんなことにほとんど取り組みませんし、新聞が発行されている地域の小さな関心事に心を奪われています。少なくとも、マサチューセッツ州では事態はそのようです」。

問い——下院議員と上院議員は毎年選ばれています。ときには、州議会の完全な転換という結果が出ますか？

(15) エヴェリット、アレグザンダー・ヒル（一七九二―一八四七）ボストンの文人で政治家。ジョン・クィンジー・アダムズ事務所で法律を学び、彼の秘書となる。ハーグとマドリードで公使を務めた。『北米評論』の編集者。マサチューセッツ州議会議員。

答え――いいえ、出ません。一般に、四分の三が再選されます。
問い――州知事を選ぶという制度は多くの陰謀をかきたてますか？　選挙は荒れますか？
答え――マサチューセッツ州知事は、ほんの少しの権力しか持ちませんし、一年の任期でしか指名されません。そこから結果するのは、さほど情熱をこめてこの役職に就きたいとは人は望まないし、一年の終わりにいつも成功することを期待しているということです。このことが諸党派の熱意を和らげています。知事がもっと多くの権限を持っているペンシルヴェニア州では、たとえば、知事が公務員を任命したり、**異動させたりする**権限を持っているうえに、三年間知事の座に就いているので、選挙はしばしば激しい争いとなります。
問い――合衆国大統領にとっては、統治するには連邦議会で多数派を持つことが必要でしょうか？
答え――いいえ。反対の事態が何度も見られました。ジャクソン将軍は近年の連邦議会では多数派を持ったことがまったくありませんでした。

スパークス氏はこう付け加えて言っていた。「この国の政治的教義《ドグマ》は、多数派がいつも正しいということです。結局、それを採用したことは、とてもいいことだと思っています。しかし、経験がしばしばこの原理の反証になっていることも否定できません。（彼はその例をいくつか挙げた）多数派が少数派を押さえつけたがったこともときにはありました。幸いなことに、われわれは、民主主義の情熱と誤謬に対抗するための担保を持っています。それは知事の**拒否権**であり、そしてとりわけ、反憲法的な法律を施行することを裁判官が拒む権利です」。

彼はこうも言っていた。「われわれの統治体と習俗をもっともよく説明する事実は、われわれの起源だと思っています。ここに到着したときには、われわれは熱狂的な共和主義者と宗教者でした。われわれは、この世界の片隅に忘れ去られ、ひとりぼっちで見捨てられていました。ほとんどすべての社会は、アメリカにおいてすらそうなのですが、一点から始まりました。政体はこの一点に集まり、そののちこれを中心点として、そのまわりに広がっていきました。われわれの父祖たちは、反対に州の前に自治体を設立してきました。プリマス、セーレム、チャールズタウン〔チャールストンと誤記〕は、マサチューセッツ州政府が存在すると言うことができるようになる前から存在していました。もっとあとになって、その意志行為によってのみ、ひとつにまとまったのです。このような出発点がどのような力を自治体精神に与えたはずであるかをあなたもお感じになったでしょう。この自治体精神は、まったくなにものにも増して、アメリカ人のあいだでさえ、共和主義の原理においてさえ、われわれを特徴づけるものです。われわれを真似したいと望む人びとは、われわれの歴史には前例がないということをじっくりと考えなければなりません」。

民主的党派を支持するカトリック教徒

一八三一年九月三〇日

クーリッジ氏[16]はきょうこんなことを私に言っていた。「合衆国では、カトリックは恐れるに足りません。

というのも、われわれは確信しているのですが、カトリックは、われわれのところでは、政治習慣にまったく影響を及ぼさない形に作り変えられているからです。ここでわれわれが注目してきたのは、カトリック教徒がいつももっとも民主的な政党に投票していたことです。彼らが最貧層であることは確かです。彼らが支配するボルティモアは連邦一民主的な都市です。チャールズ・キャロル[17]はカトリック教徒です」。

問い——政府の不在をときには感じますか?

答え——いいえ、そんなことからはほど遠いわけです。われわれにとって、気がかりなことはただひとつです。政府の行動が必要不可欠ではない事柄に、政府が首を突っ込むのを見ることが恐ろしいということ、それだけです。

アメリカ社会の二大原理と民主制の危険性

一八三一年九月三〇日

二つの大きな社会原理がアメリカ社会を規制しているように私には見える。アメリカ社会を支配するあらゆる法律と習慣の理由を見つけるには、いつもそこに立ち戻らなければならない。以下が二つの大きな社会原理である。

(一) 多数派は、いくつかの点では、間違いに陥ることもあるかもしれないが、しかし、結局はいつも正しいそしてそれを超える精神力は存在しない。

（二一）すべての個人、私人、社会、自治体、あるいは国が自分自身の利益に関しては、法で定められた唯一の判定者であり、他人の利益を傷つけない限り、だれも口出しする権利を持たない。この書付をけっして忘れてはならないと私は思う。

一八三一年九月三〇日

完全に民主的な統治体ともなれば、とても危険な機械だから、アメリカにおいてさえ民主制の誤謬と情熱に対してたくさんの予防措置をほどこさざるをえなかったほどである。二院の制度、州知事たちの拒否権、とりわけ裁判官たちの制度……。

(16) クーリッジ・ジュニア、ジョゼフ（一七九八―一八八一）ジェファーソン大統領の孫娘と結婚した商人で、中国貿易に従事。

(17) キャロル・オブ・キャロルトン、チャールズ（一七三七―一八三二） 一七世紀半ばにメリーランドに移住してきたアイルランド貴族の家庭に生まれた。私生児。イエズス会で教育を受けたあと、一一歳でフランスへ送られ、リセで学んだのち、イギリスに渡り法律を学んだ。アナポリスに帰ってきたのは一七六五年。独立宣言の署名者。合衆国の上院議員に選ばれたのちに、一七九二年に辞職し、その後メリーランド州の上院議員を務めた。カトリック教徒で、合衆国随一の富豪と見られていた。奴隷解放については漸進的解放を主張したが、自身の奴隷は解放しなかった。アメリカ植民地化協会に参加し、奴隷のリベリア帰還に取り組んだ。

けっして忘れてはならないアメリカ社会の別の原理――各個人が自分自身の利益に関しては、もっとも適格な裁判官であるが、これに対する配慮を社会はあまりにも極端にしすぎてはならない。それでは、個人が社会を結局は当てにすることで終わってしまうのを恐れるからであり、そうなると、果たすことができないほどの任務が社会に課せられるのを社会の側は恐れるからである。

アメリカ人は、まさにこの原理のおかげで司法警察がなくても、われわれのところよりも多い刑事犯の発見に至っていると言い張るのである。というのも、犯罪があったときに犯人を発見し、通報する仕事に全住民が加わるからである。行政の場合には、同じような形でこの任務を果たすことはけっしてできない。しかし、これらの理論のなかでは、役に立つ中間をとらえることがむずかしい。

アメリカでは、自由な習俗が自由な政治諸制度を作ってきた。フランスでは、習俗を作るのは自由な政治諸制度の務めである。この点にめざさなければならない目標がある。しかし出発点を忘れてはいけない。

イギリスは、巨額の借金と耐えられない税金で溢れかえっている。攻撃しなければならないのは、イギリスの貴族諸制度であると多くの人びとが言っている。このことは部分的には真である。しかし政治的諸困難を斟酌すべきではないか? イギリスは、政治的諸困難のなかにあると思われて来た。ところで民主政体は、貴族制にくらべた場合、もっと費用をかけなければ(18)、そして、おそらく幸福と栄光をより少なくしなければ、イギリスをこれらの諸困難から引き出せなかったことであろうに。

前大統領アダムズ氏との会見

ボストン、一八三一年一〇月一日

アダムズ氏（元大統領）[19]との会見。われわれが彼と会ったのは、夕食をご馳走になったエヴェリット邸で会った。アダムズ氏は、賓客として礼を尽くして最大限歓待されたが、それだけのことだった。参加者の大部分は、彼をサーで呼んでいたが、幾人かは、彼に礼儀正しく大統領という呼び方をしていた。アダムズ氏は六二歳で、精神と肉体に生気の全体をいまだに宿しているように見えた。彼はやすやすと優美なフランス語を喋った。私は彼のそばのテーブルに座っていたので、ともに長い会話を持った。

私は、どれほどまでアメリカ国民が政府なしで済ませているかを見て、私が味わっていた驚きを彼に表わした。なかでも私が着目していたのは、予め指定された場所へ代表を送り、代表者会議の形で彼らを招集す

---

(18) この点は、フランスにおける共和派の宣伝文句のうちに、共和制は貴族制に比べて「安上がりな」政体であるという主張が入っていたことを反映している。

(19) アダムズ、ジョン・クィンジー（一七六七―一八四八）マサチューセッツ州出身。第二代大統領ジョン・アダムズの息子で、外交官。パリにも滞在したことがあり、ヨーロッパ事情にも詳しかった。一八二四年の大統領選挙で政敵のジャクソンに辛勝し、第六代大統領（一八二五―一八二九）を務める。一八二九年には、逆にジャクソンに敗れる。一八三一年に下院議員となり、反奴隷制の急先鋒となる。

るという権利がすべての意見に対して認められていたことである。アダムズ氏はこう答えた。「これらの代表者会議の習慣は、五、六年前から始まったにすぎません。しかし、現在では、あらゆる事柄について代表者会議を持ちます。率直に私の意見をあなたに明らかにするなら、私は、これらの代表者会議は危険だと思っています。それは政治団体の席を奪い取り、それらの行動を絶対的に妨げてしまうことができます」。

われわれは、アメリカ人の性格一般について話題にしていた。彼はこう言っていた。「われわれの性格に大きな影響を持った二つの事実があります。北部では、ニュー・イングランドの初期の創設者が抱いていた宗教的・政治的教義です。南部では奴隷制です」。

[問い――] あなたは、奴隷制を合衆国にとっての大きな傷として見なしていますか、と私は彼に言った。

[答え――] ええ、おそらく、そうでしょう、と彼は答えた。現在の苦境と将来の危惧のほとんどすべてがそこに見いだされます。

問い――南部の住民は、この事態に気が付いていますか？

答え――ええ、心の奥底では。ですが、それが彼らの心配の種であることが明白であるにもかかわらず、彼らは真実をまったく認めようとしません。南部では、奴隷制が社会の状態全体を変えてしまいました、とアダムズ氏は付け加えて言っていた。そこでは白人が、貴族階級のありとあらゆる観念や情熱や先入見を持っ

ジョン・クィンシー・アダムズ

た、ひとつの階級を彼らのあいだで形成しています。しかし、あなたはその点で誤解してはいけません。白人のあいだでの平等が南部ほど大きなところは、ほかには見られないということです。こちらでは［北部］、われわれは法の前に大きな平等性を持っていますが、この平等は、生活習慣のなかでは絶対的に終わります。上層階級と労働者階級が存在します。南部では、すべての白人が等しく特権所有者です。その天命は、自分たち自身が働くのではなく、黒人を働かせることです。あなたには想像できないでしょうね。どれほどまで、労働が不名誉なことだという考えがアメリカの南部人気質に入り込んでしまったかは。黒人を劣等な働き手として使役することができないような事業はすべて、合衆国のこの部分では成功することはできません。チャールストンと諸都市で大きな商いをしている人びとはすべてニュー・イングランド出身者です。私は思い出しますが、ある南部の議員がワシントンで私の食事に付き合ってくれていたとき、白人の召使が食事の世話をしているのを見て、驚きを表わさざるをえなかったことがありました。彼はアダムズ夫人にこう言っていました。「白人を召使として使うとは、人類を貶めることだと思います」。召使のひとりが私の皿を交換しにやってくるとき、私は、彼にテーブルの私の席を提供しようといつも試みてきました」。白人は、南部ではこうした怠惰のうちに暮らしていますが、そこから、彼らの性格には大きな違いが出てきています。彼らは肉体の鍛錬に打ちこんでいます。狩猟や競馬に没頭しています。彼らはたくましい体格をしていて、勇敢で、名誉心が旺盛です。体面と呼ばれるものは、そこでは、他のどこよりも微細に渡っています。決闘はしょっちゅうです。

問い――実際、南部では黒人なしで済ますことができないとあなたはお考えですか？　と私は言った。

答え――私は反対だと確信しています、とアダムズ氏は続けた。ヨーロッパ人はギリシアでもシチリアでも大地で働いています。どうして、ヴァージニア州と両カロライナ州では、そうしないのでしょうか？　もっと暑い気候だというわけでもないのに。

問い――奴隷の数は増えていますか。

答え――デラウェア州より東にある諸地方すべてで数は減っています。というのもそこでは、小麦とタバコを栽培しているからです。この耕作に対しては、黒人は、有用であるよりもむしろお荷物です。ですから、黒人は綿と砂糖が栽培されている諸地方へそこから持ち出されているのです。こうした地方では黒人の数は増えています。黒人を導入した西部諸州の諸地方では、黒人は非常に少数にとどまっています。黒人が主人に話しかけるのではなく、しかも叩かれる心配がないときには、黒人以上に傍若無人な存在を私は知りません、とアダムズ氏は付け加えていた。黒人が弱い男を相手にするときには、主人を非常に見下す黒人を見かけることは稀でさえなくなります。とりわけ黒人の女になると、彼女らは、非常にしばしば彼女らの女主人の好意につけこみます。肉体的な罰が課せられる習慣がないということを知っているのです。

われわれは、アダムズ氏がアメリカ社会最大の担保のひとつとして見ているように思われる宗教について話を振った。私は彼に合衆国では宗教原理は衰退していると思っているのかどうかを尋ねた。「一世紀前の状態に現在の状態をくらべて見るなら、そのとおりです」と彼は答えた。「ですが、今日存在する状況と四〇年前に存在していた状況とを比較するなら、宗教はわれわれのあいだで、消え失せるどころか、地歩を占めてきました。四〇年前に、フランスではヴォルテールの哲学〔理神論〕が、イギリスでは、ヒュームの学派〔懐疑論〕がヨーロッパのあらゆる信仰をぐらつかせてしまいました。アメリカでは強くその余波が感じられました。その後、フランス革命の犯罪がわれわれの上に深い印象を作り出しました。人びとの精神のなかに反動がありました。この衝撃がいまでもなお感じられます」。

「とはいえ、注意していただきたいのは」と私は彼に言った。「カトリシズムの出発点以来、人びとの精神が歩んできた道筋です。その歩みは、続けられているとお思いになりませんか？　この地方のユニテリアニズムに、自然宗教からキリスト教を分かつ最後の環が見られませんか？」と私は彼に言った。アダムズ氏は、自分の意見もそのようである、と私に打ち明けた。彼はこう付け加えた。「それに、ボストンのユニテリアンはみな、教義のそういう帰結に強く異議を唱えるとともに、彼らが占めている極端な立場にしっかりととどまっています」。

アダムズ氏は、西へ向かう人口運動のなかに、合衆国の秩序と国内平和の最大の担保のひとつがあると信じているように見えた。「われわれが人口過剰に気づくまでには、なお幾世代も過ぎ去ることでしょう」と彼は付け加えていた。

そのとき私は、より近くにある連邦の危険と連邦解消をもたらしうる諸原因について話した。アダムズ氏はなにも答えなかったが、しかし、この点で彼が私よりも、未来に確信を持っているわけではないことをみてとるのは容易だった。

アダムズ氏は連邦議会に選ばれたばかりだった。多くの人びとが驚いたのは、彼が応諾したことである。

彼は再び国事に戻ったまさに初めての大統領だった。

宗教教義と物質的利害の結びつき

一八三一年一〇月一日

親和性によって結びつけられている政治的教義がそれぞれの宗教教義にはある。この点には、次のような意味において異議を唱えることができない。すなわち、なにものもこの傾向に逆らうようなものがなにもないときには、確実に政治的教義が表に現われるということである。しかし、宗教教義をその政治的効果から切り離すことができないという結果にはならない。反対に、ほとんど世界のどこの国でも目にしてきたことは、物質的利害がこの分離を引き起こしているということである。カナダにおいても、合衆国においてもカトリック教徒は、いつでもきまって民主的党派を支持している。だったらカトリシズムは民主的精神に到達するという結果になるのか？　ならない。しかし、問題にしているカトリック教徒は貧しく、ほとんどすべてのカトリック教徒は、貴族階級がプロテスタントである国からやってきている。[20]

検察官に関してはサリヴァン氏[21]に、自治体と郡の制度に関してはグレイ氏とクーリッジ氏に質問した。

ユニテリアニズムと政治

一八三一年一〇月二日

私はきょうチャニング氏[22]に会いに行った。今日のアメリカでもっとも有名な説教師で、著名な作家（真面目なジャンルで）だ。仕事で疲れ果てた雰囲気を持つ小柄な人物。しかしながら彼の目は火と燃えさかり、物腰には情愛がこもっている。私の知る限りもっとも慧眼な代弁者のひとりである。彼はわれわれを素晴らしく歓待してくれた。彼とは長い会話を持つことになった。以下はそのいくつかの断片。

われわれは、彼にフランスに存在している宗教について少し話をしていた。そうすると彼はこう答えていた。「私はフランスにもっとも活発で、つねに変わらざる関心を持っています。私は、フランスの運命にヨーロッパ全体の運命が結びつけられていると思っています。あなたがたは周辺に巨大な精神的影響力を行

(20)　このノートは一八三一年九月三〇日のクーリッジとの会話と符合している。フランスの公共世論では、王政派は頑固なカトリック。トクヴィルは、ここでは、この結合が恒常的なものでないことを主張している。

(21)　サリヴァン、ウィリアム（一七七四―一八三九）アメリカの文人。一八三一年には政治論と道徳論の二つの論考を発表し、で好評を得る。トクヴィルは彼の論考に関してノートを作っている。

(22)　チャニング、ウィリアム・エレリー（一七八〇―一八四二）ハーバード大学出身のもっとも著名なユニテリアン牧師。その名声は大西洋を越えてヨーロッパにまで鳴り響く。一八二五年にアメリカ・ユニテリアン協会を設立。

使していますし、大陸のすべての国は、あなたがたが歩もうとしている道で、あなたがたのあとについて歩こうとしています。あなたがたは、かつて存在したどのような人民にも優る高い段階で善悪の権力を手の内にしています。宗教のフランスを見ると、絶望しなければならないなんてことは信じることができません。あなたがたの歴史におけるすべては、あなたがたが宗教的な民であることを証言しています。それからですよ！　宗教が人間の心情にとって、きわめて逆らいがたい欲求になっているために、人間は、大国が非宗教的なものにとどまるという事態の流れに逆らっている、と私は思います。反対に私は、あなたがたが人間の完成可能性に向けて新しい一歩を踏み出すことを期待し、イギリス人が道半ばで立ち止まったように、あなたがたが立ち止まることがないように願っています。イギリス人は一七世紀のプロテスタンティズムにとどまってしまいました。私は、フランスがもっと高尚な運命に召命されているとの信念を持っていますし、もっとさらに純粋な宗教形態を見つけるだろうと信じています。

われわれは、ユニテリアニズムについてチャニング氏に話を向けた。われわれは、プロテスタントの他宗派に属する大勢の人びとがユニテリアニズムについて不快感を示しながら語ってきた、と彼に言った。

チャニング氏はこうわれわれに語った。「われわれと彼らとのあいだの問題は、一七世紀が戻ってくることがありうるのかどうか、あるいは、一七世紀は過ぎ去って、二度と戻ってこないのかどうかをはっきりさせるということです。彼らは道をひらきましたが、最初の改革者が立ち止まったその地点で正確に立ち止まることを要求しているのです。われわれの主張は歩むことです。われわれは、人間理性が完成に向かっているのであれば、まだ粗野で、堕落した世紀に人間理性が信じたことをわれわれが生きている啓蒙された世紀にまるごと当てはまめることはできない、と主張しています」。

「ですが、あなたは心配なさらないのですか」と私は彼に率直に言った。「キリスト教を純正なものにしようとするあまり、結局は、キリスト教の実質を取り除くことになってしまわないかと。正直に言って、私は、カトリシズム以来、人間精神が進んできた道に不安を募らせています。結局は、自然宗教に行き着くのではないかと私は恐れています」。

「私が思うに、そのような結果は、さほど恐れる必要はありません」とチャニング氏は続けた。「人間精神は実定的な宗教を求めます。それに、どうしてキリスト教をいつかは捨てなければならないのでしょうか？キリスト教の証明は、理性によるもっとも厳格な検討のなにものをも恐れません」。

「反論するのをお許し下さい」と私は言った。「理性が適用されるのは、ユニテリアニズムに対してだけではありません。プロテスタントのすべての宗派に対しても理性が適用されますし、理性は、政治世界に大きな影響力を持ちさえしています。あなたは　人間本性がこんな風に作られているとはお考えにならないのですか？　つまり、教育と社会状態がいかに完成されようとも、その立場の本性のしからしめるところ、理論的・抽象的問題に関して理性を働かせる能力を持たない膨大な数の大衆にいつでもお目にかかれるということなのです。もしこんな大衆がひとつの教義的宗教を持たなければ、正確に言うと、彼らはなにも信じていないことになるのではありませんか？」

チャニング氏は答えた。「あなたがなさったばかりの反論は、実際には、プロテスタンティズムの原理に対して提起することができる反論のうちでもっとも真面目なものです。とはいえ、私にはそれが反駁なしで済むとは思いません。第一に、まず私は、まっすぐな心を持つすべての人間にとって、宗教問題は、お見かけしたところ、あなたはむずかしいと思ってらっしゃるようですが、そう思ってらっしゃるほどむずかしくはありません。そして、神はその問題の解をすべての人間の手が届くところにお置きになったのです。第二に、カトリシズムは困難をまったく取り除いていないように私には思えます。正直に申し上げますが、ローマ教会の不可謬性の教義をひとたび認めれば、残りのことは容易になります。しかしこの第一の点を認めるには、理性に訴える必要があなたには十分にあります」。

この論法は、しっかりできている以上に上っ面だけのものであるように私には思えたが、しかしわれわれには限られた時間しかなかったので、別の面から問題を見ることにして、私はこう続けた。「カトリシズムは、有能な人間たちの統治体か、あるいは宗教における貴族制かのどちらかを確立してきたのですが、そこへ、あなたがたは民主主義を持ちこんでしまったように、私には思われます。しかるに、正直に申し上げて、宗教社会を政治社会のように、民主主義の手段を用いて統治できるのかという点については、経験はまだひとつもそれを証明したとは思えません」。

チャニング氏はこう答えた。「私が思うに、二つの社会の比較は度を越して推し進められてはいけません。私の立場で言うなら、私は、すべての人が宗教的真理を理解することができると思いますし、すべての人が政治的問題を理解できるとは思わないのです。たとえば関税の問題で、もっとも偉大な経済学者たちの意見がわかれたときに、人民の判断に問題を委ねるのを私は見ましたが、そのとき私が思ったことは、こんな私の息子（われわれに一〇歳の子供を指しながら）でも、裁定者として同じくらいうまくやりおおせるだろうに、ということです。いいえ、あなたの言うとおりではありません。いつでも比較的無知な大衆によって、市民社会が直接的な仕方で指揮されるように作られているだなんて、私には信じることができません。どうもわれわれは、度を越したように思います」。

プロテスタンティズムと民主制の世界的普及

一八三一年一〇月二日

きょうはクレイ氏（クレイ氏は非常に熱心な長老派の信者である）と一緒にいた。彼は熱をこめて民主制と宗教の大義を弁じていた。「われわれは非常に有利な特殊状況のなかにいる、と正直に言います」と彼は私に言った。「とはいえ、啓蒙されたすべての国がわれわれの例にならってこなかったことに失望してはいません」。「なんですって！」と私は彼に言った。「あなたは、いつか、ヨーロッパの大国があなたがたの無制限な民主制の味方になりうるときが来るなんて、思っていらっしゃるのですか？」

「私はそう期待しています」と彼は答えた。「とくにプロテスタンティズムにすでに至っているか、これからそこへ到達しようとしているか、どちらかの国にはね。私は、共和主義の人民にはプロテスタンティズムが不可欠だと思うものですから。われわれのところでは、宗教は自由のもっとも確実な保証人です。宗教は、自由と肩を組んで進み、その諸原理を聖化します。われわれが宗教人であることをいつかやめるなんていうことになれば、われわれの状態はきわめて危険なものとして私は見なすでしょうに。こうした意見は、われわれのあいだでは、すべての啓蒙された人間に共有されています。西部に向かう移民が少しばかり、彼らの父祖の宗教的習慣から離れていることは知っています。この光景はわれわれの恐れを激しくかきたてます。われわれは、まぢかで非宗教的社会が確立されるのを放置することには、政治的危険がとてもあることを確信しているので、西部の人間に巨額の援助を与えて、学校と教会を作るのを助けるようにしています。ミシシッピ河に宗教人の中核を形成するためだけに、ニュー・イングランドのたくさんの家庭がミシシッピ河渓谷に植民しに行っています」。

私はクレイ氏に言ったものだ。「あなたがたのあいだで共和制にとくに有利に働いているものがさらにあります。それは、あなたがたがほぼ完全に孤立したいくつかの小国を形成していることです」。彼はこう答えた。「あなたがお考えになっている以上に、そのことはまたもや真実です。各州がひとつの小さな国を形成しているばかりではありません。州のそれぞれの都市がひとつの小さな国であり、ひとつの都市のそれぞれの街区がひとつの小さな国でその個別利害を持ち、政府を持ち、代表制を持ち、ひとことで言えば、政治生命を持っています。フランスがパリのなかにある限り、あなたがたは大衆の政府を持つことでしょうが、それは人民の政府ではありません」。

長子相続について

一八三一年一〇月二日

きょうスパークス氏は私にこんなことを言っていた。「土地所有はマサチューセッツでは、もう分割されてはいません。長男がほとんどいつも、土地の全部を相続しています」。「そしたら、ほかの子供たちはどうなるのですか?」と私は言った。「彼らは西部へ移住します」。

注記——この事実には測り知れない射程がある。

第二節　ハートフォードから再びニューヨークへ

啓蒙の進歩と犯罪者の増加

一八三一年一〇月五日

ウィンスロップ氏[23]は、マサチューセッツ州副知事の息子で、州議会議員である。彼は私にこんなことを言っていた。「悲しいことだが、本当のことなので、認めざるをえない事実があります。われわれのあいだ

(23) ウィンスロップ、ロバート・チャールズ(一八〇九—一八九四)弁護士で、博愛家。初代植民地総督ジョン・ウィンスロップ(一五八八—一六四九)の子孫。下院議員を一八四〇年から一八五〇年まで務めたのち、上院議員となる。

では、もっとも啓蒙された諸州がもっとも多く犯罪者を生み出している州であることです」。この主張には驚いた。アメリカで似たような話はひとつも聞いたことがなかったので、初めて聞く話だった。

「その事実の証明をどうやってあなたは手に入れたのですか?」と私は言った。

「人口状態と犯罪の状態を比較すれば済む話です」。

注記――この見解は確認の要あり〔反対証言多し〕。


ハートフォードの聾唖・視覚障害者病院訪問

一八三一年一〇月五日
きょうは、聾唖・視覚障害の少女(24)をハートフォードの聾唖・視覚障害者病院に見てきた。しかしながら、彼女は裁縫ができ、針に糸を通すことができた。時折、彼女は自分の考えに微笑を浮かべていた。それは奇妙な光景だった。どうしたら、滑稽なことや面白いことがあのように壁で囲まれた心に生まれるのだろうか? それはどんな形をしているのだろうか?
病院長(25)が私に言っていたのは、彼女は優しくて、とても指導しやすいということだった。彼はこう付け加えていた。彼女の嗅覚は、並外れて完成されているために、汚れた洗濯物の山のなかから自分自身の洗濯物を、匂いをかぐことでわかるんだ、ということだった。同じやり方で、彼女は、自分のそばにやってきた男女がだれであるかを知っていた。施設には三、四人の黒人がすでにいた。黒人の知性と白人の知性とのあいだにはなんの差異も見受けられないと、人びとは私に請け合ってくれた。

陪審員の選出

一八三一年一〇月七日

ウェザーズフィールドで裁判官をしているウェルズ氏[26]は、きょう私にこんなことを言っていた。「われわれの陪審員は町ごとに治安判事と行政委員[27]によって毎年選ばれます。すべての自由土地保有者が陪審になる権利を持っているにもかかわらず、自由土地保有者のあいだではもっとも有能な人間だけを選ぼうとして苦労します。われわれの陪審は、概して組み合わせが非常によく出来ています。私が見てきた陪審は、裁判官

(24) 聾唖・視覚障害の少女はジュリア・ブレイス(一八〇七―一八八四)、幼いときにチフスを罹患したために、障害者となり、一八歳で施設に入っていた。

(25) この病院長はフランス出身で、ローラン・クレルク(一七八五―一八六九)といい、彼自身が聴覚障害者だった。ここは全米初の聾唖・視覚障害者病院で、クレルクらによって一八一七年に設立され、すでに一五〇人ほどの児童を収容していた。

(26) ウェルズ、マーティン(一七八七―一八六三) コネティカット州ウェザーズフィールドの刑務所を管轄する法務委員で、裁判官。

(27) 行政委員 ニュー・イングランドの都市が拡大するにつれ、タウン・ミーティングによる直接民主制が困難になったために採用された自治体行政委員のことで、予算執行と決算に責任を持つほか、陪審員の選出にも携わった。

と同じくらいの信頼をあらゆる関係のもとで私に提供してくれたように思います。ニューヨーク州では陪審がくじ引きで選ばれます。それはしばしば嘆かわしいやり方で構成されます」。

結社

一八三一年一〇月一〇日

アメリカでは結社の力は極限に達した。政治的利害、文学的利害、宗教的利害のために、交流目的で人びとは協力する。成功を追い求めて、より上位の権威に救いを求めることなどけっしてない。そういう場合には協調して活動するひとりひとりの力に呼びかける。

結社の最終効力は禁酒会のなかにあるように私には思われる。すなわち、人間が相互に悪徳を慎むことを約束し合ってできる人びとの結社がそれだ。そして、この団体は、各人にもっとも内面的なもの、各人にもっとも固有なもの、彼自身の諸性癖にあらがうための助けを集団的な力のうちに求める。禁酒会の効果こそ、この国のもっとも注目すべき事柄のひとつである。

陪審制は共和制への前進

一八三一年一〇月一一日

陪審制は、人民主権の教義のもっとも強力で、もっとも直接的な適用である。陪審制はなにが社会に抗してやることが許されているか、あるいは禁じられているかを決める裁判官に人民がなることにほかならないからである。

この観点のもとでは、陪審制は優れて共和主義的な（陪審員がどの階級から選ばれるかによって、民主的になったり、貴族主義的になったりする）制度である。理論的にではないにしても、実践的に人民主権にもとづいて打ち立てられるすべての統治体は、陪審制を破壊せざるをえなかったか、あるいはそれをもはや公共世論を代表しないような形に修正せざるをえなかったかどちらかだった。とりわけボナパルト（ナポレオン一世）がやったことがこれである。

フランスで王政復古を没落させた原因のひとつは、王政復古が神授権という古くからの原理にも、人民主権の教義にもあえて依らずに打ち立てられてしまったこと、また、相争う諸要素を一緒に歩ませようと望ん

(28) ペイロネ伯爵、ピエール＝ドニ、ド（一七七八―一八五四）ボルドー高等法院の名家出身。一五歳で父を断頭台に失う。総裁政府のもとで弁護士となり名声を獲得。王党派としてナポレオン没落とともにボルドーに返り咲き、ブールジュの主任検事となる。一八二〇年に政界に打って出て、下院議員となる。翌年法務大臣に就任し、出版弾圧法など数々の反動立法を手掛ける。一八二八年一月、マルティニャック内閣成立とともに貴族院議員となり、大臣を辞職。七月革命の勃発で、シャルル一〇世に従ったために逮捕され、永久禁錮の判決を受け、六年間牢獄生活を送る。一八三六年に釈放され、隠棲。

でしまったことに求められる。たとえば、一八二八年にド・ペイロネ氏[28]がくじ引き[29]を陪審員の選択にかかわる唯一の裁決者としたとき、彼はおそらく、陪審制がわが国に共和制への巨大な前進をもたらすことになろうとは、ついぞ思い当たらなかったのだろう。しかし人間に一番欠けているのは、ひとつの決定をするときの良いやり方である。人間はけっして十分なほど良くもなく、十分なほど悪くもない。十分なほど正直でもなく、十分なほど狡猾でもない。十分なほど公平無私でもなく、十分なほど利己主義者《エゴイスト》でもない。人間はこれらすべてをうまく組み合わせたいと望み、四苦八苦する。

第三節　クエーカー教徒の都市フィラデルフィア

党派の猟官制、政治と監獄の関係

フィラデルフィア、一八三一年一〇月一三日

ヴォーン氏[30]はフランクリンの教え子。フィラデルフィアでとても評判のいい老人。きょうの夜、刑務所制度について私に話をしながら、次のように言っていた。「ウォール・ナット通りのわれわれの監獄は、ひどい状態になっています。クエーカー教徒が指導していた頃は違っていました。ですが、クエーカー教徒に反対する政党が勝利した少し前から、クエーカー教徒はすべての職務から追い出されてしまいました」。

「でも、政治と監獄にはなにか共通点があるのでしょうか?」と私は言った。

「おそらくなにもないでしょうが」とヴォーン氏は答えました「しかし、あらゆる類いの地位が人間の羨望をかきたてます。それで、ある党が勝利すると、党支持者のために職務を奪い取ろうと、熱心に立ちまわるわけです」。

「民衆受けする制度の効果は実に有名ですね」と、会話に居合わせていたフィラデルフィアの判事コックス氏[31]が付け加えた。「そのために、病を治そうと、州議会は刑務所長の任命を裁判官が過半数を占める委員会に託しました。生涯司法官であり続けたいとなると、彼らを選ぶのに政治を介入させてはならない気持ちになるだろうと考えられました」。

(29) フランス革命のさなか、立憲議会は広範囲に陪審制を導入したが、その後、国民公会、総裁政府、統領政府はいずれも陪審制を機能停止に追い込んだ。帝政時代には部分的に陪審制が復活した。陪審員は知事が任命することになっていた。王政復古期には、一八二七年五月の法律で陪審員の選任権限が知事から議会に移るとともに、知事は提出されたリストのなかから、年間四分の一の候補を選び出し、そののち最高法院長がくじ引きで選ぶようになった。

(30) ヴォーン、ジョン(一七五五—一八四一) イギリス生まれのフィラデルフィアの有力商人。

(31) コックス、チャールズ・シドニー(一七九七—一八五一) 実際はフィラデルフィアの地区法廷副判事。

刑罰の緩和と死刑制度存続

一八三一年一〇月一三日

フィラデルフィアの判事コックス氏は、きょうこんなことを私に言っていた。「私は、刑罰の緩和化を強固に支持する人間です。私が信じ、かつ実践のなかで私が注目してきたことは、あまり厳しくはないが、しかし、より確実な刑罰の方が恐ろしい刑罰よりも、はるかに強力な歯止めを形成していたということです。恐ろしい刑罰は、恐ろしいというその一点で、いつも効果のほどは疑わしいのです」。

「しかし、その一方で、私は死刑の全般的廃止には積極的に反対しています。私が思うに、死刑が必要不可欠なのは、刑事犯に、ある一定の限界を越えないことの利益を与えるためです。また、たとえば盗みに加えて殺人に走るようなことを妨げるためです。露見することを恐れるあまり、彼らは必然的にこの犯罪に導かれるのですから」。

「ですから、私が思うに、法律のなかでは死刑が温存されるべきなのですが、しかし、最後の最後にしかそれを用いてはいけません。いつも私は、処刑が公衆に悪い効果をもたらしていたのを見てきました」。

「私が生まれてからこのかた、フィラデルフィアでは、処刑された（国家犯罪で）人間は四人しか知りません。陪審員は、一般に、人間を死に追いやる評決を下すことにとても大きな嫌悪感を持っています。彼らは第二級の刑罰を選択します」。

注記――ペンシルヴェニアの一般法体系には、死とたった一二年にすぎない投獄とのあいだに、中間（第一級犯罪について）はない。私見では、これはあまり満足がいかない制度だ。累犯は終身刑である。

人民から選ばれた行政官の強大な権力

一八三一年一〇月一四日

人民が行政官を選んでも構わないという社会状態であれば、このようにして選ばれた行政官たちは、いかなる専制的権威でもあえて授けようとはしないと思われるほどの権力を、難なく備えることができる。

かくなる次第で、ニュー・イングランドの**行政委員**は、町の居酒屋に「飲んだくれ」という名前を貼り出させる権限を持ち、居酒屋の主人ばかりでなく、第三者に対してさえも、罰金を課すと脅しながら、ワインを飲んだくれに提供することを禁じている。このような監察官《ケンソル》(32)的権力は、このうえなく絶対主義的な王政においてなら強い反感を抱かせるだろうに。この地では、人びとはそれに唯々諾々として従っている。ひとたびこの足の上に事態が乗っかってしまうと、選挙権がより下層へ下げられ、行政官職の任期が短くなればなるほど、それだけ行政官は強大な権力を持つことになる。

共和制においては、専断的権力が恐れられるはずもないから、ほかのどこにおいても、それを超えるほど

(32) 監察官　古代ローマ共和制の執政官（コンスル）をしのぐ官職（ケンソル）で、風紀の取り締まりを任務とし、事実上の独裁官となった。

の専断的権力など存在しないことになる。しかし共和制が君主制に移行するとき、通常、それが非常に残忍な専制主義へと転落する理由のひとつはこれである。そこでは選挙で選ばれる一時的な行政官の諸権利を、選挙されず、やめさせられない行政官が所持している。[33]

人生とは？

人間の悲惨さを区分けせよと言われたら、私は、次のような順番でそれを作るだろう。
第一にはいろいろな病気、
第二には死、
第三には懐疑。
人生とは楽しみでもなく、苦しみでもない。それは、われわれが背負った重大事であり、それを解決し、名誉ある終わりにたどりつかなければならない。[34]

恩、赦、

一八三一年一〇月一四日
フィラデルフィアの州議会元議員で、弁護士のインガソル氏[35]がきょう（一八三一年一〇月一四日）われわれに次のようなことを言っていた。「恩赦を与える権利は、王政においてより共和制において多大の濫用にさらされています。われわれのところとフランスとで、どんなことになっているかを比較しながら、考察することができるのは、このことによるのです。こちらでは経験が証明したところですが、いずれにせよ、人は恩赦を獲得するので、人を永久に牢に閉じ込めておく刑に服させることなどは夢物語になっています。われわれのところでは、主権者が絶えず変わります。そして、それぞれの変化ごとに、新しい機会が受刑者には開かれることになります。おまけに、受刑者および収監者の親族あるいは友人とのあいだには、いかなる仲

(33) この書付は、アイザック・グッドウィンの著作『自治体公務員またはマサチューセッツの法律』*Town Officer or Law of Massachusetts by Isaac Goodwin*, Worcester, 1829. から着想を得ている。この本は『民主主義』を執筆するうえで非常に役立った。

(34) トクヴィルの人間観にはパスカルの影響が見られる。人間の悲惨さと幸福な状態との中間を彼は真剣に模索した。ピアソンによると、ケルゴルレの紹介でこの頃トクヴィルに結婚話が持ち上がっていた。モトリーとの結婚を望んでいたトクヴィルは、少し人生観を誇張して書いて、この結婚話を断ろうとしていたというのである。プレイヤッド版の解説では、「トクヴィルは若さゆえの幻想を戒めている」としている。

(35) インガソル、チャールズ・ジャレッド（一七八二―一八六二） フィラデルフィア出身の弁護士で、政治家。一八一二年に議会に選出された。一八一五年から一四年間地区検事を務めた。貿易の発展のために関税の引き下げを主張し、議会に再選（一八四〇―一八四九）。テキサス併合時の外交委員会議長。父はペンシルヴェニアの代表として大陸会議に出席し、アメリカ合衆国憲法に署名した建国の元勲。

立ちもありません。言わば取っ組み合いの攻撃に主権者は絶えずさらされています。いつでも主権者が抵抗する、などということは、人間本性のうちにはいってはいません。反対に、王政では、君主にまで到達することはほぼ不可能ですから、国王が恩赦を拒否したと表明することで、彼の大臣たちが懇請を免れることは容易です」。

注記——私はシング・シングの刑務所記録のなかで、(たしか) 一八二四年には、釈放された一八〇人の囚人のうち九五人が恩赦を受けていたことを見た。私が確かめたところでは、恩赦を受けた人間の多くが累犯となった。恩赦の濫用が激減したのはこの頃からである。

代表者会議

一八三一年一〇月一四日

代表者会議[36]を招集する権利は人民主権の学説のもっとも極端な帰結である。私がアメリカで見てきた代表者会議の例は、**政治的**代表者会議とはなにかをなにものにもまして適切に理解させるであろう。というのも、すべての問題に関して代表者会議が存在するからである。

関税とか、貿易の自由とかに関する問題がどの程度合衆国の人心を揺さぶるかは知られている。関税は、主義主張に賛成したり、それを攻撃したりするだけにとどまらず、非常に強力な物質的利害を助長したり、攻撃したりするので、それは連邦に存在するただひとつの政治的情熱をかきたてる問題である、と言えるかもしれない。北部の繁栄の一部は関税のおかげであり、南部のあらゆる貧困はほぼ関税のせいである。

女流作家セジウィック嬢の兄で、私が会ったときには〔本書五六頁参照〕、マサチューセッツのストックブリッジという小さな町に住んでいたセジウィック氏[37]が、フィラデルフィアへ代表を送り込み、貿易に自由を取り戻させるためのもっともよい手段はなにかをよく考える代表者会議を立ち上げるように、新聞の意見欄を使って関税のすべての敵に提案することを思い立ったのは、およそ二ヶ月前のことだった。この意見は、印刷の力と言うべきだが、数日経たずしてメーンからニュー・オーリンズにまで届けられ、賛成と反対に利害関係を持つあらゆる州で賛意が得られ、採用された。関税の敵は、四方八方で奔走し、会議で彼らの意見を代弁してもらうために、代議員を指名した。選ばれた代議員はほぼ全員がたいへんな名士で、そのあいだには、ギャラティンやベリアン（?）や南部で知られた大勢の人間の名前が見られた。カロライナ人だけで六三人の代議員を送り込んだ。一八三一年一〇月一日に二〇〇人以上の代議員からなる会議がフィラデルフィアで成立した。議論は公開され、最初の日からまさに立法的性格を帯びた。そのようなわけで、大会の権力の外延がどの程度かが一般的に議論され、原理としては、貿易自由化論が議論され、実際上は、一八二

(36) フランス語ではConventionで、「公会」とも訳され、フランス革命時に開かれた議会（一七九二―九五）である「国民公会」を指す。トクヴィルにとっては、イメージが悪い制度。

(37) セジウィック、セオドア（一七八〇―一八三九）合衆国の政治家で法学者。一八二四、二五、二七年にフィラデルフィア州議会議員に選出された。

八年の関税に対するさまざまな対策が議論された。一〇日後、会議はアメリカ人民に向けた挨拶を作成したのち、無期限に延期となった。この挨拶では次のことが述べられた。

一、大会は関税を設ける権限をもたないこと、現存する関税は非憲法的であること。

二、関税は諸国民の利益にはならないこと、そしてとくに貿易の自由が制限されることはアメリカ国民の利益にはならないこと。

私がアメリカで見てきたことのすべてのうちで、この代表者会議は、われわれのところでは危険で、実行不可能な人民主権の帰結として、私にはもっとも印象的ものだった[38]。

同日

きょうは、弁護士で、フィラデルフィア州議会元議員のインガソル氏の家に行っていた。私は彼に書いたばかりのことを口にした。彼は私にこう答えた。「あなたが恐れているもろもろの危険は、私の意見では、あまり恐れるべきことではありません。人間が自由にものを言えるときには、行動に走らないだろうということは請け合います。それに、この点はしっかりと心にとめておいてほしいのですが、代表者会議の目的は行動することにあるのではなく、説得することにあるのです。それは、ひとつの意見、利害を代表し、国を代表することをめざすものではまったくありません。国を代表するのは、連邦議会の全体ですから。逆に、代表者会議は多数者を代表しませんが、しかし公共世論に働きかけ、説得によって少数派を多数派に変えたいという点から出発しています」。「ですが」と私は言った。「あなたのおっしゃる意見と利害は、そのさまざまな議論を毎日のように、出版という手段で提供することは可能でしょう」。

「無名のジャーナリストあるいは才人の個人的努力よりも、ひとつの集会が測り知れないほど優越していることは、あなたもお感じになっていると思います」とインガソル氏が続けて言った。「私にとっては、代表者会議に集まる権利は、多数派主権の教義の合理的帰結と思っています。そういう場を通じて、少数派と分かち持たれる意見というものが存在します。もし、多数派の全能意志を表明する公共集会の脇に、少数派の利害を弁護し、法律によってではなく、多数派それ自体をもたらすのにふさわしい弁論によって影響を及ぼすような集会（数が与える精神力をこのようにして備えた集会）が見いだされないなら、こうした意見は、永久に多数派によって抑圧されっぱなしになることでしょう[39]」。

「とても素晴らしいですね」と私は答えた。「もはや論理的なこと、たしかにこのうえなしです。しかし、論理学の不動の規則が世のなかの事件にはどの点で適用できないのかということを証明するために、他の例を求めるつもりは私にはありません。諸法律による統治と説得の支配に完全に慣れたわけではない国民がいたと仮定してみてください。彼らに情熱と大きな政治的関心を与えてみてください。法律を作る多数派のそばで、法律の前文を担当するだけで、主文では立ちどまる少数派が決起しているとしてくださいますか。そ

(38)『民主主義』、第一巻、第二部、第四章（『デモクラシー』、第一巻、(下)、三八ページ以下）参照。

(39)『民主主義』、第一巻、第二部、第四章（『デモクラシー』、第一巻、(下)、四五ページ以下）参照。

したら、あなたには、公共秩序がどうなるかがおわかりでしょう。ほとんどすべての人間の心のなかでは、ひとつの事柄がよいことだと証明することとそれを実行することとのあいだには、なにものにもまして踏み出しやすい一歩しかないことをあなたならご存知のはずです。それに、多数派があまりにも不安定なために、多数派を自称することがどの党派にもできるなんていう、政治的問題がいくつかないわけではないでしょう？　そのようなわけで、指導する権力の脇にとても大きい精神的権威を持つひとつの権力が作り出されるのを、あなたは座視していることになります。とはいえ、このもうひとつの権力は、既成秩序と戦うみずからの力を感じてはいるのですが、かの形而上学的な考慮から既成秩序を尊重するだろうというのです。この形而上学的な考慮とは、代表者会議が意見を明らかにするために作られていて、意見を抑制するために作られてはおらず、勧告するために作られており、行動するために作られてはいないという理屈を考慮することです[40]」。

インガソル氏は、合衆国のために、そしていまの時代に限って話しているだけだ、と正直に語った。「われわれの原理に忠実であっても、危険ではないようにすることができます」と彼は言った。「われわれはそうであるように正しく行動します。それに、法律に人びとが従うのではなく、人びとのために法律を作らなければならないというのがいつでも私の意見でした。フィラデルフィア代表者会議のような集会がフランスでは多大の危険をはらんでいるように思います。とはいえ外国人に反対する結社は、われわれの代表者会議の習慣とある種似ているように私には思われます。あなたがたにとって、代表者会議をとても危険なものにしているのは、フランス全土がパリに集まるということです。パリで催される破壊分子の集会は、国家全体に対して破壊的な力を持ちうると私は考えます。アメリカには似たようなことはまったくありません。私は信じて疑わないのですが、一般にあなたがあなたがたの諸州に強い個性を返さない限りは、自由なままでは、決していられないでしょう」。

平等——財産は不平等

一八三一年一〇月一四日

著名な弁護士で、フィラデルフィア州議会元議員のインガソル氏は、きょう私にこんなことを言っていた。「私は、われわれのところよりも、あなたがたのところには、もっと社会的平等があると思います。あなたがたのところでは、才能と財産とが同一の水準に正確にあると思います。こちらでは、才能がすべての門戸を開きますが、しかし財産が明瞭な優越性を与えています」。

人民の選択と中間階級の支配

一八三一年一〇月一六日

(40)『民主主義』、第一巻、第二部、第四章（『デモクラシー』、第一巻、（下）、四一—四三ページ）参照。

リチャーズ氏(41)（フィラデルフィア市長で、この地では非常に尊敬されているように見える人物）は、きょう、一般に人民は選択において偉大な良識を発揮するものだと私に言っていた。

「フランスでは必ずしもそうではありませんでした」と私は答えた。「われわれのところでは、上流階級に対する人民の敵意が古くからありますから、人民が主人だったときには、教育を受けておらず、いかなる社会的な保証書も示さない人間がしばしば選ばれるのを経験するという事態が起こってきました」。

リチャーズ氏は続けて言った。「われわれのところでは、そんなことは見たことは一度もありません。アメリカでは、上流階級と呼ぶことができるものがけっして特権を持ったことがなかったし、政治において、人民からこれ見よがしに別れるというようなことはけっしてありませんでした。とはいえ、われわれの状況を理解してもらわなければなりません。わが共和国は中流階級の勝利と統治だと言うことができます。たとえば、中央の諸州とニュー・イングランドの諸州では、人民と完全な上流階級とのあいだには真の意味での結びつきはまったく存在しません。上流階級は人民の英知にほとんど信頼を寄せないこと、大衆の情熱に対してはある種の軽蔑心を持っていること、彼らの作法に対してはある種の嫌悪感を持っていることを隠そうとはしません。上流階級は実際に人民から切り離されています。人民の側は、正確に敵意というわけではありませんが、しかし、ある種の本能的な嫌悪から、上流階級を公務に指名することはめったに起こりません。通常、人民は中流階級のなかから候補者を選び出します。本当の意味で統治しているのは中流階級なのです」。

問い――それはよいことだと思われますか?

答え――中流階級は社会にとってもっとも有益です。われわれは、彼らが他の者と同じくらい公務に向いていると思います。しかし、私がこの点に関してあなたに言ったことは、南部ではまったく気づかれていません。西部でも、社会の進行はとても早すぎて、そこでめぐり会う社会的諸要素すべてがとても混乱していて、同じような指摘をすることはできません。

検察官の権限

同日〔一八三一年一〇月一六日〕

長らく検事総長だったコックス氏は、フランスにくらべれば、アメリカでは、検察官はずいぶん低い地位の小者扱いされているが、しかしながら、ひとつの点で広大な権力が認められている、と私に言っていた。それは、大陪審判決が出たあとでさえ、訴えを取り下げ、こうして訴追をやめる権限である。彼が言っていたように、これは恩赦を与える権利よりもはるかに大きな権利である。

(41) リチャーズ、ベンジャミン・ウッド(一七九七―一八五一) フィラデルフィア出身の法律家で政治家。一八二九年から一八三二年までフィラデルフィア市長を務める。チェリー・ヒル刑務所の監察官で、トクヴィルとボーモンはペンシルヴェニア哲学協会で彼と会った。彼はトクヴィルにフィラデルフィアの民政・司法行政に関係した数多くの資料を提供した。

決闘

フィラデルフィア、一八三一年一〇月二二日

決闘(42)は名誉の極端な傷つきやすさに由来している。君主制風の決闘はアメリカではほとんど知られていない。ヨーロッパの一部には、予め定められた事例において人間に戦うことを義務づけている法律があるけれども、そのような法律はここにはまったく存在しない。とはいえ、決闘は存在するが、しかしそれはもっとも粗暴な、もっとも無慈悲な情熱を法の埒外で満足させる手段でしかもはやない。ヨーロッパでは、人はたがいに戦ったと言うことができるためにしか、ほとんど戦うことはしないし、恥辱は、一種の精神的な染みのようなものであり、それを洗い流したいと人は望み、たいていは、それを、あまりかねをかけないで洗い流す。アメリカでは、相手を殺すためにのみ、人は戦う。戦うのは、敵に対する死刑宣告が望めないからである。決闘は、まったくと言っていいほど、ほとんどないが、しかし、いったん起これば、ほとんどいつも、死で終わる。こうしたことすべては、南部では不完全にしか当てはまらない〔闇討ちに近い〕。

政治諸制度における宗教

フィラデルフィア、一八三一年一〇月二二日

(一)マサチューセッツ人は、瀆神的言辞をかなり厳しい罰金刑に処する法律を持っている。この法律は

次のような前文を先立てている。

「瀆神の悪罵と呪詛の恐るべき習慣は、人間精神の尊厳と理性的陶冶とも、最高存在とその摂理に対して義務づけられている尊崇とも相反し、司法行政において法律的に用意されている宣誓の厳粛さと義務を弱め、嘘と偽証と瀆聖と風俗壊乱を助長し、市民社会の絆を緩める自然な傾向を持つがゆえに、……〔原文英語〕」

(二) 日曜日の遵守[43]は民事の一法律である。それを執行させるためにいくつかの罰金が存在するほか、**タイシングメン**[44]巡査と呼ばれる幾人かの公務員やそのほか、法の遵守を監視する特別な役割を担う公務員もい

---

(42) トクヴィルは、一八歳のときに恋人のロザリー・メリーが侮辱されたということで、軍人とピストルで決闘に及んだ。もっとも、彼は前年に別の女性(お針子とも、女中とも言われる)とのあいだに女の子をもうけていたといわれている(Christine Kerdellant: *Alexis ou la vie du comte de Tocqueville*, Robert Laffont, 2015, p.33-36.)。いずれにせよ、一八二六年には父の転勤に伴って、彼はロザリーとは別れている。奇しくもトクヴィルが司法修習生だったときに、最初の課題として上司から現行法に関する考察をまとめるように指示されたのが決闘の問題だった。

(43) 安息日の順守を社会倫理の要と考える合衆国のプロテスタンティズムは、一九世紀はじめに郵便物の日曜日配達禁止を求めて結社を作り、聖書に書かれた通りの信仰を守らせる一大運動を組織した。この運動はサバタリアニズムと呼ばれ、とくに東部では、たとえばコネティカット州のように日曜日には旅行が禁止されるまでになり、日曜日のボストンの姿は「人影のない町」となる有様だった。

る。とりわけこれらの公務員は、日曜日に旅行している人間を尋問し、もし正当な理由が示されないのであれば、彼らに罰金を課す権限を持っている。

イド・ド・ヌヴィル氏(45)はこうしたやり方で逮捕され、旅行の必要性を論証することで、なんとか旅を続けることができたと私に語った。しかしながら、私が思うに、この最近の規則は厳密に守られていない。日曜日にはいくつかの公共の乗物があり、郵便が行き交っている。しかし、多数の人間からなる一党派がこれに怒り、それをやめさせようとしているようだ。日曜日のボストンは、文字通り人影のない町の様相を呈している。

(三) 一八三一年一〇月一七日、マサチューセッツ州知事は〔議会の助言と勧告によって〔原文英語〕〕、一八三一年一二月一日に、一年のあいだに共和国に与えられた富のために感謝の祈りを神に捧げ、そしてこれらの恩恵を確認する祈りを神に捧げるために、共和国住民がそれぞれの教会に集まるように促す布告を発した。

黒人——その知的能力

フィラデルフィア、同日

アメリカの多くの人びとが、そしてもっとも教養ある人びとが私に対して、黒人は劣等人種に属していると主張していた。他の多くの人びとは反対の説を主張した。後者は彼らの主張を裏づけようとして、黒人児童の学校での適正やあらゆる困難にもかかわらず、独立した財産を獲得した幾人かの黒人の例を引き合い出していた。フィラデルフィアのウッド氏[46]が私に対して、とりわけ引き合いに出したのは、巨富を手に入れ、乗組員全員と船長たちが黒人である多くの船を所有していたこの町のひとりの黒人の例だった。

私生児とアメリカの習俗

フィラデルフィア、一八三一年一〇月二四日

ウッド氏がきょう（一八三一年一〇月二四日）私に、フィラデルフィアには非嫡出子が大勢いると言っていた。ここでは、英国法に従っているので、庶民の娘が妊娠したときには、自治体が彼女に対して訴訟を起こ

---

(44) タイシングメン（*tythingmen*）　十人組と訳され、イギリスの古い制度で、戸主一〇人からなる住民の相互監視組織。

(45) イド・ド・ヌヴィル、ジャン・ギヨーム（一七七六―一八五七）　フランスの貴族政治家で、大革命時代にはブルボン家の代理人として活躍。王政復古期には下院議員。マルティニャック内閣で海軍大臣。シャトーブリアンの友人で、トクヴィル家とも親交を結んだ。帝政時代にアメリカに亡命し、王政復古で駐米大使を務めていた。

(46) ウッド、サミュエル・R　クエーカー教徒で、一八二九年から一八三五年にかけてフィラデルフィア刑務所所長を務め、トクヴィルがフィラデルフィアを訪問したときには、ちょうどチェリー・ヒル建設に取り掛かろうとしていたときだった。

せるように、そして私生児が自治体の負担になることを妨げることができるように、教区民生委員が彼女を尋問し、子供の父親の名を彼女に言わせる。そこに不道徳に対する恐るべき歯止めがある。

中央集権化——州都の位置

一八三一年一〇月二五日

アメリカ人は、中央集権化と首都の影響を非常に恐れているから、首都から遠く離れた場所に立法権力と行政権力の所在地を設定するように心がけている。たとえば、ニューヨーク州の州議会と州政府の所在地はオールバニーであり、ペンシルヴェニアの州政府所在地はハリスバーグという内陸部の小さな町であって、フィラデルフィアではない。メリーランドの州政府所在地はアナポリスで、ボルティモアではない。

刑事裁判、道路、監獄のように、一般に、執行する場合にはすばやさが求められたり、思いついたらそれを実現することが求められたりする事業すべてについては、中央集権の欠陥がアメリカ人には実感されている。

習俗

フィラデルフィア、一八三一年一〇月二五日非常に教養があり、非常に高い能力を持つスミス氏[47]は、フィラデルフィアのクエーカー教徒であるが、その彼がきょうわれわれに（一八三一年一〇月二四日）、黒い雌牛が白い雌牛と同じ種であるように、黒人が、われわれと同じ人種であることに完全に納得していると言っていた。黒人の子供は白人の子供と同じ知性を示している。白人の子供よりも早く理解することもしばしばだ。われわれは彼に、黒人は市民権を持っているのかどうかを聞いてみた。「はい、法律上はね。しかし、彼らは投票所に姿を見せることはできません」。「どうしてなんですか?」「迫害されるかもしれないからです」。「で、こういう場合、法律の支配はどうなるのでしょうか?」「われわれのところでは、世論の支持を受けていなければ、なんの意味もありません。奴隷制はペンシルヴェニアでは廃止されているんですから」。われわれは彼に、あなたが予想している不幸の数々から南部を救うための唯一の手段は、あなたの考えでは、なんですか、と聞いてみた。彼の答えでは、中世の農奴がそうであったように、黒人を耕作地にくくりつけることだというのである。「耕作地制度は悪い制度です」と彼は付け加えて言うのだった。「しかし、厳密な意味における奴隷制よりは、それの値打ちは無限にあります。それは、完全な自由の状態への移行形態として役立つことでしょう。しかし、私が完全に確信しているのは、南部のアメリカ人は、他の専制君主たちがそうであるように、彼らの権力のほんの小

(47)　スミス、ジョン・ジェイ（一七九八―一八八一）　達（一六八二年一〇月二四日）記念夕食会で彼らは知り合った。
フィラデルフィア図書館の司書で、黒人解放の仕事に従事した。ウィリアム・ペン（一六四四―一七一八）の北米到

さな一部でも譲り渡すことにけっして同意しないでしょうし、彼らはそれがもぎ取られるのを待つばかりだということです」。

フィラデルフィアのウォールナット・ストリートにある刑務所で、食事の時でも白人から黒人が区別されているのに私は注目したばかりである。

フィラデルフィアでは、黒人は、白人と同じ墓地には埋葬されない。

自由に支えられた共和制

フィラデルフィア、一八三一年一〇月二五日

人民政体を中傷する人間が内政の多くの点で、全員の統治体よりも、ひとりの統治体の方が有効性を持つと主張するとき、私の意見では、彼らは議論の余地なく正しい。一般大衆にくらべて、強力な統治体の方が事業において、より多くの結果をもたらさないこと、より多くの一貫性やより多くの全体性の観念を持たないこと、細目においてより多くの正確さを持たないこと、人間の選択においてより多くの分別そのものを持たないことは、実際稀である。だから共和制は啓蒙君主制よりも、うまく管理されないのである。そのことを否定する共和主義者たちは的はずれである。しかし、彼らが民主制の長所を探し求めるべきはそんなところではない、と言ったとすれば、彼らは再び優位を手にするだろうに。共和主義統治体の賛嘆すべき効果（この統治体が存続できる点はそこである）は、人民による行政における系統的な秩序の規則を視野に提供する

ことにはなく、生命の写し絵を提供することにある。自由は、その事業のそれぞれを、知的専制主義と同じほどの完璧さで実行しないが、しかし、いずれそのうちに知的専制主義よりも多くの成果を生む。自由は、より有能で、より完全な統治体を、いつも、どのような状況においても、人民にもたらすわけではない。しかし、自由は、社会全体に、活動性や力や活力を行き渡らせる。自由なしには、それらはけっして存在しない。それらは驚嘆に値するものを生み出す。まさにそこにこそ、自由の長所を求めなければならない。

人民はいつも正しいという共和制の根本教義

一八三一年一〇月二五日

人民はいつも正しい。これが共和制の教義であるのは、王はけっして過たないというのが君主制国家の宗教であるのと同じである。どちらがより間違っているかをはっきりさせるという問題は、大きな問題である。しかし、まったく確かなことは、どちらも正しくないということである。

ワシントン・スミス氏(48)が私にきのう言っていたことは、アメリカでのほとんどすべての犯罪はアルコール度の高いリキュールの飲み過ぎが原因となっていたということである。「でも」と私は言った。「どうして酒

(48) スミス、ジョージ・ワシントン(一八〇〇―一八七六) ペンシルヴェニアの歴史学会の創始者のひとり。フィラデルフィアで刑務所改革協会の仕事をしていて、刑務所調査に協力した。

に関する法律を制定しないのですか？」

「わが州議会はそれを、本当にしばしば考えてきたのですが」と彼は答えて言っていた。「しかし、叛乱を恐れたわけです。それに、こんな法律に賛成する議員は、再選されないことは確実ですからね。なぜというに、飲んだくれが多数派ですから、節酒には人気がないわけです」。

きのう、とても傑出した別のクエーカー教徒のスミス氏が私に言っていた。「黒人には選挙権がありますす。しかし、彼らは虐待される覚悟がなければ、投票所に姿を見せることはできません」。

「どうして」と私は言ったものだ。「彼らに関する法律が執行されないのでしょうか？」

彼は私にこう答えてくれた。「われわれのところでは、世論の支持を受けているのでなければ、法律にはなんの力もありません。しかるに、人民は反黒人の最大の偏見にやられています。行政官は、黒人たちに有利な法律を執行させる力が自分にあるなんて思っていないわけです」。

私が合衆国に来て以来、開明的階級のすべてがジャクソン将軍に反対している証拠をほぼ手にした。しかし、人民は彼を支持しているし、彼は、人民には受けているから、多数を持っている。

工業化社会と民主制の欠陥

フィラデルフィア、一八三一年一〇月二七日

ロバーツ・ヴォーズ氏(49)はきょう私にこう言っていた。「私は工場を社会的必要性としてとらえてはいます

が、しかし、それを必要悪とみなしています。工場は住民を堕落させますし、しばしばおぞましい欠乏に住民をさらします。とりわけ、われわれの国のように完全に民主的な国に工場体制を導入することには、恐れを感じなければなりません。工場人口が窮乏を感じ、秩序を撹乱しようと望むとき、フランスにも、イギリスにも、秩序を維持しようと決心している工場人口以外の勢力があります。しかし、われわれのあいだでは、人民の外のどこにそんな勢力がありますか?」私はこう答えた。「でも、お気をつけ下さい。あなたがその点でおっしゃっていることは、大きな射程を持ちますよ。と言いますのも、人民の多数が無秩序と不正義を望むことがありうるとあなたがお認めになるなら、あなたがたの統治の原理はどうなります?」。

R・ヴォーズ氏は続けた。「正直にあなたに言いますが、私は普通選挙権の制度をけっして認めてはいなかったのです。それは、社会のなかでもっとも情熱的で、もっとも啓蒙されていない階級に実際に統治を委ねてしまいます。ここでは、人民に対抗する担保が本当の意味では、われわれにはまったくありません。立法権力はいかなる独立性も持ちません。私は、上院が大土地所有者から選ばれることを望んでいます。しかし、下院と同じ選挙権者によって上院が選挙されるので、それも、もはや人民の情熱に対して、より大きな抵抗力を表現するわけではありません」。

(49) ヴォーズ、ロバーツ(一七八六―一八三六)フランス出身の家系で、フィラデルフィアの富裕な商人。クエーカー教徒。慈善家で、聾唖者の収容施設と歴史学会の設立に加わったほか、チェリー・ヒルに建設する新しい刑務所の設計図を描いたり、若い軽罪犯のための収容施設を創設したりした。

不平等の拡大

フィラデルフィア、一八三一年一〇月二七日

デュポンソー氏[50]との会話。デュポンソー氏は、評価の高いいくつもの著作の作者で、彼の学問領域〔言語学〕で名声がある老人である。フランス人だが、この国に六〇年近く前から住んでいる。思い出のなかのフランスがまるで現在のフランスであるかのように考えて、われわれに話をしてくれていた。「フランスでのあなたがたの道徳性の一部となっているのは、あなたがたのところでは各人が自分のある種の殻に閉じ込められていて、そこから出たがらないということです。こちらでは反対です。出発点がどのようであれ、万人に富裕と権力への道が開かれているので、そこから、あなたがたが想像するのに苦労するほどの富に対する精神的焦燥感や渇望が生まれてきます。想像してもご覧なさい。ここではだれもが金持ちになりたい、出世したいと願っているのですし、それに到達できないと思っている人はひとりもいないのです。そこから骨の折れる社会活動が生まれますし、そこからお互いに相手を上回ろうとする陰謀的な動きや絶え間ない興奮状態やとてつもない欲望が生まれてきます」。

「しかし、それらの情熱のまっただなかで」と私は言った、「平等はどうなっているのでしょうか?」

「平等は公共広場にしか存在しません」とデュポンソー氏は続けて言った。「かねは社会に極端な不平等を作り出しています。財産がどうであれ、才能ある人間はたしかにいたるところで歓迎されます。しかし、金持ちではないと彼に感じさせるように人は気を使います。そしてその妻とその子供は歓迎されません。彼の

妻は言います。『私たちはあの人たちを訪問することができないわ。あの人たちは収入が二〇〇〇グルドしかないのに、私たちは一万グルドあるのですもの』。まさに金ピカになりたがるこの度外れな欲望こそが多くの家庭を奢侈に投げ込み、生活の質素さを傷つけるのです。州から州へと同じ金ピカになりたがる欲望が目につきます。虚栄心が窓からかねをどれほどわれわれに投げさせていることでしょう！」

「聞いたことですが」と私は言った。「それにあなたがたは、概して、能力を持たない人間に事業の指揮を任せてきたと言われてますね」。

「それは本当です」とデュポンソーは答えた。「才能ある人間に白羽の矢が立つのは珍しいことです。すべての地位が政治的考慮から与えられます。王政においてのように、徒党精神と陰謀こそがここでは育ってきています。主人が違うだけです」。

別の機会にデュポンソー氏は言っていた。「原因を作った人びとによって、どれほど結果が無視されたことでしょう！私は疑いません。もしイギリスが一七六三年にカナダを征服しなかったなら、アメリカ革命は起こらなかったでしょう。われわれはまだイギリス人だったでしょうに。北部ではフランスの力に抵抗し、

(50)　デュポンソー、ピエール・エティエンヌ（一七六〇—一八四四）　大西洋岸ラ・ロシェルの対岸の島出身で、一七七七年に北米に渡り、アメリカ独立戦争に参加。検事となったのち、国際法の専門家となる。言語学に関する業績があり、『民主主義』第一巻、註記でトクヴィルもその業績を引用している（『デモクラシー』第一巻、（上）、二八二—二八四ページ）。

西部では、フランス人の自然な同盟者であるインディアンに抵抗しようとする必要から、植民地は大ブリテンへの依存状態を維持したことでしょう。植民地が軛《くびき》を振りほどこうと試みていたなら、カナダが叛乱に立ち上がらないようにしようと望むフランスは、あえて彼らの味方につくことはなかったでしょうに。とはいえ、私がお話ししている時代のイギリス国民以上に、勝利に酔ってしまった国民はありませんでした」。

彼はなおもこう言っていた。「合衆国の大きな傷は奴隷制です。それはひたすら悪くなるばかりです。世紀の傾向は奴隷に自由を認めるようになってきています。私は、結局は黒人みんなが自由になって終わるのだということを信じて疑いません。ですが、いつか、彼らの人種はわれわれの大地の上からは消え去るだろうと私は思います」。

「どうしてそんなことが?」と私は言いました。

「われわれのあいだでは、白人の血と黒人の血はけっして混じり合わないことでしょう。二つの人種はお互いに嫌っています。とはいえ、同じ大地で暮らさざるをえないのです。この状態は自然に反します。それは、二つの敵対する民族のうちでより弱い方の民族の破壊に行き着くはずです。しかるに、西部と北部で支持されている白人種は、南部で消えてなくなるわけにはいきません。黒人は白人種に対して防備します。彼らは皆殺しになるでしょう。われわれの父祖が奴隷制を導入したことによって、彼らがわれわれに与えた立場から、われわれは虐殺によってしか出ていくことはないのです」。

破産——債権者を犠牲にする債務者

フィラデルフィア、一八三一年一〇月二八日

フィラデルフィアの著名な弁護士である某氏はきょう（一八三一年一〇月二七日）私に、フィラデルフィアで、申告されている破産件数は一年につき約八〇〇件だったと語っていた。アメリカでは、商人でない者も、商人のように破産できるというのは本当の話である。

彼はこう付け加えた。「破産法が必要だとの意識は、商業と工業の盛んな連邦諸州では、広く感じられるところです。そうした法律を制定する試みがいくつかの州ですでに企てられてきました。しかし、合衆国最高裁判所は、そのような法律は憲法にそぐわないと言明しましたから、連邦議会がそれに介入するのを待たなければならなくなりました。しかし、連邦議会はそれをまだやってはいません。かつてわれわれには破産に関してひとつの法律がありましたが、それが一党の作品であったために、その党に替わって権力についた別の党がそれを廃止してしまったのです。われわれの統治制度の不幸のひとつがこれです。すなわち、主題が政治的情熱をかき立てる性質のものでない場合でさえ、一般利害にかかわる事柄を政治的情熱のもとに置いてしまうわけです。破産に関してわれわれの立法の現状は嘆かわしいものです。われわれは詐欺に対抗するどのような保証も持ち合わせていません。債権者は絶えず債務者の犠牲となります。そして、破産者が債権者に支払いを済ませることなく再び富裕に戻ったとの顰蹙を買う話が絶えず更新されているわけです」。

元フランス大使ブラウン氏へのインタビュー

一八三一年一〇月二八日

ブラウン氏[51]との会話。ブラウン氏は著名な弁護士で、ルイジアナのとても裕福な農園主である。彼はフランス大使を八年間務めた。

われわれはクエーカー教徒を話題にしていた。彼は私にこう言っていた。「たいへん残念なことですが、クエーカー教徒はおかしな習慣を身につける気になってしまいました。彼らはどんな状況になっても、抑圧に対して抵抗することを禁じるという突飛なことをやってきました。そのほかの点では、彼らの教義には感心します。あらゆる宗教セクトのなかで、唯一クエーカー教徒だけは、いつも、寛容とキリスト教的慈善を全面的に**実践**してきました。クエーカー教徒には、気晴らしは禁じられています。彼らのおかねは使いみちがありません。**善をなすこと**が彼らの唯一の喜びです。不幸にして、彼らの数は減っているうえに、彼らはお互いに分裂しています。長いあいだ、彼らは、信仰が救いになるのではなくて、行ないが救いになるのだという教義を告白してきました。しかし、その後、彼らは、このためになる原理を捨てました。今日では、彼らは二つの区別された教会を組織しています。そのうちのひとつは、ユニテリアンとたいへん似ていて、彼らのように、イエス・キリストの神性を否定しています」。

「われわれは宗教の章にいますので」と私は言った。「そこで、私がなにをこの国の宗教原理と考えなければならないかをお教えください。それは上っ面にしか存在しないのでしょうか？　あるいは心のなかに深く根づいているのでしょうか？　それは信仰なのでしょうか？　それとも政治的教義なのでしょうか？」「私が思いますには」とブラウン氏は答えた。「多数の人間にとって宗教は、論証される真理というよりはむしろ、尊重すべき有用な事柄です。私は、魂の奥底には教理に対するかなり大きな無関心があると思います。教会では、それについてはけっして語られません。問題は道徳なのです。しかしアメリカにおいては、私は**唯物論者**〔原文仏語〕を知りません。私は確信しています。霊魂の不死性と因果応報の理論に対する固き信仰は、言ってみれば、普遍的なものです。あらゆる宗派が出会う共通の場はそこです。私は二〇年間弁護士をやってきました。そしていつも〔聖書への〕宣誓に対する大きな尊敬心を見てきました」。

われわれは、彼が二〇年間住んできたニュー・オーリンズを話題にした。彼は私に言った。「ニュー・オーリンズには内縁関係に身を捧げる女性の階級があります。有色の女たちです。不道徳が彼女らにとっては、言わば忠実に果たすべき職業になっています。有色の娘は、生まれたら白人男性の愛人になるように定められています。彼女が一人前になると、母親が彼女に身を固めさせるように心遣いをします。それは一種の一時的結婚です。通常それは数年間続きます。そのあいだに、ごく稀ですが、こうしたやり方で結びつけられた女に対して不貞を咎める男もいます。彼女らは、こんな風に手から手へと渡って行き、ついには、ある程度の財産を得たときに、同じ境遇の男性と幸せを求めて結婚するわけです。そして、彼女らの娘も同じ

(51)　ブラウン、ジェームズ（一七六六―一八三五）ヴァージニア生まれの政治家。インディアン討伐に加わったのち、一八一三年から一八一七年まで上院議員。その後、フランス大使としてパリに赴任（一八一九―一八二三）。

道に入らせます。

「そこには」と私は言った。「自然に反する秩序があります。それは社会のなかに大きな混乱を投げ込むはずです」。

「あなたが思ってらっしゃるほどひどくはありません」とブラウン氏は答えた。「金持ちの若者は、非常に自堕落ですが、しかし、不道徳な所業は有色の女たちがいる圏域に限られています。フランス人種とアメリカ人種の白人女性は、非常に純粋な道徳を持っています。彼女らは徳高き存在です。まず、想像するに、徳が気に入っているからです。次に、有色の女性がそうではないからです。愛人を持つことは彼女らと同一視されることです」。

「これは本当のことでしょうか?」と私は言った。「北部のアメリカ人と南部のアメリカ人とでは、大きな違いがあるというのですが」。

「測り知れないほどの違いがあります」とブラウン氏は答えた。「北部のアメリカ人はみな知的で活動性に富みます。心の喜びは、彼らの生活のなかではほとんど席を持ちません。彼らは冷静で、計算高く、控えめです。南部のアメリカ人は、反対におおっぴらで、活発です。命令する習慣が性格上のある種の傲慢さを彼らに与えています。それとともに、体面に対するまさに貴族主義的な感受性を与えています。彼らは怠惰に非常に傾きがちで、労働を堕落と見なしています」。

「アメリカではしばしば起こっているようですが」と私は別の機会にブラウン氏に言った。「人民は選挙で選択を間違えるというのです」。

「はい、それはしょっちゅうです」と彼は答えた。

また別の機会にブラウン氏は私にこんなことを言っていた。「ひとつ奇妙なことは、ニュー・オーリンズでは、有色人種がいつも黒人に対抗して白人と共同戦線を張ることです」。

アメリカの有徳な上層階級

一八三一年一〇月二八日
アメリカにおいて民衆に属さない人びとすべてのあいだで、風紀が維持されている大きな理由のひとつは、そこに平等の精神が行き渡っているからだ。道徳がアメリカよりも弛緩しているわれわれのところでさえ、上層階級に属する男が同じ階級に属する貴婦人の名誉を汚したり、両親の信頼で家族のなかに引き入れられた男が彼らの娘を堕落させたりしようものなら、そんな男は名声を失ってしまうだろう。しかるにアメリカでは、上層階級とは、生計を成り立たせ、立派な教育を受けたものすべてである。

第四節　ボルティモアにて

黒人虐待を目撃

ボルティモア、一八三一年一〇月二九日

昨日〔一〇月二八日〕ここに到着した。きょうはこの時期に開催される競馬の最終第四レースに行った。馬は美しかったが、ジョッキーの身なりは滑稽だった。馬車や馬に乗ってやってきた人が大勢いた。とはいえ、全体としてはヨーロッパ風ではなかった。数人の白人とともに、ひとりの黒人が競馬場に入ることを許されたが、その白人のひとりが彼をステッキでめった打ちにした。しかし、群衆も当の黒人自身もこの行為に驚いたように見えなかった。

昨日、競馬開催時に催される予約制の大舞踏会に参加した。外国人だからというのでわれわれは一文も払わなかったが、アメリカ人はひとりあたり五ドル支払っていた。集まりはまばゆい光を放ち、そこにいた女たちはことのほか美しかったが、彼女らの身なりはおかしかった。

この舞踏会は、アメリカの社会状態についてひとつの観念を与えてくれるかもしれない。かねがただひとつの社会的な区別だが、しかし、見たまえ、どれほど横柄にかねが個人を分類しているかを。フランスでは、公共の集まりにそんなに高い入場料をあえて設定してしまうなんてことはほとんどない。そんなことをしたら、金持ち連中が他の人間から自分らを切り離そうなどという傍若無人な主張を掲げていると思われるのが落ちだ。

ここで、一巻本の書物のなかに商業に関する合衆国法規を見つけた。この本は持っていなければならないだろう。

弁護士ラトローブ氏とのメリーランド州に関する会話

ボルティモア、一八三一年一〇月三〇日

ボルティモアの非常に優れた弁護士ラトローブ氏[52]との会話

彼はわれわれにこんなことを言っていた。「私は、メリーランド州憲法がアメリカで一番民主的だと思っています。いかなる納税額も選挙民には要求されません。合衆国市民で、共和国に一年前から居住しているすべての男性に選挙権があります」。

「そのような普通選挙権には不都合な点があると気づいていらっしゃいませんか?」と私は言った。

「不都合な点はいくつかあります」とラトローブ氏は言った。「選択が必ずしも良くはありません。ヴァー

(52) ラトローブ、ジョン・ヘイズルハースト・ボンヴァル(一八〇三―一八九一) 陸軍士官学校出身の作家・芸術家。黒人をリベリアへ送り返す黒人植民協会の運動を推進した。

ジニア人の州議会とくらべると、われわれの州議会においては、有能な人間に恵まれていません」。

「ですが」と私は続けた。「あなたがたの法体系はとても民主的ですから、メリーランドは、貴族精神が誇示される合衆国の地方であるという話は、真実ではないのではありませんか?」

ラトローブ氏は答えた。「貴族主義的体裁はわれわれの法律にはありませんし、われわれの社会習慣のなかにさえありません。しかし、実際には、そのような体裁を外面的習慣としてわれわれは保持してきました。たとえば、ここでは、他のどの場所にくらべても奢侈が目につくのです。あなたも、通りで四頭立ての御者つき馬車、ジャケット、一種の供揃いのようなものをご覧になることでしょう。異なる家族の構成員が土地の名前で区別されています」。

「あなたがたの法律は、かつては習慣と合致していたわけですが、それは貴族主義的なものだったのですか?」

「ええ、そうです。メリーランドはイギリス貴族が創建しましたし、そのうえ、最初のうち移民は、宗旨自体が貴族階級にとって都合のいいカトリックの教えを奉じていました。ですから、彼らは領土を大土地に分割したのです。しかし、アメリカでは地主が土地から大きな収入を引き出すことがけっしてできませんから、大土地財産の存立にはこの国はまったく向いていません。しかしながら、革命までのメリーランドはイギリスの一州のごとき姿を呈していました。出自がそこでは大西洋の向こう側と同じくらい高く評価されていたのです。権力の全体が大家門の手のうちにあったのです」。

「なにがその事態を変えたのですか?」

「相続に関する法律です。平等分割ということでしたから、財産は急速に分割されてしまいました。たとえばチャールズ・キャロル家のように、幾世代にも渡ってひとりの代表者しか持たなかった家系は財産を保持してきましたが、しかし、一般的には大土地は無数の部分に分けられてしまいました。小地主と商取引の巧みさとともに民主制が誕生したわけです。民主制がどのような進歩を遂げたかはご覧のとおりです」。

「しかし、大家門の成員はこの変化にどのように耐えてきたのでしょうか？　人民に対する彼らの立場と彼らに関する人民の意見はどのようなものでしょうか？」

「あなたも同じことを感じておられるようですが、人民は古い家門の成員に対して敵対的ではまったくありません。人民は分け隔てなくあらゆる職務に彼らを任命します。古い家門の成員の方でも、現在の秩序にいかなる敵意も表わしません。この現在の状況は二つの事情に由来します。イギリスとのあいだで戦争が勃発したとき、メリーランドの大家門は独立の大義を熱心に支持しました。人民の情熱を分かち持ち、戦場で人民を指揮しました。独立戦争ののちに、人心を政治問題が分裂させました。それは憲法の問題でした。国は、連邦に非常に強力な中央権力を与えようと望む連邦主義者と州にほぼ完全な独立を取っておこうとする民主主義者あるいは共和主義者とに分かれてしまいました。結局勝利したのは、後者の党で、彼らはもっとも民衆的でした。ところでメリーランドの貴族は、権力に対する愛着と彼らの地域的重要性を守ろうとする欲望のために、ほとんどすべてが後者の党を支持するということが起こりました。ですから、以上が二つの大きな誘因となって、貴族は人民とともに歩み、人民のためになる諸権利を勝ち取ってきたわけです。私は、いま連邦主義者と共和主義者について語り、あなたに共和主義者が結局は勝利を収めたと申し上げました。言い換えますと、彼らは結局は権力に到達したわけです。しかもひとたび政府の主人になると、彼らは、わずかな事柄を除いて、彼らの敵なら可能であったような政府の運営をやり出したのです。彼らは中央権力、常備軍、海軍……を認めました。野党は、彼らに権力を与えた原理とともに統治することがけっしてできません。いまでは、本当のことを言えば、合衆国には党派はありません。すべてが人間の問題に還元されています。権力を持つ人間と権力を持ちたがる人間とがいます。内部の人間と外部の人間がいます」。

「たいていの場合、人民はどのような階級のなかから、議員を選びますか？」

「弁護士のあいだからです。合衆国を統治しているのは弁護士です。ほとんどあらゆるポストを握っているのは彼らです。大統領は軍人ですが、しかし、彼のすべての大臣を見てごらんなさい。弁護士でない大臣はひとりもいません。弁護士は、連邦の他の州にくらべてここでは、よりいっそうの優越性を持っています。と言いますのも、ここでは、候補者が人民に選挙前に語りかけることが当たり前のことになっているからです。われわれは、敵の方に実際には分があり、当選を決めたはずなのに、候補者のひとりの多弁ぶりが当選をだましとっているのをしばしば目にします」。

「奴隷制はメリーランドにはまだ存在しますか？」

「ええ。しかし、われわれはそれを清算しようと大いに努力を重ねています。法律では奴隷の輸出が許されていますが、輸入はまったく許されていません。小麦を栽培しているわれわれには、黒人なしで済ませることはとても容易にできることです。それが多分節約ということでさえあるでしょう」。

「解放することは許されているのですか？」

「ええ。ですが、解放が大きな不幸を生み出していることや黒人が自由になって奴隷制においてよりも一段と不幸になり、生活手段を失っているのをわれわれはしばしば見ています。ひとつ奇妙なことは、チェサピークより西では、黒人人口が白人を上回っているのに対して、同じ湾の東に行くと反対のことが生じているということです。こうしたことになるのは、私が思うに、西部は、まだ大土地に分割されたままなので、自由で勤勉な人口をまったく引き寄せないからです。

ボルティモアの人口は今日では八万人を数えていますが、革命時代には三〇軒しか家がなかったのです」。

「なにがいったい、この町にそのように急激な人口増をもたらすことができたのですか?」

「まず、われわれの大革命の結果です。次にサン＝ドマング(53)の崩壊です。われわれのところへ大量のフランス人家族が追い返されてきたのです。そして、彼らがわれわれに植民地の資材を供給しました。最後にヨーロッパにおける大革命時代の諸戦争です。イギリスは大陸全体と交戦し、海洋を支配していました。われわれはヨーロッパへの仲買人となったわけです」。

(53) サン＝ドマング　今日のハイチ。ドミニカ島の北西部を一六九七年にスペインに割譲させたときから、この島をフランス語風にサン＝ドマングと呼ぶようになった。黒人奴隷のトゥッサン・ルヴェルチュール（一七四三頃―一八〇三）の指導のもとで黒人奴隷が一斉に決起し、二年後にハイチ独立が実現したがナポレオンが奴隷制を復活したために、ハイチは内乱状態となり、最終的に独立が認められたのは王政復古後。その間フランス人難民がメリーランドに流れ込んだ。

「北部のアメリカ人と南部のアメリカ人のあいだには、非常に大きな違いがあるというのは本当でしょうか？」

「はい。ボルティモアのわれわれには、通りで、ヤンキーなら識別できますし、ニューヨークとかフィラデルフィアとかの住民であるか、ないかでさえ識別できます」。

「しかし、北部と南部とを区別する主要な特徴とはなんでしょうか？」

「こういう風に違いを表現してもいいでしょうね。北部を特徴づけるのは、**進取の気風**です。南部を特徴づけるのは、**貴族精神**（**騎士道精神**）です。南部の住民の流儀は率直でおおっぴらです。彼らは興奮しやすく、怒りっぽいとさえ言えますし、体面に非常に敏感です。ニュー・イングランドの人間は冷静で計算高く、我慢強い性格です。南部の男の家に行く限り、あなたは歓迎されます。彼は、彼の家の快楽すべてをあなたと分かち合います。北部の男はあなたを歓待したあとで、あなたとなにか契約を結べないかどうかを考えはじめます[54]。（こうした才気煥発な描写をしたあとで、ラトローブ氏は、われわれにあまりにも率直に話しすぎたのではないかということを恐れたかのように見えた。そこで彼は、その効果を打ち消すためにいくつかのディテールを付け加えた。）

「しかし、あなたがたの現在の法体系、なかでも相続に関する法律は、あなたがたのあいだで社会の様相を変化させるはずですね？」

「はい、かつてはわれわれのところに、所有する土地で生きていた地主種族がいました。一般に国でもっとも優雅な人間でした。彼らは、優れた教育を受け、イギリス上流階級の流儀と考え方を身につけていました。われわれは、いまでもある一定数の郷紳を持っています。しかし相続法と民主制が彼らを殺していきます。二、三世代すると、彼らは消え去ってしまうことでしょう[55]」。

「そんな風になることをあなたはくやんではいないのですか？」

「いいえ、ある観点からは残念に思っています。一般にこの階級は、州議会と軍隊のために優秀な人間を供給していました。彼らはわれわれのもっとも良質な政治家であり、もっとも美しい性格を形成していました。南部では革命の偉人はみなこの階級出身でした。とはいえ、すべてが相殺されているので、新しい秩序の方がよくなっていると信じる気に私はなっています。いまわれわれのところの上流階級は、あまり目立っているとは言えませんが、人民の方は、より開明的になっています。傑出した人物は少なくなっていますが、しかし幸福がより行き渡っています。ひとことで言えば、毎日、いっそう、われわれはニュー・イングランドに近づいています。ところで、あなたにそうは申し上げましたが、しかしながら、社会の経済を成り立たせるものすべてにおいて、ニュー・イングランドはわれわれよりはるかに優れているのです。私は、アメリカ大陸全土がいつかニュー・イングランドのモデルに沿った形にならなければならないと信じています。この動きを早めるものは、南部で実行されている北部人の継続的な輸入です。金持ちになりたいという

(54) 北部人と南部人の差異については、『民主主義』、第一巻、第二部、第一〇章（『デモクラシー』、第一巻、(下)、三五六ページ以下）参照。

(55) 南部の地主階級の消滅に関しては、同書、同巻、第一部、第三章（同書、同巻、(上)、七五―八八ページ）参照。

彼らの欲望と進取の気風は、絶えず彼らをわれわれのあいだに押し込んできています。少しずつ商業の全部と社会の指導部が彼らの手に落ちつつあります」。

「メリーランドでは奴隷なしで済ませることができるとお考えですか?」

「ええ、そう私は確信しています。奴隷制というのは、一般に費用がかさむ耕作手段ですが、生産物の種類に応じて、その分だけますます費用がかさみます。たとえば、小麦耕作は非常に多数の労働者を必要とするのは事実ですが、しかしそれが必要なのは、一年のうちで二つの時期だけです。すなわち種まきのときと収穫のときがそれです。この二つの時期に奴隷は有益なのです。一年の残りの時期は、言わば仕事に従事していないのに、彼らを食べさせ、養わなければなりません。そのうえ、奴隷のいる農場では、いつもたくさんの女と子供がいて、使役していないのに彼らを食べさせなければなりません。ですから一般に穀物地帯では、奴隷制になんの値打ちもありません。ところで、メリーランドの最大部分がこういう状態にあるわけです。農園での生産物が非常に大きい南部では、奴隷を役立てることができます」。

「ですが、砂糖とコーヒーが小麦よりも多い生産物で、奴隷制が自由労働よりも費用のかかる耕作手段だとしたら、そこからは、南部の人びとは奴隷を保持することができるという帰結が出てきはしますが、同時に彼らは、彼ら自身でそれを耕作するか、もしくは自由労働の手段でそれを耕作するかどちらかであるなら、土地からもっと値打ちのあるものをまだ引き出せるかもしれないという結論が出てきませんか?」

「たしかに。しかし南部の白人は、黒人が容易に実行できることをやることになると、病気になるか、死ぬかどちらかになります。それに自由労働者よりも奴隷とともにならも、より安い費用で獲得されるいくつかの生産物があります。たとえばそれは**タバコ**です。タバコは世話を絶え間なく必要とします。その耕作には女も子供も使えます。アメリカのように労働力が高い国では、奴隷なしでタバコを栽培することはむずかしくてできないでしょう。タバコの耕作は奴隷制に素晴らしく適しています。タバコはメリーランドで耕作される唯一の南部植物です。奴隷が消え去るにつれ、その耕作は放棄されて終わるでしょう。この収入部門を保つよりもむしろ失うほうがいいのです。その点で、あなたに申し上げたことはすべて、私の意見というのではなくて、公共世論の表現がそうなっています。この点では、人民の精神には完全な革命が一五年前から起こってきました。一五年前には、奴隷制をメリーランドで廃止できるなど発言することは許されませんでした。今日では、だれもそれに異を唱えません(56)」。

「あなたは、相続法が奴隷制の存在に大きな影響を持つはずだとは思いませんか？」

「はい、測り知れない影響を持っています。所有地の分割は小さな財産を増やし、少しのあいだに、奴隷と競合状態に入るような白人労働者の階級を作り出します。メリーランドで財産が分割されているところならどこでも、奴隷制が消え去り、白人人口が途方もなく増大しました」。

「あなたがたは、メリーランドで黒人法を持っていますか？」

「いいえ。刑法典は両人種に適用されます。とはいえ、黒人にしか犯しえない軽罪がいくつかあります。たとえば、黒人であれば、解放されていても、武器を帯びることはできません。黒人奴隷であれば、文書に

(56)『民主主義』、第一巻、第二部、第一〇章（『デモクラシー』、第一巻、（下）、二六四ページ以下）参照。

よる彼の主人の許可なしには、自分の会計で、物を売ったり、買ったりすることができません。自由な黒人は会合に集まることができません」。

「解放された黒人には政治的権利がないのですか?」

「なにもありません。ペンシルヴェニアでは、法律が彼らにそれを与えていますが、実際には、彼らは、われわれのところでよりも、もっとそれを行使する権利があるというわけではありません」。

「ニュー・イングランドにくらべると、メリーランドでは、公教育がはるかに進んでいないというのは本当ですか?」

「はい、本当です。われわれは、北部の人間が二〇〇年前から歩んできている道に入ったばかりです。われわれが遭遇しているもっとも大きな障害は、人民の意見自体にあります。われわれのところでは、長いあいだそんなことが起こりました。そして、まだ変なことが起こるときがあります。人民を教育することが必要だと感じている社会の啓蒙された諸階級が公教育を拡張しようと絶えず努力しています。しかし、人民は、この結果に到達するために、自分のかねを出す必要性をまだ認めてはいません。そうした人民は、彼ら自身の意に反してまで、彼らの幸福のためにこのように働こうとしている人間を公職に再選しないのです」。

「その点であなたが私におっしゃったことは、人民主権の原理にまったく反する議論であるということは、ご承知ですよね?」

「いいえ、少なくとも私の頭のなかでは、反しません。人民はしばしば物が見えてないのです。人民は信じられないような誤りに陥ります。しかし、結局は、人民がみずからの利益に関して蒙を啓かれて終わるということを私はいつも見てきました。そうなると、人民は、最強の権力にも成し得ないことをやってのけるのです。そういうわけで、公教育のためにわれわれがなにかをするということが久しくできなかったのです。しかし、いまでは公共世論がわれわれの側に鞍替えし始めています。推進力が与えられたために、いまやなにものにも、その前進をとめられません」。

「アメリカではカトリック教徒はどうなっていますか？」

「彼らは途方もなく増大していて、非常に巧みな歩みを続けています。カトリック教徒は、教義に関してけっして分裂しなかった唯一の教団を形成しています。彼らはたったひとりの人間のように、団結して歩んでいます。二〇年前から、彼らは、教育の方へ努力のすべてを非常に手際よく転換してきました。彼らは神学校とコレージュを設立しました。教育制度としてメリーランドのなかで、もっとも優れているのはカトリックです。カトリック教徒は、他の諸州にコレージュを持ちさえしています。これらのコレージュにはプロテスタントがいっぱいいます。良い教育を受けたメリーランドの若者で、カトリック教徒によって育てられてこなかった者はおそらくひとりもいないでしょう。カトリック教徒は、彼らの信仰について学校の生徒に対して話しかけないように配慮しているにもかかわらず、あなたも感じておられるように、彼らはいつもある種の影響力を行使しています。そのうえ、彼らは女子教育へその努力の最大部分を実に巧妙に振り向けました。彼らは、母親がカトリックである場所では、ほとんどいつも子供たちもカトリックになるはずだと思っています。一般にアメリカの司教たちは才人なのです」。

「ローマ教会の統治に対するアメリカン・カトリックの教義とはどのようなものでしょうか？」

「彼らは、司教を任命する権利が法王にあり、司祭を任命する権利は司教にあると認めています。信仰に関する事柄については、彼らは、法王のもとに集められた総会議だけが決定を下す権利を持っていると考えています」。

選挙と軍事的栄光の危険性

一八三一年一一月一日

諸共和国においては、軍事的栄光が好ましくない影響を持つことをどうして疑えようか？　ジャクソン将軍は、見たところ非常に凡庸な人物なのだが、その彼に対してなにが人民の選択を決定したのか？　開明的諸階級の反対にもかかわらず、人民の投票を彼のために確保している理由はなにか？　ニュー・オーリンズの戦いだ[57]。とはいえ、この戦いは非常にありきたりな武勲であって、あんな風にそれに鎖でつながれている人民はと言うと、世の中でもっとも反軍的で、もっとも散文的で、もっとも冷淡である。

キリスト教と公共世論

一八三一年一一月一日

ステュワート氏[58]との会話。ステュワート氏はボルティモアの優秀な医者である。

彼は私にこう言っていた。「アメリカでは医者はある一定の政治的影響力を行使しています。小さな町に行きますと、彼らは人民の信頼を得ていますし、しばしば州議会や連邦議会に送り出されます。そこには聖職者が送り出されることもあります。しかしそんなケースは稀です。一般には、教会のなかに聖職者をとどめ置いたままにし、聖職者を国家から切り離したいと人びとは望んでいます」。

「合衆国における宗教精神について、あなたはどんなご意見をお持ちですか？　あなたに正直に申し上げますと、あらゆる宗教信仰の根底に大きな宗教無関心を見たい気に私はなっているのです。私が思い描いているところでは、開明的諸階級の全体は教義に関して数多くの疑いを持っていますが、しかし、彼らはそれを明らかにするのを差し控えています。というのも、彼らは、実定宗教となれば、それは保持することが大事な道徳的・政治的制度であると感じているからです」。

「その描き方には誇張がありますね。合衆国の大多数の人間は、開明的諸階級のあいだでさえ、また、とりわけて人民のあいだでは正真正銘の**信仰者**です。そして、キリスト教徒ではない人間にはどのような社会

(57)　ジャクソン将軍に率いられた米軍がニュー・オーリンズの戦い　第二次米英戦争（一八〇九―一八一五）での勝利を決定づけた一八一五年一月八日払暁に起きた戦いで、このとき胸壁を死守した米軍の戦死者が一〇数人だったのに対して、英軍は二〇〇〇人に及ぶ戦死者を出した。『民主主義』、第一巻、第二部、第九章（『デモクラシー』、第一巻、(下)、一九四ページ）参照。

(58)　ステュワート（一七九七―一八七六）　メリーランド大学卒の医師。刑務所制度の改革に尽力した。

的な安全も与えない、という意見を固く保持しています。この意見は、いまだにとても深く根を下ろしているので、あなたが思いつくことができないことですが、これが不寛容の源になっています。それは、聖職者に間接的な影響を大きく及ぼしています。たとえば、もし、敬虔を持って鳴るひとりの牧師が、意見においてはこの男は異教徒である、と宣言したなら、この男の人生はほぼ確実に破壊されることでしょう。

別の例は、有能な医者だが、キリスト教を信じていない場合です。とはいえ、才能のおかげで、彼は素晴らしい医療技術を会得しています。彼が家に案内されるやいなや、熱心なキリスト教信者なり、牧師なり、あるいは他の人なりが一家の父親に会いにやってきて、彼にこう言います。『この人物には注意してくださいよ。おそらくあなたの子供たちは、彼が治すでしょうが、しかし、彼はあなたの娘たちあるいはあなたの奥さんを誘惑するでしょう。それが異教徒です。反対にこちらにいる某氏は、彼と同じように良い医者ですが、同時に信仰に篤い人です。私を信じて、この人にあなたの家族の健康を任せて下さい。』こういう忠告には、ほとんどいつも人は従います。ですから、われわれのあいだでは、聖職者が世俗権力であると言い切ることは正確にはできません。しかし、少なくとも確かなことは、宗教が教会の外で測り知れないほど大きな権力を行使し、いまだに世の中の出来事に甚大な影響を及ぼしているということです」。

「こういう状況は多くの偽善者を作り出すはずですが?」

「ええ。しかし、とりわけそうした状況が意見を述べるのを妨げています。異端審問が一度もできなかったようなことを、われわれのところでは公共世論がやっています。[59] 私は多くの若者が科学教育を受けたのち、キリスト教は正しくはなかったことを発見したと信じこんだのを見たり、知ったりしてきました。若さの炎で突き動かされた彼らは、この意見を公然と示し始めました。宗教熱心なキリスト教徒の不寛容に腹立たしさを覚え、彼らに公然たる戦争を仕掛けました。いやはや、ある者は住み慣れたところから去らなければならなくなったか、あるいは、そこで惨めな生活を送らざるをえないかのどちらかでした。他の者は戦っても勝負にならないと感じて、外面的に宗教の道に戻らざるをえなかったか、あるいは、少なくとも沈黙を守らざるをえなかったかのどちらかでした。こんな風にして、公共世論が結局は減らすことで終わった人間の数は、おびただしい規模にのぼります。われわれのところでは、反キリスト教的な書物はまったく出版されないか、あるいは少なくとも、そうしたことは非常に稀かのどちらかです。とはいえ、無宗教はいくつかの新聞のなかに浸透し始めています。ボストンにはこうした性格の新聞がひとつありますし、ニューヨークでもひとつ、〔ニュー〕ジャージーでもひとつ、もうひとつはシンシナティにあります。しかし、こうした意見の進歩には非常に遅々たるものがあります。そうした意見をわれわれの偉人たちの多くは共有してきました。ワシントンがキリスト教に関してどのような意見であったかは知られてはいませんし、けっして彼は自分の考えを説明しませんでした。しかしジェファーソンやフランクリンやジョン・アダムズ(60)は断固たる理神

(59) 多数者の暴政が異端審問以上の力を発揮することについては、『民主主義』、第一巻、第二部、第七章(『デモクラシー』、第一巻、(下)、一五六—一五七ページ)参照。
(60) アダムズ、ジョン(一七三五—一八二六) マサチューセッツ州の名家出身の政治家。一七六五年の印紙条例以来の独立の闘士。一七八九年から初代大統領ワシントンのもとで、副大統領を務め、一七九七年の選挙で大統領に連邦党から当選、第二代大統領となる。

論者でした。他方、われわれのあいだでは、多くの才能ある人びとが堅固な信者であったし、いまだに信者であることは認める必要があります。とはいえ私が想像するに、その数は減っていると思います」。

合衆国におけるカトリックの状況

一八三一年一一月二日

クランチ氏との会話。クランチ氏はカトリック司祭で、ボルティモアにあるセイント・メアリ・コレージュの副校長である。現在の世代のほぼ全員がこのコレージュ出身である。このコレージュは、四〇年前にフランスの聖職者デュブール氏によって設立された。それ以来コレージュは大きく成長した。

私——合衆国におけるカトリック教徒の指導体制はどのようなものでしょうか?

答え——ボルティモアに居住する首都大司教が合衆国にはひとりいて、そのもとに一三人の付属司教がいます。席が空くようになれば、残りの司教のそれぞれが三人の候補者リストを大司教に送ります。これらの候補者のなかから法王が選びます。

[問い——]そのようなものごとの順序は法律なのですか? それとも慣習なのですか?

[答え——]慣習です。理論上、法王の選びは自由ですが、しかし、法王は司教の候補者のひとりをいつも選び取ります。

[問い——]聖職者のうちで下級聖職者はどのようにして任命されますか?

［答え――］行政的権力の全体が司教団に集中されています。ヨーロッパでは、司祭が司祭職を失う場合は、素行不良以外にはありえません。アメリカは異教徒の国と見なされていて、そこに居住する聖職者などいないと考えられているのです。ただし宣教師だけはいます。司教たちはこれらの宣教師を選び出し、彼らを自分の思いのままに任命したり、解任したりします。

［問い――］それでは、ここには、昔フランスにあった宗教裁判所に似たものはなにひとつないわけですね。

［答え――］ええ、われわれはいかなる種類の教会裁判所も持ちません。

［問い――］カトリシズムは合衆国に広がっていますか？

［答え――］ええ、驚くべきほどとても。

［問い――］ですが改宗によって広がっているのでしょうか？　改宗者の数についてはどれくらいと感じておられますか？

［答え――］改宗者の数についてはまったく思いつきません。しかし、改宗者がたくさんいることはわかっています。

［問い――］あなたがたのあいだでは、たくさんのプロテスタント児童と出会いますが、ときには、彼らはカトリックになっているのでしょうか？

クランチ氏は私に少しばかりきつく、いいえ、と答えた。「少なくとも、そういうことは非常に珍しいことです」と彼は付け加えた。「われわれは、両親の宗教に反対してなにかを言うことはすまいと心がけています。彼らのあいだでは、プロテスタントと論争になるようなことをおしゃべりする子供たちは罰せられることでしょう。とはいえ、彼らをわれわれの宗教実践に行かせるようにしているのは事実です。しかし、彼らの両親は、われわれのところへ子供たちを入れる前に、そうなることを知っています」。

「しかし、私が思うに、あなたがたは、カトリック信仰についてあなたがたの生徒に語ることは差し控えていらっしゃいますが、にもかかわらず、なにからなにまでカトリック的な雰囲気のなかで、そんな風に暮らしていけば、あなたがたの教義に有利になるような強い印象を生徒に引き起こさずにはおかないのではないでしょうか?」

「印象はかなり強烈ですから、カトリシズムに対する彼らのすべての予断は取り除かれます。彼らを改宗させるほど強くはありません。より確実に効くのは、プロテスタントの男性がカトリックの女性と結婚することです。この結婚はヨーロッパでは禁じられていますが、われわれはここではそれを推進しています。われわれは、母親がカトリックであったとき、子供がいつもそうなると指摘してきましたし、夫もしばしばカトリックになります。ボルティモアには、女性教育を受け持つおびただしい数の女性教育施設があります。若い娘がカトリックになるのを見るのは、珍しいことではありません」。

「私がアメリカで聞いたところによると、あなたがたのところのような施設は増えてきたのではありませんか?」

「ここは初めての施設で、一八〇人の生徒がいます。メリーランドにはもうひとつの施設があって、それは同一の計画にもとづいてイエズス会士によって運営されています。そして、第三の施設はコロンビア地区にあります」。

「法王権力と総会議からの法王の独立性に対するアメリカのカトリック教徒の意見はどのようなものでしょうか？」

「それはとても申し上げにくいことでしょうね。アメリカには、ヨーロッパでのように、**フランス教会信徒と法王権至上主義者**[61]とがいます。後者の長はイエズス会士たちです。しかしいままでこれらの問題は、神学的諸階級の囲いのなかにとどまっていまして、大衆がそれにかかわることはけっしてありませんでした。それで、多数者の意見がどうなのかは申し上げにくいわけです」。

「アメリカのカトリック教徒は宗教熱心派ですか？」

「ええ。アメリカはカトリシズムの温床になることが要請されているように私は思います。世俗権力の助けなしに、憎しみをかきたてることもなく、ただその教義の力のみによって、国家から完全に独立して、自由にそれは広がっています」。

「人民は信仰の費用を鷹揚に出しているのですか？」

(61) フランス教会信徒と法王権至上主義者　前者は、フランスがラテン名ではガリアと呼ばれていたことから、ガリカンとも呼ばれるのに対して、後者は、フランスから見て、アルプスを越えたところにローマ法王がいるので、ユルトラモンタンとも呼ばれる。フランスが法王権から独立したのは、ルイ一四世の絶対王政においてである。それ以後、フランス国王は司教の任命権や十分の一税の徴収権を持つことになった。しかし国内には法王権をめぐって対立が残り、一九世紀に入っても、両者の対立は激化こそすれ、終わることはなかった。

「聖職者は金持ちではありませんが、しかし必要な分は持っています」。
「強制的寄付に頼るよりも、そのようなやり方で信仰を支える方がよいとお考えですか？」
「はい、たしかに、アメリカではね」。

民主的選挙制の深化と政治の劣化

一八三二年一一月三日

昨日は、ジェームズ・キャロル氏邸での夕食会に行っていた。〔略〕紳士たちの大半はメリーランドの旧家に属していた。彼らはこの州の政体について能弁に語り、選挙権をあまりにも下層に引き下げすぎたということで、一同は一致した。こういう風にしてまさに国のなかでは、より無学な部分が他の部分を支配することになる、と紳士たちは言っていた。その後、私はフィンリー氏[62]と個別に次のような会話を交わした。

「私が残念に思うのは」と彼は私に言った。「先月のはじめにボルティモアにいらっしゃらなかったことです。そのときには州議会の議員を選んでいました。われわれの選挙風景はあなたにはとても興味深かったことでしょうに」。

「私にその光景を描いていただけませんか」と私は答えた。

「そこでひとつの役割を私が演じていたので、いっそう好都合です」とフィンリー氏は続けた。「共和主義者あるいは反ジャクソン派は私を候補に選びました。私の敵は、同時に私の最良の友のひとりでもありました。われわれは選挙前の二日間、一緒にワシントン・スクウェアへ行きました。**タウン・ミーティング**の演説者のために、そこには演壇が設けられていました。最初私が演壇に登り、大勢の聴衆を前に——少なくとも一万人はいました——ジャクソン将軍と現在の政府が権力に就いてから、彼らが犯してきた誤りの数々を説明し始めました。反対に私の敵は政府を擁護しました。われわれは演説をしたと私は言っていますが、われわれは演説をしようと努めたということだったのです。というのも、弁士に反対する党が野次で、そのつど弁士の声を聞こえなくしたからです。敵対者の幾人もの男たちが殴りかかりに来ました。四肢を折られた男が数人出ました。最後には、めいめいが家に返って寝ました。翌朝、私の敵と私は郡の別の場所をまわるために出発しました。われわれは同じ馬車で旅をし、同じテーブルで食事をとり、同じ旅籠に泊まり、その後同じ**演壇**で敵として現われました」。

「ですが、そんなに無秩序で、たいへんな騒ぎになる集会が怖くはありませんか?」

「私としては、**演壇**の制度は嫌悪すべきものだと思っています。しかし、それは、あなたが思い描いていらっしゃるほどの危険を示してはいません。わが人民はこうした選挙形態に慣れています。人民は、どこまで行けるのか、この種の古くからある乱痴気騒ぎにかけることができる時間はどれくらいかを正確に知っています。棒を振りまわして楽しんだ選挙の夜、灰の水曜日のローマと同じくらいボルティモアは平穏です。それに民主主義の行き過ぎは、われわれを部分的には民主制の危険から救い出します。すべての公職は一年

(62) フィンリー、エビニーザー・ローリー(一八〇四—一八九一) メリーランドの名士で、慈善家。

限りです。今年負けた党派も一年後には勝つことを期待します。どうして非合法な手段に訴えなければならないでしょうか？」[63]

「現実的で深遠な政治的情熱によって突き動かされている人民を一度も見たことがないような人間の推論ですね。あなたのところでは、いままでなにもかもが表面的ですね。賭けられている大きな物質的利益がまったくありません」。

「その点は本当かもしれません。われわれについて、現時点について、私は話しているだけである点に注意を払ってくださいね」。

「あなたがたのところでは、ニュー・イングランドでのように、タウン・ミーティングを招集するのは市当局で間違いないですね」。

「そのようでなければなりませんが、しかしわれわれのところでの習慣は、いささか異なっています。メリーランドでは、個人ならだれでも集会のお知らせと目的を新聞にのせれば、ミーティングを開催することができます。選挙期間中に、旅籠の主人が人びとを引き寄せるために、彼らの酒場の近くでこの種の集会を開くと通知しました。このお知らせには全面的な成功が続きました」。

「あなたがたがいかなる選挙資格納税額も要求しないというのは本当のことですか？」

「少しも要求しません。私は、候補者のひとりが慈善の家の貧民を呼んで、彼らを選挙に連れて行くのを見ました」。

「あなたも、そういうものごとの進め方を認めていらっしゃるのですか？」

「いいえ、認めてはいません。なにも所有しないし、ほとんど知識を備えていないために安定ということにいかなる関心も持たない人びとに、社会の指導を実際に返してしまうことになってしまったのは、民主主義をそのようにぎりぎりの限界にまで推し進めたからです。そのうえ、われわれはいつも動いている地盤の上に社会秩序を打ち立ててしまいました。われわれのところでは、毎年、公務員が代わるだけでなく、統治の原理も、格率も変わります。政党の権力交代が信じられないほど早く起こります。社会的立場や財産はこの普遍的運動に絶えず引きずり込まれています。政務に一貫性がまったくないわけです」。

「ですが、上層階級の成員であるあなたがた自身が現在の法律をお作りになったわけでしょう。あなたがたは、五〇年前から社会の主人だったわけですから」。

「はい、たしかにそうですが、しかし、どの政党も権力に就くために人民におもねり、彼らに新しい特権を認めることで、その支持を取り付けようと望んだのです。このようなわけで、連邦一、貴族主義的だった州が徐々にもっとも民主的な州になってしまいました」。

---

(63) 同じ指摘は『民主主義』、第一巻、第二部、第五章(『デモクラシー』、第一巻、(下)、六二ページ以下)に見られる。

習慣に由来する民主制の限界

一八三一年一一月三日

きょうラトローブ氏にこんなことを言ってみた。「民主制が社会の内政を規律することができることはやむを得ず認めます。しかし、それが外交を取り仕切ることができるとは思えません。世界に影響を及ぼしてきた国民、外で大きなことをやってきたすべての国民は、強力な貴族制で指導されてきました。過去の時代では、私はローマ人を引き合いに出しますし、現代では、イギリス人を例に出します」。

ラトローブ氏は私にこう答えた。「その点については、私もあなたに同意します〔原文英語〕。実際、それこそが民主制の暗礁です。しかし、われわれはまだそれで苦しむことができていませんでしたし、われわれには隣国がありません。概して」と彼は付け加えた。「共和制のためになにか有利になることをアメリカは絶対に示していないと私は思います」。彼はなおも言っていた。「個人の歴史にせよ、国民の歴史にせよ、習慣があまり考慮されていません。われわれに共和制を支持させている理由については、人ははるか遠くに求めに行こうとしています。私の意見では、もっとも大きなものは、われわれがそれに慣れているということなのです。説明を要するのは、この習慣がどのようにしてやってきたかです。革命のあとに続いた最初の一〇年間、非常に大きな社会不安を味わってきたということは、なにが原因なのでしょうか？　すでに各州においては、われわれ自身を管理するのに慣れていたにもかかわらず、独立国家としてわれわれを管理するのに、まだ慣れていなかったということが原因なのです」。

奴隷制、、、

ボルティモア、一八三一年一一月三日

一八三一年一〇月三〇日のラトローブ氏との会話を参照。

法律は奴隷の主人に権力を与えている。主人は、費用を支払いさえすれば、自分の気に入る限りのあいだ、奴隷を牢屋に放り込んでおける。

ミシガン湖からイリノイ河への運河工事

一八三一年一一月四日

この地方の非常に優れた技術者であるハウワード氏〔測量局技師〕がきょう私に、五大湖とミシシッピ河を運河でつなげられるかどうかを検討するために派遣された〔政府からか、会社からかはわからない〕と語っていた。これらの調査結果は以下の通り。ミシガン湖からイリノイ河の蒸気船通航可能地点〔オタワ西方〕まで、距離にして九五マイル。イリノイ河の水位は一五〇ピエ、ミシガン湖の水位よりも低い。ミシガン湖の水をこの側から流すには、二五マイルの長い丘を貫通することしか問題にならない。ミシガン湖の水位を越えた丘の最大の厚みは一三ピエにすぎない。石の堆《つい》を貫通しなければならないのは事実である。土木工事は、それでも、一本の運河を提供することができる工事のなかで、もっとも容易なもののひとつである。いつの日にかそれが実行に移されるなら、すでに幾通りものやり方で大西洋とつながっている五大湖がメキシコ湾とつながるのも、同じくらい容易となろう。一五〇〇リュー以上の国内通航の旅になるものの、湖奥からニュー・オーリンズに下るのは容易になるはずだ(64)。

狂気の黒人

きょう（一一月四日）は、信じられないような異常を精神にきたしたあるひとりの黒人を「慈善の家」（貧民救済施設）に訪ねた。ボルティモアには有名な奴隷商人がいて、見るところどうやら非常に黒人住民に恐れられているらしい。私が話題にしている黒人は、昼も夜も、彼の足に縛りつけられたこの男が彼の肉体の一部を彼から切り取るのを見るという想像しているという。黒人の独房にはいってみると、彼は石床に寝転がって、唯一の衣服である外衣にくるまっていた。彼の眼は自分の軌道をさまよっており、顔の表情は恐怖と憤激を同時に表わしていた。時折、彼は外衣を投げ出し、手をついて立ち上がり、「出て行け、出て行け、俺のそばによるな」と叫んでいた。それは恐るべき光景だった。この男は、私が見たなかで一番男前の黒人のひとりであり、男盛りである。

多数派の横暴と民兵の無力

一八三一年一一月四日

非常に才気に富む人物であるクルース氏[65]は、ボルティモアの主要紙のひとつで編集者を務めている。その彼が私にきょうこんなことを言っていた。「人民に対するとき、われわれは外部にどのような力も持ちません。人民がなにごとを望もうと、人民には従わなければなりません。民兵そのものが人民であり、民兵が多数派の情熱を分かち持ったり、それを許したりしたときには、利用価値がなくなります。われわれは二〇年前にその恐ろしい実例を見ました。イギリスに対する戦争の時期でした。南部では非常に人気のある戦争でした。ある新聞記者が戦争世論をあえて激しく攻撃しました。人民は結集し、彼の新聞を破り、彼とその友人たち（町では第一にあげられる家柄に属していました）が閉じこもっていた家を襲いました。民兵の召集が要請されました。民兵は暴徒に向かって進軍するのを拒み、召集に応えませんでした。市当局は新聞記者とその友人たちを牢に送ることによってしか、彼らを救うことができませんでした。人民は満足しませんでし

(64) ミシガン運河の掘削工事は一八三六年に開始された。全長一五四キロメートルで、シカゴでミシガン湖に注ぐシカゴ河をイリノイ河に結びつけることで、シカゴからミシシッピ河の河口まで蒸気船で行けるようにとの計画だったが、財政難で工事は遅れた。ちなみに、トクヴィルのあとでアメリカに渡ったミシェル・シュヴァリエは運河掘削の歴史を書いている。

(65) クルース、ピーター・ホフマン（一七九五—一八三二）プリンストンの卒業生。法律家で、『ボルティモア・アメリカン』*Baltimore American* の編集者。ボルティモアをスケッチした『赤い本』*The Red Book* の共著者。

た。夜になって彼らは集まり、牢獄に向かって行進しました。もう一度民兵に集結するように要請されましたが、目的を達成できませんでした。牢獄は襲撃を受け、収監者のひとりがその場で殺され、他の収監者は死者たちのために残されました。犯人たちは訴追されましたが、陪審員たちは彼らを無罪放免としました[66]」。

黒、人、

一八三一年一一月四日

メリーランドでは、自由な黒人は学校教育税を支払っているが、しかし、そこへ彼らの子供を入れることはできない。

ラトローブ氏がきょう私にこんなことを言っていた。「私は、黒人に対する不正で、抑圧的な法律を次の州議会が作るのではないかととても恐れています。黒人がメリーランドに滞在することに耐えられなくしようと望んでいるのです。そのことを自分自身に偽ってはいけません。白人住民と黒人住民は、戦争状態にあります。白人住民と黒人住民が混じり合うことはけっしてないでしょう。どちらか一方が席を他方に譲らなければなりません」。

独立革命の生き残りに聞く

一八三一年一一月五日

この日の夜、われわれはチャールズ・キャロルを訪問しに出かけた。チャールズ・キャロルは独立宣言書署名者の最後の生き残りである。彼はイギリスのとても古い家柄のひとつの出だ。彼は今日のアメリカでは、もっとも広い領地を所有している。彼が住んでいる土地は、一万三〇〇〇エーカーの面積を持ち、そこに三〇〇人の黒人奴隷がいる。彼は孫娘〔マリアンヌ・パターソン〕を〔リチャード・〕ウェールズリー侯爵〔一七八〇―一八四二〕に嫁がせた。カトリック教徒である。Ch・キャロルは九五歳。背筋をぴんと張り、身体にどのような弱みも持たず、記憶は不確か。とはいえ、なお非常におしゃべりで、愛すべき教養人である。彼はフランスで教育を受けた。彼は、非常に大きな善意と愛想の良さでわれわれを迎え入れてくれた。会話は独立革命という生涯最大の時期を中心に繰り広げられた。ごく当然のことだが、彼は、自分が誇りをもって独立宣言書に署名したこと、そしてこの行為によって、生命と同時に、アメリカ随一の膨大な財産をも危険にさらしたことをわれわれのために思い出してくれた。争いのはじめから、植民地はイギリスから離れる考えを持っていたのかどうかを私はあえて彼に聞いてみた。「いいえ」とチャールズ・キャロルは私に答えた。「われわれは心底から母国と強く結ばれていました。しかし、母国は分離を徐々にわれわれに無理強いしました」。たいへん率直に彼は次のように付け加えてい

(66) 一八一二年の米英戦争で生じたこの多数派の横暴を示す事件は、『民主主義』、第一巻、第二部、第七章（『デモクラシー』、第一巻、(下)、一三九ページ以下、とくに一五〇ページ）の記述に影響を与えている。

た。「いいえ、たしかにわれわれとて、事態がこれほど極端に進むとは思ってもみなかったわけです。独立宣言書に署名したときでさえ、われわれは、イギリスがこの行動に恐れをなして、われわれに近づこうと努めると思っていましたし、もう一度良き友人に戻れるとも思っていました。しかし、イギリス人は攻撃の手をゆるめませんでしたし、われわれもまたそうでした」。

われわれは合衆国の政体について話をした。チャールズ・キャロルは、メリーランドの貴族主義的な古い制度を懐かしんでいると打ち明けた。総じて彼の話には、イギリス貴族階級の調子と思想が溢れ出ていて、ときには、彼が暮らしている民主政体の習慣とアメリカ革命の栄光ある思い出がそれに独特のやり方で、結合されている。最後に彼はわれわれにこう言った。「ただの民主主義は群衆にほかなりません〔原文英語〕。イギリスの政体はあなたがたに似あうただひとつの政体です」と彼はわれわれに言った。「われわれがわれわれの政体に我慢しているのは、毎年、わが改革者どもを西部へ押しやることができたからです」。

Ch・キャロルの物腰と反応の仕方のすべては、ヨーロッパの紳士に完璧に彼を似させていた。革命期に南部で大地主だった人間は、おそらくこの雛型に酷似していたことだろう。今日では、こういった人種は、アメリカにもっとも偉大な人間を供給したのち、消えてなくなった。彼らとともに、高尚な習俗の伝統も消え失せた。民衆は啓蒙され、知識は広がり、平均的能力が当たり前となった。目だった才能や偉大な性質などは、以前にくらべるといっそう珍しくなった。社会は輝きをいっそう失い、いっそうの繁栄を見せている。文明と啓蒙の歩みのさまざまなこれらの結果は、ヨーロッパでは、なにかしらそうではないかと思われているにすぎないが、アメリカでは十全な光のなかで現われている。これらの結果はどのような第一原因に由来するのか？　私はまだそれをはっきりとは見ていない。

民主制の不備と利点

一八三一年一一月五日

ジェームズ・キャロル氏はきょうわれわれにこんなことを言っていた。「われわれのところで、民主制が持っている不備な点を誇張してはいけません。たしかに、おびただしい細目において、非常に数多い特殊ケースにおいて、民衆は常識を持ちません。しかし、結局、その一方で、機械は動いているわけですし、国家は繁栄しているわけです。たしかに、普通選挙はいくつかの危険を示していますが、しかし、普通選挙の利点というのは、他者に敵対するただのひとつの階級も、普通選挙であれば存在しないということです。全体的な満足感があり、それが国全体に広がっています。民主制の不都合なところがどのようなものであろうと、**それが存続できるときには**、民主制は悪よりももっと多くの善を生み出したと私は信じています。ほかの政体には作り出しえないほどの活力と生命を、社会体全体に民主制は広げました。それに、私は、民主制がどこにおいても存続できるなどと思っているどころではありません。私は、反対に、われわれが特異な状況にいると思っているし、われわれがなにも証明していないと思っています」。

「現状の事態について社会の富める階級の意見はどのようなものでしょうか？」

「高等階級は、民衆のばかばかしい間違いと情熱をきわめて明確に見ています。多くの点に関して、高等階級は、社会の領導において、民衆よりも、よりよい成功を収めています。しかし、他方で、すべてをとりあげてみると、国家が繁栄しているということを彼らは認めています。彼らは現状秩序に従っていますし、最終結果については、細部における欠陥がどのようなものかに注目することによって、現状秩序の良さを認識しています」。

注記――ジェームズ・キャロルは冷静で公正な精神の持主であり、信頼することができると私は思う。

南北の政体観の相違

一八三一年一一月六日

私が判断できる限りでは、共和制は、南部では合衆国北部と同じ程度に、自然で、適切な社会状態であるようには思えない。そのことは、北部での教育と南部での教育のあいだに存在する違いに起因するのか、あるいは肉体的体質のあいだに存在する違い、さらには、そこから両方の部分のあいだに生じる性格の相違に起因するのか？　あるいは、むしろ、民主政体向けにはほとんど作られてはいない南部の啓蒙された階級は、北部の同じ階級がもろもろの秘密を隠しているのにくらべると、よりたやすくその秘密が見抜かれてしまうのを放置しているということなのか？　私にまだわからないのはこの点である。たしかなことは、私の印象が連邦の両方の部分において、同じではないということである。北部は、少なくとも外面的には、強くて、規則正しく、持続的な、肉体的・精神的状態に完全に適合した政体の姿を私に提示している。南部では、熱に浮かされたような、無秩序で革命的、情熱的ななにかが事柄の進行においては存在する。それが力と持続期間において南北で同じ印象を残さない。

第五節　再びフィラデルフィアにて

文明の進展と社会の凡庸化

フィラデルフィア、一一月

文明が広がると、どうして、目だった人間が減るのか？　知識が万人の特性になるとき、なぜ偉大な知的才能がより珍しくなるのか？　下層階級がもはや存在しないときに、なぜ上流階級がもはや存在しないのか？　統治の知識が大衆の手に届くと、どうして偉大な天才が社会の指導には欠けてくるのだろうか？　アメリカは、はっきりとこれらの疑問を投げかけている。しかし、だれがそれを解くことができるだろうか？

秘密警察の存在

フィラデルフィア、一八三一年一一月一三日きょうは、開廷された州法廷のひとつに立ち会っていた。合衆国銀行券を偽造した男が裁かれていた。弁護の手段のひとつは、本当の贋金づくりを発見することだけを狙って、このような行動をとったのだと被告人が陳述することだった。チャールズ・ミッチェル（これは彼の名前だが）は前科者だった。彼は、長いあいだ、犯罪を秘密裏に捜査するために、警察から支払いを受けていた。今度は、彼は警察から支払いを受けていなかったにもかかわらず、まだ彼は警察に奉仕しようと望んでいた。これが弁護士の言い分だったが、私にとってもっとも明白な結果であったことは、アメリカには秘密警察が存在するということだ。

政党の消滅と行政の継続性

フィラデルフィア、一八三一年一一月一八日

合衆国銀行総裁のビドル氏[67]は、この地でもっとも傑出した人物のひとりである。私は彼にきょうこんなことを聞いていた。「私がアメリカでもっともわからないのは、政党の存在とその活動手段です。ヨーロッパのほかの国でもそうですが、フランスでは、社会は、二つあるいは三つの大きな思想によって分裂しており、その思想のまわりに、実利と情熱とが集団をなしています。アメリカでは、私はこれに似たものに一切お目にかかってはいません。ここには徒党しか存在せず、厳密に言えば、党派はまったく存在しないなどと言われているようです。人間がすべてで、原理原則は大した問題ではないということですね」。

ビドル氏は私にこう答えた。「私が考えるには、あなたはアメリカにおける党派の存在とその歩みを理解

する労をとるべきでしょう。というのも、われわれ自身は、それについてはもはや見分けがつかないからです。すべての古い党派間に混交が起こったために、今日では、政府を支持する人間とそれを攻撃する人間との政治信条はなんなのかを言うことはできなくなっていると思われるからです」。

「でも、いつもそんな風ではなかったのではありませんか」と私は言った。

「ええ、おそらくはね」とビドル氏は続けた。「このことはわれわれのあいだでは、まったく新しいことなのです。われわれは、非常に長いあいだ**連邦主義者**と**共和主義者**とに分かれてきました。これら二つの党派は、あなたがたがヨーロッパで持っている党派によく似ています。それらは、利害と情熱に結びついた政治教義を持っていました。結局、いつも数の上では少数だった連邦党が相手方に完全に粉砕されてしまうま

---

(67) ビドル、ニコラス(一七八六―一八四四) フィラデルフィア生まれの銀行家で政治家。ペンシルヴェニア創建以来の名家で、クエーカー教徒。デトロイトでトクヴィルが出会ったジョン・ビドルは、彼の甥。プリンストン大学在学中の一八〇四年にフランスに渡り、ナポレオンの帝政を体験。イギリスでモンローの秘書となる。一八〇七年に帰国。一八〇九年に法曹資格を得る。一八一〇年にペンシルヴェニア州下院議員に選出され、その二年後に上院議員に選出される。対英戦争の資金集めで功績をあげ、第二合衆国銀行理事に任命されたのち、一八二二年に総裁に任命される。テネシー州の借金支払いをめぐってジャクソンの反感を買い、一八三三年から銀行認可期間が切れる一八三六年まで激しい攻撃を受ける。一八三九年に総裁職を退く。一八四一年に恐慌後の不況で銀行は破産。ビドルは逮捕され、詐欺罪で告発されるが、無罪となる。非常に教養ある文化人で、古代ギリシア史などに通暁し、トクヴィルなどヨーロッパからの訪問客を歓待した。

で、両党は激しく戦ってきました。連邦主義者は、敗者の地位に愛想をつかして、自分たち自身を結局は投げ出してしまいました。彼らは勝利者の政党に合流してしまうか、あるいは別の政党名で些末な問題にかかずらうかのどちらかでした。しかし、党の旗は真の意味で永遠に降ろされたのです。この革命は、ジャクソン将軍が政務に登場したときに遂行されてしまいました彼の選択においては、古い二党派にどのような区別も認めないと彼は主張しました。そのときから、政府を支持する人間とそれを攻撃する別の人間とが存在するようになりました。ある施策を推奨する人びととそれに悪口雑言を浴びせる人びとです。しかし、お互いに対立し、相反する政治信条を採用する、厳密な意味での党派は存在しません。この国の国民をいま支配するために、使いものになるやり方が二つあるわけではありませんし、政治的情熱は、行政の事細かな点にしか及ぼされず、その諸原理にまで及ぼされることはありえないということは事実です(68)」。

問い――あなたがたのところでは、政務に支障をきたすことなしに、国家の首長は、自分に反対する連邦議会多数派を持つことができるでしょうか?

答え――ええ、おそらくできます。われわれの政治機械は、自動運転するように組み立てられています。あなたが話題にしているケースは、すでに何度か現われてきました。いまも大統領は、連邦議会と開明的階級の信頼を失ってしまいました。彼の提案は、採択されず、彼の選択は上院で斥けられました。とはいうものの、公務は、以前とまったく同じに進んでいますし、だれも、将来に恐れを抱かないのです。われわれが政府なしで済ませることが容易であったり、政府がどうであれ、統治が進行することが容易であったりすることを、私は、われわれの諸制度が優れていることの最大の証明と見なしています。

西部移民の情緒不安定

フィラデルフィア、一八三一年一一月二〇日

長いあいだ合衆国のメキシコ大使を務め、非常に優れた人物として通っているポインシット氏[69]は、この日の夜にこんなことを私に言っていた。「南部アメリカ人の性格を判断できるのは、ケンタッキーとテネシーにおいてです。ケンタッキー人はヴァージニア人を先祖とします。彼らは余所者とけっして交わりませんでした。彼らは他のどのような地方の人間よりも、よりよく彼らの精神と習俗を守ってきました。反対に、オハイオ、イリノイと西部全体は、連邦のすべての部分、しかし、とくにニュー・イングランドからの移民の助けを借りて、人口が成り立っています。これらの移民のなかには、とてもおかしなことなのですが、ある種の情緒不安定があります。土地を開墾した人間にその土地が残されたためしがないのです。土地が生産を

(68) 合衆国の政党については、『民主主義』、第一巻、第二部、第二章(『デモクラシー』、第一巻、(下)、一一—一九ページ)参照。

(69) ポインシット、ジョン・ロバーツ(一七七九—一八五一)サウス・カロライナ州出身の医者で外交官。ヨーロッパやロシアや中近東を旅行して回ったのち一八一〇年から合衆国初の中南米担当の外交官となり、チリ、アルゼンチンで勤務したあと、一八二一年に下院議員になり、その後初代メキシコ公使(一八二五—一八二九)を務める。のちにヴァン・ビューレン大統領のもとで陸軍次官(一八三七—一八四一)。

し始めると、開拓者はそれを売って、再び森に入ろうとするのです。引っ越しをして、ひっくり返し、断ち切り、破壊するという習慣が彼らの生存に必要なことになってしまったように思われます。二番目の土地所有者も、定住することに責任を負うことができないことがしばしばです。土地が収穫物でいっぱいになったとき、今度も土地を彼は売り、さらに新しい土地を改良する仕事にとりかかるために、いっそう遠くに行くのです。しかし、三番目の移民は定着します。彼らが人口を構成しているわけです。ほかの人間は、アメリカの荒野の前方に配置された文明の守り手のような存在です」。

第一〇章　かつてない大寒波、南部への苦難の旅

［訳者解説］トクヴィルとボーモンは、南部の状況を知ろうと大旅行を計画する。彼らは一一月二一日にフィラデルフィアをあとにして、オハイオ河の起点となっているピッツバーグに向かう。季節は冬、旅行には適さず、馬車に揺られて三日三晩、疲労困憊してピッツバーグに到着する。ここで蒸気船フォース・オブ・ジュライ号に乗る。ところがこの蒸気船は積載量オーバーのために、ホイーリング付近のバーリントン・バーで暗礁に衝突し、一時二人は死を覚悟する。一一月二七日の夜のことである。二人は、数時間後にウィリアム・パーソンズ号に救出され、一二月一日にはシンシナティに到着した。彼らはシンシナティから陸路、南に下って、アパラチア山脈を越えて、約五〇〇マイル先のチャールストンへ出る予定だった。しかしながら、アパラチア山脈越えが冬場は困難を極めることを知ったために、オハイオ河の船便を利用することにし、滞在を四日で切り上げ、早々にルイヴィル行きの蒸気船に乗る。彼らはミシシッピ河の船便を利用してニュー・オーリンズまで南下し、ニュー・オーリンズを経てチャールストンに向かおうとしたのである。ところが、今度は船が出発してまもなく、氷に閉じ込められてしまう。ルイヴィルから三五キロメートル上流のウェスト・ポートで船から降ろされた二人は開拓者の提案で、小さな荷車とともに陸路ルイヴィルへ向かうことにした。二人は膝まで雪に浸かりながら、ほうほうの体でルイヴィルに到着する。オハイオ河は、この年の記録的な寒さで、全面的に氷結していたことをここで彼らは知る。ミシシッピ河は氷結しないとの地元民の話を信じて、今度はミシシッ

ピ河を下る船が出ているメンフィスに向かうことにした。直線距離で五〇〇キロメートルは優に超える雪道をメンフィスへの旅は困難を極めた。乗合馬車でなんとかナッシュヴィルにたどり着いたものの、そこから先は、幌のない二輪馬車に乗ることになったうえに、この馬車が老朽化しており、途中で車輪と車軸が壊れるというひどい事故に彼らは遭遇した。トクヴィルは寒さで風邪をこじらせ、高熱を発してしまう。どうにかこうにかテネシー河の河岸に出たものの、この河にも氷が浮かび、渡し守が船を出すのを渋る始末であった。対岸に渡ったものの、あたりには、ただ雪原が広がるばかり。さすがはアメリカで、どんな辺境にもある郵便中継所に宿を見つけ、そこの粗末な小屋で極寒の一夜を二人は過ごす。一二月一二日のことである。一五日にはトクヴィルも熱が下がり、たまたま通りかかった乗合馬車に担ぎ込まれて、彼らはメンフィスに一二月一七日に到着した。ところが、トクヴィルとボーモンはメンフィスで前代未聞の光景を目の当たりにした。ミシシッピ河も氷結していて、蒸気船が何隻も氷に閉じ込められていたのである。彼らはミシシッピ河の氷が融けるのを待つために、メンフィスに滞在せざるをえなくなった。クリスマス・イヴにニュー・オーリンズからの蒸気船が姿を現わしたが、それは北上する船だった。上流は氷結していると船長を説き伏せて、メンフィスからニュー・オーリンズへ引き返すことで交渉が成立し、二人は船に乗ることができた。このときトクヴィルは、印象的な光景に出くわす。インディアン移住法の適用を受けたチョクトー族が船に乗り込んできたのである。インディアンたちはホワイト・リヴァーで釈放されることになっていたが、長年住み慣れた故郷を捨て、持てる限りのものを持って南に向かう彼らの憐れな姿にトクヴィルは同情を隠さなかった。二人が新年で賑わうフランス風の都市ニュー・オーリンズに到着したのは、一八三二年一月一日のことである（一一月二五日

～一八三二年一月三一日）。

第一節　オハイオ河からミシシッピ河へ向かう

アメリカ人の移動衝動

オハイオ河上で、一八三一年一一月二五日

きょう私はオハイオ河でイリノイ州の大地主と知り合いになった。彼は私に国の肥沃さに関して素晴らしい絵を描いて見せ、非常に急速に州人口は増加していると付け加えていた。そこにはヨーロッパ人がたくさんやってきていますか、と私は言った。

「いいえ」と彼は答えた。「オハイオからの移民が最大多数です」。

この事実は、地方の自然とそこに住む住民の性質をよく表わしていないか？　オハイオに人が住み始めてから四〇年にならない。その首都〔コロンバス〕は生まれてこのかた、まだ三〇歳にすぎない。すでに新しい世代は、そこに金持ちになる機会を十分に見つけ出してはいないので、よりいっそう新しい諸地方へと再び前進し始めている[1]。

消しがたい民族性

オハイオ河上にて、一八三一年一一月二五日

各国民に消しがたい民族性を自然が与えなかったとしても、少なくとも認めなければならないのは、物質的または政治的原因が国民精神に持たせてしまった習慣を、彼らから引き抜くことはきわめてむずかしいということである。たとえ彼らがこれらの原因のどれひとつにも従属させられることがなくなっても、習慣を引き抜くことは非常にむずかしい。イギリス政府のもとで七〇年前から暮らしてきたフランス人たちとカナダで出会ったが、彼らは、フランスの昔の同胞との明らかな類似を維持していた。彼らのあいだで暮らしているイギリス系住民たちも、その民族性をいささかも失ってこなかった。

ドイツ人たちの植民地がペンシルヴェニアで設立されるようになってから、少なくとも五〇年はたっている。彼らは祖国の精神と習俗を手つかずのまま保存してきた。まわりでは遊牧民がざわめいていて、金持ちになろうとする欲望には限度というものがまったくなく、いかなる場所にもこだわりを持たず、いかなる絆によっても引きとめられないで、向かうところどこでも財産の見かけが現われている。この全般的運動のただなかでもドイツ人は不動で、彼らと彼らの家族の地位を徐々に改善することに彼らの欲望を限っている。彼らは絶え間なく働くが、しかし、なにごとも偶然に任せることはない。彼らは確実に金持ちになるが、しかしその速度は遅い。彼らは家族が集まる暖炉に執着し、その幸せを自分たちの地平に閉じ込め、自分たちの最後の畝溝の向こう側になにがあるかを知ろうとする好奇心を、まったく感じたことがない。(2)

エコノミー

一八三一年一一月二六日

きょうはピッツバーグの下の方でオハイオ河を下り、エコノミーという植民地[3]の前を通過した。エコノミーの町はオハイオ河の河岸に位置し、肥沃な平野のなかにある。いまそこに大いなる繁栄とともに暮らしている住民は一〇〇〇人いて、毎年急速に組合資本を増大させている。この組合は、存在するなかではもっとも注目に値するもののひとつである。創立者は責任を問われない事業指導者である。彼は共同の努力を指導し、まったく収支を報告しない。組合の他のすべての成員は、代理人にすぎない。彼らは結びつきが壊れたとき、組合資本に対してたまたま権利を持つようになるが、しかしそこに行くまでは、彼らは豊かな暮らしを送るのに十分な食い扶持だけを受け取っている。もし彼らのうちのだれかが身を引こうとしたら、彼ら

(1)『民主主義』、第一巻、第二部、第九章(『デモクラシー』、第一巻、(下)、二〇二―二〇三ページ)参照。

(2) ドイツ系移民は一七世紀末にメンノー派の一団が植民地を創建したことが始まり。アメリカ独立革命時には、ペンシルヴェニア州の人口の三分の一以上がドイツ系移民で占められており、彼らは非常に勤勉だったという。

(3) エコノミー　一八二五年にピッツバーグ郊外に設立された独特の植民地。ドイツ生まれの亡命者ラップが一八〇四年に六〇〇人の労働者・農民とともに設立した一種の財貨共同体である協同組合が母胎。組合は一八〇五年に「調和社会」として再編された。ピッツバーグの植民地は三番目に設立されたもので、他の植民地と同じく、共産制と組合員の独身を信条として掲げていた。

にはそれができるけれども、出資金は残さなければならない。もし組合全体が解散を望めば、それは可能である。しかしそんなことを組合はいまだに望んだことはなかったし、事業は信じられないくらいの繁栄を手にしている。組合はすでに広大な土地の地主になっている。

中流階級の統治能力

一八三一年一一月三〇日

打ち勝ちがたいほどに、アメリカが証明して見せている事柄がひとつある。私はいまのいままで、そんなことはあるまい、と疑ってきたことである。それは、中流階級にも国家の統治ができるということである。中流階級がとても困難な政治状況を首尾よく乗り切っているのかどうかはわからない。しかし、社会の通常の運行には、中流階級で十分間に合う。彼らのちっぽけな情熱、不完全な教育、陳腐な習俗にもかかわらず、中流階級が実用的な知性の持ち主を提供できることは明らかである。それで十分だと思われる。

フランスでは、上流階級に対して中流階級は非常に狭量な偏見を持っている。しかしおそらく上流階級も、中流階級から好ましくない印象をあまりにも受けすぎている。中流階級の流儀と思考様式に認められる陳腐さが上流階級にそれを感じさせるのであろう。上流階級は、異議を唱えようがないこの事実から中流階級の政治的無能性の根拠を引き出すが、これらの根拠は、少なくとも想定される程度には存在しない。

共和制を支えられるのは徳だけだと長いあいだ主張されてきたが、しかし、アメリカが論証しているもうひとつの点は、ほかのすべての事柄にもまして知識がこの社会状態を容易ならしめるということである。アメリカ人は、ほかの国民にくらべて有徳であるというようなことは、ほとんどない。しかし彼らは、私が知っている他のいかなる国民よりも、おそろしく啓蒙されている（私は集団について語っている）。読み書きができる（このことには、大きな価値が結びつけられていて、おそらくそれは度を越すほどである）人間が多くいるということだけを言いたいのではない。そうではなくて、政務に理解を持ち、法律と前例について知識を有し、正しく理解された国益の感情を抱き、国益を理解する能力を持っている人びとの集団が世界のどこにおいてよりも大きいと言いたいのである。

アメリカ民主主義に対するフランス人の興味

同日

アメリカにあって、きわめて好奇心をそそることは、民主主義がそれ自身に任されたときに示す性向と本能を検討することであり、そして、民主主義は、それ自身が支配する社会をどのような社会状態に必然的に導いていくかを見ることである。この研究は、われわれフランス人が専制に向かって歩んでいたり、共和制に向かって歩んでいたりする場合には、とくに、しかし、フランス人がとどまるところを知らない民主制に向かって歩んでいる場合には、確実に興味を引くにちがいない(4)。

アメリカにおける平等について

アメリカにおけるさまざまな社会的地位のあいだの関係は、理解するのがかなりむずかしい。外国人は、以下の二つの誤謬のうちのひとつに陥るのがつねである。ひとつは、個人の長所による区別を除くと、合衆国には人間と人間のあいだにいかなる区別もないと思いこむ場合である。もうひとつは、富がここでは高い地位を占めているのに驚かされた場合で、ヨーロッパの多くの王政では、たとえばフランスのように、人びとはアメリカの共和制にくらべてもっと現実的で、もっと完全な平等を享受していると考えてしまうのである。以前に述べておいたように、この二つの見方には誇張があると思う。

ところで、まず観点を定めよう。この際、法の前の平等は問題にならない。その点では、アメリカは完全である。平等は一個の法律であるだけでなく、一個の事実である。次のように言えさえする。もしどこかほかの場所に不平等が存在しても、政治世界で中流階級と下層階級の利益になるように、豊かな償いがなされる。歴史的名声を持つ人物たちとともに、これらの階級が選挙で選ばれる席のほとんど全部を占めるということである。

私が語ろうとしているのは、社会生活の諸関係における平等である。この平等は幾人かの個人が同じ場所に集まり、彼らの考えと喜びとを分かち合い、彼らの家族を結婚によって互いに結び合わせることで実現する。ここでこそフランスとアメリカのあいだを区別しなければならない。違いは本質にかかわる。

フランスでは、なんと言おうと、出自に関する偏見がまだなお非常に大きな力を行使する。出自は、諸個人間では、いまだにほぼ乗り越えがたい障壁を形成している。フランスでは、職業はその職業についている人びとを、いまだにある程度階級に分けている。平等に対しては、この偏見がすべてのもののうちでもっとも害を及ぼす。というのもこの偏見は、富と時間の助けがあっても、だいたいのところ消しがたい、永久に残る区別を作り出すからである。こうした偏見の類は、アメリカにはまったく存在しない。出自は区別ではあるが、しかし、それを持つ人間を階級にはまったく分けない。出自は権利も、無能力も、世界と自分自身に対する義務も作り出さない。同じく職業による分類もほぼ知られていない。この分類は、諸個人の地位のあいだに、現実には、なんらかの相違をしっかりと確立する。そしてそれは地位よりもむしろ財産の相違である。しかし、それは、いかなる根本的不平等も作り出さない。というのも、それは家門間の結婚をいささかも妨げないからである（そこにこそ大きな試金石がある）。

とはいえ、アメリカにおいては、社会のあらゆる階級が同じサロンで混じり合っていると思ってはならない。そんなことは全然ない。同じ職業、同じ考え、同じ教育を持つ人びとは、ある種の本能で選び出され、他の人びとを排除して、結集する。違いはこの配列を仕切る規準が恣意的で、柔軟性を欠く規準ではまったくないということである。だからそれはほとんど不愉快なものではない。それは、だれにとっても決定的ではないし、だれもそれで傷つけられることはありえない。したがって、他人の政治的権利ばかりでなく、快楽をも分かち合いたいと思う、ひとつの階級のあの熱烈な欲望は、アメリカよりも、ほかのいたるところで

（4）『民主主義』、第一巻、第二部、第五章（『デモクラシー』、第一巻、（下）、五一―五二ページ）参照。

はるかに多く見られるのである。以上は、良い意味でわれわれの社会からアメリカ社会を区別する事柄である。以下は悪い意味でアメリカ社会を区別する事柄である。

アメリカにおいてあらゆる社会的区別の第一番目に来るものは、**かね**である。かねが社会に作り出しているのは、別のところに位置し、他のあらゆる階級に対して優越性を非常に荒々しく感じさせるような真の意味での特権化された階級である。

社会における富のこの優越性は、平等に対して有害な結果を持つが、しかし、出自と職業の偏見に起因する結果の方が、平等にとっては、はるかに有害である。富の優越性は、永遠に続くわけではまったくないうえに、それはだれの手にも届くものになっている。それは根本的なものではないが、しかし、おそらく、なおいっそうしゃくにさわるものではある。それは、アメリカにおいては、われわれのところにくらべてまったくくらべものにならないほどの慎みのなさを伴って現われ出ている。才能や長所は、富の優越性と競合するときには、フランスにおいては、決定的にこの優越性を打ち砕くのに対して、ここではそれらは、富の優越性に仕方なく地歩を譲らざるをえない。なぜ事態がこのようなことになっているのか、その原因については、いくつか挙げることができる。

フランスでは、身分間の不平等は極端だった。頭のなかだけの区別と戦うために、理屈にかなった唯一の区別、すなわち長所の区別に訴えなければならなかった。フランスでは知的な快楽や精神の天与に対しては、いつのときでも高い評価が与えられてきた。

アメリカにおいては、物質的で、外面的な一切の差別がない。富は、人間たちの美質を測るための自然な物差しとして現われてきた。そのうえアメリカ人は、精神の喜びに対しては、ほとんど感じるところがない民族である。財産を作ることのみに関心を寄せている彼らは、自然に富に対して一種の尊崇の念を抱くに違いない。富は彼らの羨望をかきたてるが、しかし、暗黙のうちに、彼らは富を第一の長所として認めている。

要するに、アメリカの人間は、われわれのところのように、社会生活の流れのなかで一定のカテゴリーにしたがって序列化されている。共通の習慣、教育、そして、なかんずく富こそがこれらの階級への分化を築き上げる。しかし、これらの規準は絶対的なものではないし、柔軟性を欠くわけではないし、永遠につづくものでもない。それらは片時の区別を打ち立てる。そしてそれらは厳密な意味での階級をまったく形成しない。これらの規準は、あるひとりの人間に、他人に対するいかなる優位も与えないし、世間の評判さえも与えない。だから、二人の個人がけっして同一のサロンで顔を合わせることがないにもかかわらず、公共の広場で彼らが出会えば、一方は他方の顔を、高慢さを持たず、また羨望も持たずに見るのである。心底から、彼らはお互いに平等だと感じ、実際にも平等なのである。

ホイーリングでの河の光景

ひとつの国民のなかにさまざまな階級があっても、そのあいだに平等があると判断されたい場合には、結婚がどのようにして行なわれているかを問うことにいつも行き着かなければならない。これが事柄の本質である。必要性や宮廷儀礼や政治の結果としての平等などというものは、表面的に存在でき、人目を欺くかもしれないが、しかし、家族の結婚[5]を通じて、この平等を実際の局面にたまたま置こうとするときには、傷口に指で触れることになろう。〔一二月二日「オハイオ」の項目に続く〕

第二節　新興州オハイオに関する考察

シンシナティ

シンシナティが見せる光景は奇妙なものである。都市は、あまりに性急に建設が望まれたように見えるために、そこに秩序というものが置かれていない。大きな建物、わらぶきの家、瓦礫でふさがれた通り、建築中の家、通りにまったく名前がつけられていない、家に番号がまったくない、上っ面を飾る豪華さはまったくない。しかし、工業と労働の光景が歩くたびに現われる。

諸都市の誕生と成長を引き起こすものがなにかを正確に知ることは、相変わらずむずかしい。ほとんどいつもそこで役割を演じるのは偶然である。シンシナティは、新世界でもっとも肥沃な平野のひとつに位置している。この特典は人口をその周辺に引き寄せ始めてきた。工場がそこに設立され、この人口を養ってきた。そして、たちまち西部の一部を養うようになった。産業の成功は、そこに新しい産業を呼び込み、運動はかつてなく強力になっている。おまけにシンシナティは、ニューヨークを介してミシシッピ河流域とミズーリ河流域をヨーロッパに結び、北部諸州をルイジアナに結んでいる中継貿易港であったし、私が思うに、いまだに部分的には、そうなっている。しかし、後者の関係のもとでは、おそらくルイヴィルの方が地理的にはるかに有利であり、そちらの方がすぐに優位に立つだろう。〔日付不明〕

オハイオ——州の特徴

一八三一年一二月二日

オハイオは、一八〇二年に連邦に入ることを認められた。その頃の人口は、四万人から五万人のあいだだった。今日では一〇〇万人の人口を擁している。この人口は、若干のヨーロッパ人、相当数の南部・東部の人間、ニュー・イングランドからの多数の冒険者たちから成っている。これらの冒険者たちは、すでに人口がより少ない他州へ移住し始めている。オハイオは一〇〇〇万人の住民を抱え込むことができる。それでも、ヨーロッパの多くの地方よりも、人口密度が高くなるわけではない。この地方の肥沃さは尽きることが

（5） 知られているように、トクヴィルは、平民出身のイギリス人女性モトリーと結婚しようと考えていたが、名門貴族の家柄に特有の偏見を警戒していた。結婚はしたものの、子に恵まれず、跡取りのなかった妻のモトリーの方は生涯トクヴィル家の偏見に悩まされ、彼らと打ち解けることはなく、ついには神経を病むまでになったと言われている。

ないように見える。ここは大湖の方へ遡るオハイオ河に合流する三、四本の小河川によって見事に灌漑されている。

オハイオが見せる知的相貌については、精神的にも、肉体的にも、成長しつつある存在で、いまだ決定されたいかなる性格を持たないと言えるかも知れない。その人口は、あまりにも異質な民族から成り立っているために、いまのところ、住民のあいだに特別な気質や特殊な習俗を確立することができないでいる。ここは民族性のもっとも希薄な地方であり、民族的偏見がもっとも少ない地方でもある。これら二つの関係のもとでは、オハイオは連邦の他の部分よりも劣ったところと優れたところとを持っている。その民法体系は、どの程度、オハイオが前例から脱しているかを証明している。刑法では、オハイオ州は新しい道を切り開いてきた。民法では、英国法制度を驚くほど単純化してしまっており、私が現在までのところで判断できた限りでは、オハイオ州は伝統の支配からほぼ完璧に脱してしまっているように見える。私が想像するに、**政治世界**でも同じようなことになっている。黒人に関する諸法律。**政治的刷新。大胆で決定的な**歩み。

オハイオは、連邦の他のどこよりも増して、自分の問題に絶対的に関心がある社会という様相、そして、労働においては、急速な成長という様相を呈している。われわれのところとは大いに異なるこの社会状態を思い浮かべようとするには、なにはさておき、この地に来てみなければならない。ボストン、ニューヨーク、フィラデルフィア、沿岸地方の大都市のすべてにおいては、財産を獲得し、定住的な習慣を持っていて、財産を享受したがるものの、財産を作ることは望まないひとつの階級がすでに存在している。オハイオへは、だれもがかねを稼ぎにやって来た。だれひとりそこの生まれではなかったし、だれひとりとしてそこにとどまることを望まない。怠け者はまったく存在しない。怠け者は絶対に存在しない。思弁的精神はひとつも存在しない。だれもが自分の職業を持ち、それに熱心に取り組んでいる。上層階級については、それがいまだになんなのかはだれも知らない。ごちゃ混ぜの極みだ。社会全体がひとつの工場だ！　オハイオでは一般観念など存在しない。ほかのどんなところよりも、それがひどい。身分がそこではまぜこぜになっている。礼儀作法の規則そのものがそこでは、まだ確定されていないように思われる。政治的、社会的立場がそこで形成されるための時間をだれも持っていなかった。人民はあらゆる影響力から免れている。民主主義がそこでは果てしがない。要するに、オハイオは繁栄の観念を与えるが、安定性の観念は与えない。たしかに力強くたくましい若さであるが、しかし、成長の速さそのものが過渡的で、一時的な状態にあるという観念を与えるのである。

オハイオでもっとも好奇心をそそることのひとつは、民主制が配置されるのを見ることはめったにない、ぎりぎりの境界にまで民主制が伸び広がっているのを見ることである。われわれは、合衆国の同じ諸州のうちに民主制がもっとも広がっているのを見てきた。あちらでは、もはや貴族による庇護関係も存在せず、資産による庇護関係もまったく存在しなくなっているが、それでもまだ、ある種の地域的影響が存在している。こちらでは、偉大な歴史的記憶を思い出させ、人民の想像力に語りかけるのは、ひとつの名声であり、あちらでは、ひとりの偉大な才能の威光である。さらに遠いところになると、社会貢献の度合いということになる。多くの場所では、善行を積んで人民の眼下を通り過ぎたひとりの人間の全生活にかかわる記憶が人民の精神に道徳的な力を及ぼすのである。これらのかすかな影響力から、オハイオの民主制は解放されてさえいる。オハイオの住民たちが彼らの住んでいる場所へ到着したのは、つい昨日のことにすぎない。彼らはお互いに知り合わずに、異なる習俗と違う思いを抱いて、そこにやってきた。大部分は通り過ぎるだけである。いかなる共通の絆も彼らを結びつけない。話せばわかる人びとに向かって、自分の人生について語ろうと思っても、そんなことのできる人間など、彼らのあいだにはひとりもいない。だれも時間的余裕を持たなかったのである。自分のために生活を成り立たせるための時間も、自分のために名声を作り出すための時間も、奉仕または美徳を土台としてわずかばかりの永続性を持つ影響力を確立するための時間もなかった。その結果、オハイオの民主制は、私が知っているどれにもまして、偶然と気まぐれで選択が行われる。登場する最初の人間が、人民におべっかを使う。だれも指図しに来ないのに、人民の投票がしばしばこのような人間の思いのままになる。**そしてそれでもなお社会は富み栄えている。**しかし、社会は民主制で繁栄しているのか、あるいは、民主制にもかかわらず繁栄しているのか？　そこが重要な点だ。

オハイオの司法制度

シンシナティ、一八三一年一二月二日

シンシナティの指導的立場にある弁護士ストーラー氏[6]との会話。

問い――あなたがたの司法制度は、他州のそれと違いますか？

答え――とりわけ一点で違いがあります。われわれのところで裁判官を任命するのは州議会で、任期は七年しかありません。連邦全体でわれわれと同じことをやってきたのは、ヴァーモントだけだと思います。

問い――この改革はよいものだとお考えですか?

答え――非常に危険だと思います。裁判官は政治的情熱から独立すべきです。そこにこそわれわれの自由に対する最大の保証があります。ここでは、裁判官は党派精神の軛《くびき》のもとにあります。

問い――害悪を大衆は感じとっていますか?

答え――感じとっていると思います。われわれの憲法のこの部分がすみやかに変えられることを期待しています。しかし、そのためには代表者会議を招集する必要があるでしょう。そして、現在の政治的情熱では、代表者会議の構成がうまくいかないことをわれわれは恐れています。現行憲法を一八〇二年に作った代表者会議も、その構成が非常にまずかったわけです。その頃のオハイオには、ほとんど推奨するに値しない人間が住んでおり、選挙は選挙人の道徳性を反映してしまいました。ここでは、民主主義にあまりに多く与えすぎたというわけです(7)。

(6) ストーラー、ベラミー(一七九八―一八七五)合衆国東部ポートランド出身の弁護士で、下院議員。一八一七年にシンシナティで開業した。長くロー・スクールの教授(一八五五―一八七四)を務めたほか、オハイオ大学設立時(一八六六)からの理事。オハイオ最高裁判所判事に任命された(一八五一)。

オハイオの実情

同所、同日

オハイオの傑出した少壮弁護士であるウォーカー氏(8)との最初の会話。

問い――あなたがたの裁判官任命制度は良い制度だと思いますか?

答え――私は非常に危険だと思っていますし、経験はすでにその欠陥に目を向けさせてきました。総じて、われわれの憲法はあまりにも無制限な民主制へと傾きすぎています。それは、また別の欠点を持っています。たとえば、われわれの立法機関はあまりにも人数が少なすぎます。そのことが精神力の一部を立法機関から奪っています。それが人民の意志を実際に代表していることに、人びとはけっして確信を持ってはいません。

問い――私は、あなたがたの領土のこの部分が非常に肥沃であると話に聞いていますが、そう人びとが言っているのは本当のことなのですか?

答え――ええ。私はマサチューセッツに生まれ、そこで生涯の一時期を過ごしてきました。あちらでは、一エーカーが年間二五から三〇ブッシェル〔約八一〇キログラム〕を収穫しています。こちらでは、七〇から八〇ブッシェル〔約二一六〇キログラム〕を収穫しています。

問い――オハイオの人口の一部がすでに運動し始め、ミシシッピ河の右岸に移ろうとしているのは本当ですか?

答え――ええ。それが実際に起こっていることです。一般に、土地を所有している人びとは、彼らの土地を守り、ここにとどまろうとします。しかし、彼らの息子たちは、もっと遠く西の方へ向かい、だれもまだ住んでいない土地を持つ諸州のなかに富を求めています。おまけに、毎年ここでは、われわれの町に他の州やヨーロッパから大量の労働者やプロレタリアが到着します。これらの人びとは、一年か二年、しばしここにとどまります。労働力の値段はとても高く（ニュー・イングランドよりも三分の一高い）、生活費はとても安いので、彼らは、二、三年のうちに資本を作ります。それからわれわれのところを離れ、西部に向かい、そこで土地を購入して、地主となります。

問い――あなたがたの町には、怠け者はひとりもいないというのは本当ですか？

答え――職業を持たず、働かない人間などひとりも知りません。

問い――オハイオでは、公教育はどこまで進んでいますか？

答え――約二五〇〇万エーカーを持つオハイオ州は、規則正しく、郡区《タウンシップ》に分けられていて、そのおのおのが

（7）オハイオ州は立法権の優位を認め、裁判官も州行政官も議会が任命した。二院制で、選挙権も一年以上州に居住し、税金を納めている二一歳以上の男子に拡大されていて、際立って民主的な州だった。

（8）ウォーカー、ティモシー（一八〇六―一八五六）ハーバード出身の数学の教師で、のちに法律を同じハーバードのロー・スクールで学び、一八三一年にシンシナティで弁護士開業。一八三三年にはロー・スクールを設立した。

同じ平方エーカーを持っています。連邦議会がオハイオを準州として管理していたときには、それぞれの郡区《タウンシップ》では、すべての土地について三六〔三二抹消〕分の一に当たる分を売ってはならず、それを公教育のための土地資産として役立てるようにとの布告を連邦議会は出しました。連邦議会は宗教信仰のために同じ規則を設けました。すでにこの土地資産に学校建設のための最大の資金を見いだしています。われわれのあいだで教育の進行が遅れているのは、いい先生がいないからです。

問い——政府は教育に口を出していますか？

答え——区別しなければなりません。各人は小学校や中学校を自由に設立します。この点に関しては、州と教育のあいだではなにひとつ共有していません。しかし、あなたもご覧になったように、州の側では教育を無償とするための給付を行なう義務があります。そのときには州は教育の指導権を持ちます。間接的であることは事実ですが。たとえば、小学校は視学官に従いますが、中央の視学官に従うわけではありません。各町村が視学官を任命し、彼らが先生や教育方法や生徒の進歩を調べるわけです。

問い——あなたがたの地方自治体制度はどの州と似ていますか？

答え——もっとも近い州、すなわちペンシルヴェニアの地方自治体制度と似ています。

オハイオでの民主主義の行き過ぎ

同所、同日

シンシナティの弁護士**チェイス**氏[9]は、きょう私にこんなことを言っていた。「ここでは、民主主義をその最終限界にまで到達させてしまいました。選挙権は全員が等しく持っています。そこから、とりわけ都市においで出てくる結果はずいぶんと劣悪な選択です。たとえば最近の選挙で選ばれて、シンシナティ郡のために地位に就いた四人のメンバーは、絶対にその地位にふさわしくありません」。

問い――しかし、どのようにして彼らは指名を勝ち取ったのですか？

答え――みんなにおもねることによってです。上品な人間なら決してやらないことです。下層民のなかに紛れ込み、下品に彼らの情熱におもねりながら、彼らと酒を酌み交わすわけです。そのうえ、人民がしばしばこのような人間を送り出すのは、地方議会のなかへではありません。連邦議会にそんな人間が多数見られます。とはいえ、いずれにせよ、まだなおわれわれを支配しているのは才能ある人士の影響力です。

問い――ですが選挙の自由がそんなに広がると、人民が頻繁に悪い選択をすることが必ず起こると、あなたがたはお考えではないのですか？

答え――私はそう思っています。また、連邦の傑出した人間で、選挙権が非常に拡張されることは破滅的な

(9) チェイス、サーモン・ポートランド（一八〇八―一八七三）ニューハンプシャー州出身の弁護士。一八三〇年にオハイオ州に移住し、現地で法律家として名声を得る。政治家でもあり、一八四八年に上院議員になったのち、一八五六年から四年間オハイオ州知事を務める。奴隷制廃止に尽力し、リンカーン大統領のもとで財務長官（一八六一―一八六四）、のちに連邦最高裁長官。

ことだと考えない人はいないと私は確信しています。しかし、彼らは、そちらの方へ絶えず向かう公共世論という大波に抗することはできません。ヴァージニアでその例を見てきました。ヴァージニアは、地主がいままで選挙資格納税額を維持することに成功してきた連邦州でした。昨年彼らは、結局押し切られてしまいました。納税額を下げ始めました。いまではもう下落を止める力を彼らは持ちません。ニュー・イングランドとくにマサチューセッツにおいてだけ、私の家族がそこの出身なのでお話しできるのですが、人民がかなり啓蒙されていて、彼らの情熱をかなりの程度制御できるので、彼らはいつももっとも傑出した人物を選挙で選びます。でも、これは例外だと私は思っています。

問い――オハイオ州での通常の収入はどれくらいですか？

答え――だいたい五〇万フランです。しかし、しばしば臨時支出があります。運河はすでに六〇〇万フランかかってしまいました。州はこの支出を公債で賄ってきました。このことは、アメリカがまだなおいかに資本不足であるかを証明しています。そこで、この総額を見つけるために、ヨーロッパへ行かなければなりませんでした[10]。

問い――あなたがたは、オハイオで、ニュー・イングランド風の地方自治制度を持っているわけですか？

答え――いいえ。われわれの制度がもっと似ているのは、ペンシルヴェニアの制度の方です。われわれは**郡区**を持っていますが、それらは、ニュー・イングランドのように、ひとつの意志とひとつの統治体しか持たない唯一にして同一の個体を形成しているのではありません。オハイオでは、**郡区**のなかにしばしば**ひとつのタウン**があり、郡区から独立した別の統治体を持っています。ニュー・イングランドの制度の方がより単純で、より完全だと思います。
問い——オハイオでは、州議会が裁判官を任命し、裁判官の権力が七年間に限られているのは、危険なことだと思いませんか？
答え——ええ、この措置は危険だと思っています。アメリカの裁判官は、あらゆる政党のあいだで均衡を保つようにできています。彼らの職務は、民主主義の盛んな血気と逸脱にとりわけ対抗することです。民主主義から出てきて、民主主義にこれからも依存していく彼らは、話題にした独立性を持つことができません。それにヴァーモントは、われわれよりもまだずいぶん先を進んでいます。そこでは、裁判官が毎年選ばれるからです。

選挙の実態、銀行の大量破産と合衆国銀行

同日、同所
マクレイン氏[11]、合衆国最高裁判所〔陪席〕判事。

(10) ヨーロッパ諸国のうちではイギリスの投資額が際立って多い。たとえばエリー湖の運河掘削のためにニューヨーク州が発行した州債七〇〇万ドルのほとんどすべてがただちにイギリス人の手に渡った。ほぼこれと同時に始まった鉄道建設事業についても、一二億五〇〇〇万ドルの投資額の大半がイギリスから引き出された。

彼はわれわれにこう言っていた。「共和主義制度の設立と維持にとって、もっとも好都合に思えることは、われわれの国が州ごとに分けられていることです。連邦が単一の国民しか作り出していなかったら、連邦全体を、われわれなりの民主制で長いあいだ統治できたとは思いません。いわんや、ヨーロッパの大きな国であれば、なおのことです。付け加えて言えば、連邦形態は地域住民の幸福にとってとくに好都合なものです。一大国民の立法府は、一小国のように地域利害の瑣事にけっして入って行くことはできません。われわれの連邦組織のおかげで、小さな国民の幸せと大国の力の両方とを持っています[12]」。

問い――オハイオには、どれくらいの選挙民がいるか、ご存知ですか？

答え――だいたい一五万人です。ジャクソン将軍の選挙のときには、一三万人が投票しました。人びとが多数集合することを避けようと、注意が払われすぎたために、選挙は、あなたが思ってらっしゃるよりもはるかに静かなものになりました。各郡区には選挙団があります。州全体で選挙には六時間がかけられ、騒ぎもなく、移動もなく、費用もかかりませんでした[13]。

問い――どのような理由で、オハイオにはこんなに銀行が少ないのか〔二行しかない〕、ご存知ですか？

答え――一〇年前には四〇いくつもの銀行がありました。しかし、それらはみな破産しました。そして人民は、銀行に対する信頼を失ったことは確かです。おまけに、銀行が出した莫大な量の紙幣がさまざまな消費対象にいんちきな価値を与えてしまいました。受け取られる銀行券は、いまではもう合衆国銀行券以外にはほぼありません。

問い――合衆国銀行の特権を打ち破ろうとはしないのですか？

答え――ええ、党派の人びとは、特権と独占の思想がつねに生まれさせる本能的な憎しみを彼らの利益のために利用しています。銀行の敵たちに善意があるとは思えません。合衆国銀行の効果は明らかにてきめんです。とりわけ西部においては、確実で、持ち運びのできる正貨を銀行は供給しています。おまけにそのほかのいくつもの利点は別にして、合衆国銀行は悪質な銀行の設立を妨げるという利点を持っています。それは、悪質な銀行の紙幣をつかむことを拒み、すぐさま、その場でそれらの信用を落としてしまいます。

(11) マクレイン、ジョン（一七八五―一八六一） アイルランド移民で、ニュージャージー出身の法律家・政治家。一七九七年にオハイオ州に移住。ハーバードを一八〇六年に卒業し、翌年弁護士となる。オハイオ州最高裁判事（一八一三―一八一六）。一八二二年に政界入り。モンロー大統領のもとで郵政長官を一八二三年から六年間務め、アダムズ大統領のもとでも郵政長官。一八二九年に連邦最高裁陪席判事に任命。一八六〇年の大統領候補の選挙でリンカーンに敗れ、翌年逝去。

(12) マクレインは、ここでモンテスキューの『法の精神』、第九編、「防衛力との関係における法律について」の冒頭の言葉を参照している。アメリカ合衆国憲法の生みの親と言われるハミルトンの『ザ・フェデラリスト』でも、この言葉は繰り返し引き合いに出される。

(13) 『民主主義』、第一巻、第一部、第八章（『デモクラシー』、第一巻、(上)、二一二―二一七ページ）参照。トクヴィルはこの選挙方式を支持していた。

連邦とオハイオにおける民主主義

一八三一年一二月三日

ウォーカー氏との二回目の会話。重要。

「われわれの憲法は、ジェファーソンを代表とした民主党が連邦全体で勝利を収めた時代に作られました。憲法がどのような政治的感情の力のもとで作られたかを、確認しないでいることはできません。それはあらゆる限界を乗り越えた民主制です。そこでの政府は、ほかのどの機関よりもはるかに弱くなっています。州知事は絶対になにものでもなく、一二〇〇ドルを受け取るだけの存在です。人民は治安判事を任命し、通常裁判所判事を統制します。下院と上院は毎年交替します。一般にわれわれの法体系と西部のすべての新州の法体系とをわけるものは、刷新の大胆さと過去への軽蔑と慎重さです。それは、新しいものを作りたい、そして、立法的技術から解放されて、すみやかに事柄の本質に到達したいと願う気持ちです。こうした同じ精神の自由が随所に見られます。市民社会においてはもちろんですが、宗教社会においてまでも、われわれのあいだではなにものも固定されてはいませんし、なにひとつ規制されていません。すべてが個人の衝動で進行しており、その衝動は、既成観念が全面的に存在しないことを示しています」。

問い――人民はしばしば良い選択をしますか?

答え――いいえ、人民は凡庸なあるいは悪い選択をするのがほとんどいつもです。ここでは、富と才能と仕事によって自分たちの身分から抜け出した人びとすべてに対する、民主制にありがちな活発な永続的嫉妬心が見られます。この嫉妬心は上層階級に対するものではありません——上層階級は存在しませんから。その顕著な例を最近の選挙でもわれわれは見たところです。有名な将軍で、準州の知事も務め、海外にも二度公使として派遣された元連邦議会議員のハリソン将軍[14]は、わが州議会の候補者の地位にのぼりました。彼は敗北しました。彼の主要な敵は、三年前まで街角でお菓子を売っているのをわれわれに目撃された若者でした。その後、本当の話ですが、この男は弁護士事務所に入りました。彼は成功しました。私が見るところ、共和主義統治体の完璧きわまりないモデルであるマサチューセッツでは、候補者はあからさまに票を獲得しようとはしません。もっとも目立った人物をほとんどいつも人民は自然に選びます。西部では、候補者が街頭でその支持者たちを前に一席ぶちに行き、居酒屋で彼らとともに酒を飲まなければなりません。

問い——民主主義の原理のそのような行き過ぎた発展は、あなたがたをたじろがせないのですか？

答え——いいえ。私は公衆の前ではそんなことを言うつもりもないのですが、しかし、われわれのあいだでは私はそう正直に言っています。われわれを運び去る運動に恐れを感じています。私には合衆国人は危機にあると思われます。この瞬間にも、限界なき民主主義をわれわれは経験しています。すべてがそちらへ偏っていきます。しかしわれわれはそれに我慢できるでしょうか？　だれもまだその点は確言できません。

問い——私は、西部諸州の政治的、社会的状態を特徴づける際だった諸特性を知っています。それらは諸州

(14)　ハリソン、ウィリアム・ヘンリー（一七七三—一八四一）　第九代大統領（一八四一）。インディアン討伐で、勇名を馳せた。トクヴィルがウォーカーにインタビューしたときには、オハイオ州にある自分の農場で暮らしていた。

に特有の利害で、現状の均衡をかき乱す性質を持っていますが、そのうえさらに、連邦のなかにまでそうした利害が持ちこまれることはないでしょうか？

答え——それにお答えするには、多少詳しくお話しすることが必要となります。西部は、少なくともいまのところは、他の地域に反するような利害を持ちません。また、そうした利害をいつの日にか持つはずだということを示す兆候はなにもありません。合衆国の北部はほぼ独占的に工業をやっていますが、南部は独占的に農業をやっています。西部は工業も農業も同時にやっています。西部の利害と合衆国の他地域の利害とが、将来衝突することを示す兆候はなにもありません。とはいえ、西部の成長は必然的に連邦に別の顔を与えるに違いありません。すでに、ミシシッピ渓谷には五〇〇万の住民が住んでいます。私は疑っていません。これから二〇年のあいだにもっとも多数の合衆国人口がオハイオ西部に存在することになります。もっとも大きな富、もっとも大きな力がミシシッピ河とミズーリ河の流域に存在することでしょう。そのとき、帝国の端に位置づけられる首都の状況は一変するはずです。この力と富の移動は、予測することができないほどの新しい組み合わせを必然的にもたらすことでしょう。

問い——この巨大な躯体の全部を維持することは不可能であると、怖くなりはしませんか？

答え——いままでのところ、全部がうまく行っています。われわれみんなを連邦に結びつける強力な本能が心の底にありさえします。とはいえそれが持続するかどうかということについては、私は心配していないわけではありません。連邦の絆を弱めるいくつもの原因があります。まず、すべての州の根っこに中央政府に対する嫉妬心があります。それを見て取るのはたやすいことです。西部では民主的原理がひどく発展しすぎために、連邦の軛《くびき》にも、連邦が新しい州の主権に加える制限にも、新しい州は、耐えがたい思いをいっそう募らせています。関税問題は私の不安をかきたてずにはおきません。サウス・カロライナ州は、脅迫姿勢をまぎれもなくとってきました。そして、それを南部のほとんどすべての州が支持しています。[15] 連邦のこの部分では、党の領袖たちがいかなる犠牲を払ってでも、権力を獲得しようと決意しているように思えます。彼らは、私の意見では、分別を欠く情熱に火をつけています。北部の成長、南部の弱体化は、部分的には、連邦の均衡を破壊してきました。脅迫的形態のもとで未来に対して提示されているもうひとつの問題は、未開墾地の問題です。あなたもご存知のように、連邦議会がすべての未開墾地の地主です。連邦議会は、このようにして、新しい州のなかで広大な土地を一括して所有しています。新しい州はこれらの土地の所有権を声高に要求し始めています。インディアナとイリノイの人びとは、すでに精力的に要求を突き付けてきました。そこに諸州と連邦とのあいだの衝突点があります。そのほかにも衝突点はまだいくつもあります。

問い——中央政府が、能力に対する不安などにお構いなく、子分たちにすべての地位を配っているのは本当のことですか?

答え——ええ、ジャクソン将軍が権力の座にやってきたとき、自分の支持者たちを役職に就ける以外のなんの理由も設けずに一二〇〇人の公務員を異動させました。そのとき以来、彼は同じ行方を定めぬやり方をとりました。自分に奉仕をさせるための見返りとして役職が利用されました。これこそが彼をもっとも非難す

---

(15) 『民主主義』、第一巻、第二部、第一〇章(『デモクラシー』、第一巻、(下)、三八七—三九七ページ)参照。

る私なりの理由です。彼は中央政府に瀆職を入り込ませました。彼の例は踏襲されることでしょう。彼に奉仕してきたすべてのジャーナリストに役職が与えられました。最高裁判所判事までも、彼は友人たちのあいだから選び取りました。

問い――オハイオに話を戻しましょう。宗教思想の力が連邦の他部分にくらべて弱いというのは本当ですか？

答え――オハイオには不信心な人間が多くいます。とりわけ彼らは、ほかのところにくらべると、信心を持っていないことをおおっぴらにしています。というのも、その点については先ほども申し上げておいたように、他のどこよりもここでは従うべき既存の標準的思想のようなものがないからです。それだけいっそう、だれもが自分流儀の考え方でいます。しかし、少なくとも、連邦の他のいかなる州よりも、おそらく強い宗教的感情が人民大衆には染み込んでいます。もちろん、ニュー・イングランドを忘れてはいません。実を言うと、ここにあるのはあまり啓蒙されていない宗教です。森のなかに生き、生活上のあらゆる害悪と戦わなければならない新しい州の住民は、古い州の住民と同じ教育を受け取ることができません。ミシシッピ河とオハイオ河の渓谷全体では、メソディスト[16]が優位を占めています。しかし、定まった規則や一貫した方法が欠けているという印象が、この問題に関しては、他のすべての問題同様、感じとられます。人口の多くが教会も、定期的な礼拝も持ちません。たまたま、巡回聖職者が福音書を彼らに説きに来ることがあります。最初に来た聖職者がこの務めをしばしば果たします[17]。ニュー・イングランドの農村において見られるような、だれもが認める能力を持ち、定まった賃金が支払われている牧師をこの地域の農村で見かけることはありません。

問い――オハイオとケンタッキーとでは様相が大きく異なるというのは本当の話なのですか？

答え――驚くほど異なりますが、とはいえオハイオに人が住みつくよりも、二〇年も前にケンタッキーには人が住んでいました。そこの地味はオハイオと同じくらい良好で、気候はずっと温暖、また、素晴らしい地方色を持っています。しかしながら、オハイオには、ケンタッキーの三倍もの数の住民が住んでおり、事業規模の大きさは一〇倍に達します。ケンタッキーは、人口を増やしていますが、しかし、その繁栄は停滞的です。この違いについて、与えることができる唯一の理由は、ケンタッキーでは奴隷制が君臨しているということです。オハイオはそうではありません。ケンタッキーでは労働が不名誉とされています。こちらでは名誉とされます。あちらには怠惰があります。こちらには無限の活動力があります。ケンタッキーは移民を受け入れません。オハイオは、連邦のあらゆる部分から目はしが利く住民を引き寄せています。そのうえ、なにひとつ受け入れない南部はオハイオに住民を送り込んでいます。南部の貧困階級はオハイオに到着して

(16)　メソディスト　一八世紀英国に起こった宗教覚醒運動から生じたプロテスタントの一派。ジョン・ウェスレー（一七〇三―一七九一）が唱道。彼の死後、イギリス国教会から追放されたメソディストたちは独自の教団を作り上げ、海外布教に取り組み、とりわけ合衆国に根を張った。宗旨としては、人間の自由意思を認めるアルミニウス主義を採る。宗派の名称は信仰的生活の方法（メソッド）に由来する。

(17)　野外説教については、『民主主義』、第二巻、第二部、第一二章（『デモクラシー』、第二巻、(上)、二三〇ページ）。

いますが、それは、彼らがそこではなに気兼ねなく働けるからです。ケンタッキーで奴隷制を終わらせるための理由が私には見つかりません。現在の住民は、奴隷制が引き起こす害悪を承知しながらも、それなしにやっていくすべを学ぶことができません。それに移住がないですから。

問い――あなたがたは、オハイオで、黒人に対する非常に苛酷な法律を作りましたね。

答え――はい、われわれは、あらゆるやり方で黒人に嫌悪感を持とうとしています。われわれは、彼らを好き勝手に追放することを許す法律を作っただけでなく、彼らを無数のやり方で不自由にしています。黒人には政治的権利がありません。黒人は陪審員になれませんし、白人に不利な証言ができません。この最後の法律は、ときには、もっとも許しがたい不正を引き起こします。私は、たくさんの消費物資を蒸気船の持ち主に提供してきた黒人から相談されました。白人は借金を否定していました。債権者が黒人であり、白人のために荷物を運ぶことができたであろう労働者たちも同じく黒人であったことが裁判所に出られなくさせていたので、彼らには、訴訟に持ちこむ手段さえありませんでした。

問い――法律はしばしば変えられますか?

答え――しょっちゅう変えられます。そこにわれわれの民主制最大の欠点のひとつがあります。とはいえ、全体としては、われわれの法体系の多くの部分は良いものです。

凡庸さが民主主義の利点

一八三一年一二月三日

シンシナティきっての医師であるドレイク氏[18]は、きょうわれわれにこんなことを語っていた。「われわれの民主主義に限界はありません。正直に認めますが、人民はその選択において少しも幸せではありません。概して傑出した人間が票を得ていない点に着目してきました。とはいえ州は巨大な繁栄を享受しています。その事業規模は大きいし、公共の福祉に役立っています。法律に少しでも反抗しようとする発言など聞いたことがありません。人民は幸福でおとなしいです。われわれの政務の指導にひとりの扇動政治家《デマゴーグ》しかいなかったら、政務はおそらくとても悪い方向に向かうでしょうに。しかし彼らはお互いに牽制し合い、相互に傷つけ合っています。人民の選択から生じた悪い結果は、人が思っているほど大きくはありません」。

ケンタッキー州との比較

一二月三日

西部の新しい諸州ととくにオハイオ州が連邦の古い諸州に対するは、合衆国がヨーロッパに対すると同じであるように私には思える。説明しよう。

---

(18) ドレイク、ダニエル(一七八五―一八五二) ケンタッキー出身の医師で、シンシナティで名声を勝ち得たのち、大学教授となった。

アメリカ人がアメリカにやって来たとき、彼らは、ヨーロッパに存在していた民主主義のなかでもっとも民主的なものをそこにもたらした。彼らは民族的偏見のなかで育ってきたのに、そうした偏見の最大部分を大西洋の向こう岸にほったらかしにしたままで、この地に到着した。彼らは新しい国民になり、習慣を身につけ、新しい社会道徳を採用し、なにかしら国民性のようなものを持つようになった。今日では新たな移住が始まり、それが同じ効果を生み出している。新しい移民が第二の祖国に持ちこんでいるのは、あらゆる結びつきからなおいっそうよく解放された民主的原理であり、特性をさほど持たない習俗であり、さらにいっそう前例から自由になった精神である。法律のなかにこうした知的、物質的運動の痕跡を見るのは、興味深いことである。欠陥のある（そして、欠陥はおびただしくある）英国法なるものが最初の移民によってアメリカに持ちこまれた。彼らはそれを修正し、彼らの社会状態に良くも悪しくも合わせている。しかし、彼らはまだなお、英国法に迷信じみた尊敬の念を抱いている。彼らはそこから完全に脱却することはできない。第二の移住が起こっている。これらの同じ人間が無人の荒野に再び突進している。法律は、原型が持っていた特徴をほとんど失ってしまうほどの修正を今度は受けている。しかし、英国法が存在をやめるには、さらに第三の移住が必要である。またこの法律がおそらくサクソン人[19]によってイギリス人に与えられたと考えると、諸国民にとって良い運命か、あるいは悪い運命かに出発点が影響を持っていることに驚きを禁じ得ない。

以下[20]のことは、オハイオで非常に注目すべきもうひとつの点である。オハイオは、連邦の州でも、人民の社会状態に奴隷制と自由が及ぼす効果を目立つ形で、まぢかに見ることがもっとも簡単にできる州である。オハイオ州をケンタッキー州から分けているのは、たった一本の河である。両岸のどちらも、土地は同じくらいの肥沃さを持ち、地勢は同じくらい素晴らしい。しかしながら、あちらとこちらではすべてが異なっている。こちらでは、財産にありつこうと、住民は、まるで熱病のような活気にとりつかれて、すべての方策を試みている。自分の手で働いているから、見たところ、貧しい住民である。しかし、労働は彼らにとって富の源である。あちらでは、人民は傅《かしず》かれていて、思いやりをほとんど持たない。無気力で、熱意がなく、進取の気風もない。一方の河岸では、労働は名誉なことで、すべてに通じている。他方の河岸では、労働は、奴隷がやるべきこととして軽蔑されている。オハイオでは、生きるために仕方なく雇われる境遇にある人びとは、財産を作るために雇われているのであって、そのこと自体は恥ではないと見なされている。ほぼ一世紀前からケンタッキーには人が住んでいるが、その人口成長は鈍い。連邦に加盟したのが三〇年前にすぎないのに、オハイオは一〇〇万人を擁している。この三〇年前から、オハイオはミシシッピ河を上り下りする富の集散地となった。二つの運河をオハイオは開通させ、メキシコ湾を北部の河と結んだ。それに対して、もっと古くからのケンタッキーは、おそらくもっと地理的に恵まれていたのに、動きがないままだっ

(19) サクソン人　イギリス人の先祖とされる民族で、ドイツ北西部に居住したゲルマン民族の一部だったが、ゲルマン民族大移動の一環として五世紀から六世紀にかけて、ブリタニアに移住した。

(20) 以下のケンタッキー州とオハイオ州の比較は一二月三日にティモシー・ウォーカーと二回目の会話を持ったときに得た情報にもとづく。『民主主義』、第一巻、第二部、第一〇章（『デモクラシー』、第一巻、（下）、三〇六ページ以下）参照。

た。これらの違いを奴隷制以外の原因に求めることはできない。ケンタッキーは黒人人口を愚民化し、白人人口を無気力にした。その不幸な結果は認められているところである。とはいえ奴隷制は保持され、さらに末永く保持されることだろう。奴隷制はそれを維持する人びとの未来を脅かしている。それは州を破壊する。しかし奴隷制は植民者の習慣のなかに、偏見のなかに入り込んでしまったし、その現実的利益は、未来の利益と地方のさらに強力な利害に戦争を仕掛けている。

人びとの繁栄が人間を取り囲む環境よりも、諸制度と人間の意志に、よりいっそう依存していることを私がした比較ほど、うまく証明するものはほかにあるだろうか？　人間は隷属するようにはできていない。**奴隷よりも主人の方がおそらくなおいっそううまくこの真理を証明する。**

文明化と民族性の相剋

一八三一年一二月四日

ほかのいくつかの原因とは独立に、連邦のすべての部分にこれほど共通した様相を帯びさせるものは、そこを支配している文明度の高さである。ひとたび世界が完全に文明化すれば、人類は見かけ上は、単一民族しか形成しないだろう。理性は、徳と同様、異なる風土に屈することはまったくない。それは、場所の気候と自然によって異なることはない。理性はひとつであり、たわめられることはない。それは、いたるところで同じ目標に向かっているし、そこへ向かうのに同じ道を通る。だから、行動準則として理性を採用する民族はすべて大きな共通点を持つはずである。おびただしくある状況のなかで同じことを考え、同じことを信じ、同じことを感じるに違いない。反対に、人民が彼らに固有のある種の社会的完成をひな形として採用するとき、父親がやってきたようにやろうとすることに汲々とし、それをできる限り良い方向に変えてやろうとしないとき、彼らが習慣に付き従い、理性的思考に付き従わない場合、人民は完全に彼ら自身にとどまり、時間は、彼らの隣人から彼らを隔てる相違性をひたすら増大させるのみである。個別の人民からその独自性とその相貌を奪い去る変革は、同時に、その民族性とその個別的活力を奪わないだろうか？　これが私に突き付けられているように思われる問題である。

第三節　ミシシッピ河を下る

ルイヴィルの繁栄と奴隷制廃止

ルイヴィル、一八三一年一二月九日

ルイヴィルきっての大商人のひとり、マッキルヴェイン氏との会話。

問い――ルイヴィルの繁栄は数年前から著しかったと言われていますが。

答え――測り知れない進歩です。私は七年前にこちらに腰を据えにきたのですが、そのときにはルイヴィルには三〇〇〇人しかいなかったのです。今日では一万三〇〇〇人を数えています。七年前、ルイヴィルの商業界全体がしていた取引を凌ぐ取引を私ひとりでこの瞬間にやっています。

問い――どこからそんなに急速な成長がやってきたのでしょうか?

答え――主として、西部へ向かって進む移民の信じがたいほどの流れによるのでしょう。ルイヴィルは、移民を養うためにミシシッピ河を遡っていく商品のほとんどすべてを扱う集散地となりました。私は、ルイヴィルが非常に大きな都市になるべく運命づけられているように思います。

問い――ケンタッキーの繁栄とオハイオの繁栄のあいだには大きな違いがあるというのは本当ですか?

答え――ええ。目立った違いです。

問い――その原因はなんですか?

答え――奴隷制です。奴隷制は、奴隷よりもなおいっそう主人にとって有害であると見ています。ケンタッキーの奴隷はとても優しく扱われ、栄養状態もいいし、いい服を着ています。彼らが主人の家から逃げ出すのを見ることとほど稀なことはありません。しかし奴隷制は、移民がわれわれのところへやってくるのを妨げています。奴隷制は、奴隷がいない諸州を特徴づける精力と進取の気風をわれわれから奪っています。

問い――州が工業化するのを奴隷制が妨げているというのは本当ですか?

答え――黒人は工場では良き労働者となることができない、と多くの人びとは考えています。私は反対だと思います。黒人が工場に若くして雇われるときには、彼らは良き労働者となる点では、白人と能力的には同じです。われわれは、ケンタッキーでその例を持っています。奴隷によって運営されている幾つもの工場がそこでは繁栄しています。南部が北部ほど工業化されていないのは、奴隷が工場で役に立つことができないからではなくて、工場を設立し、指揮するために必要な手腕を奴隷制が主人から奪っているからなのです。
問い――ケンタッキーでは、公共世論が奴隷制に反対し始めているというのは本当ですか？
答え――はい。数年前からですが、人びとの心に信じがたいほどの革命が起こりました。ケンタッキーで、ひとりずつに意見を聞けば、奴隷制の廃止に多数がまわることでしょうに。しかし、人は奴隷を作ることしか知りません。われわれの父祖はわれわれのあいだに奴隷を引き入れることで、恐ろしい害悪をわれわれに及ぼしてきたのです。
問い――ですが、世論がそれほどはっきりと奴隷制に反対する声をあげているのに、どうしてミズーリは、奴隷制を廃止するのはとても容易だったときに、あんなに執拗に奴隷制の廃止を拒んできたのでしょうか？
答え――その時代には、私が先ほどお話していた革命は、まだまったくなされてはいなかったのです。そのうえ、自由な労働者がほとんど見つけられないような地方では、木を切ったり、大地を開墾したりするのを助けてくれる奴隷を新しい移住者が持つことほど便利なことはないので、奴隷制の廃止にまつわるかけ離れた効用がミズーリでは正しい価値どおりには感じとられなかったのも理解されるところです。それに、いまでは彼らは自分たちが犯してしまった過ちを感じていると思います。
問い――ケンタッキーでは、黒人人口は非常に増加しているのですか？
答え――はい。ですが、それはけっして白人人口にとって危険になることはありえません。ケンタッキーのなかで土地は、小土地所有に分割されています。これらの小さな土地のそれぞれに、数人の奴隷を抱えた白人家族が住んでいます。ずっと南の諸州においてのように、白人の畑を耕す何百人もの黒人をわれわれのところで見るのを妨げているのは、土地所有権の分割とほとんど奴隷を必要としない種類の農耕です。われわれのところでは、奴隷制は、危険というのではなく、大きな害悪なのです。

問い——ケンタッキーではなにを栽培していますか？

答え——トウモロコシ、小麦、麻、タバコです。

問い——こうしたいろいろな耕作には、自由な労働者を使うよりは、奴隷を使う方が経済的でしょうか？

答え——反対だと思います。奴隷は自由な労働者より、はるかに働きは悪いのです。おまけに彼らは、四六時中あなたがたの負担になります。彼らを育てなければなりませんし、歳をとってからも彼らを養わなければなりません。

オハイオの刑法と民法

オハイオの刑法体系は非常に特異。観察者が持つ注意力のすべてを引きつける値打ちがそれにはある。現存する限りでもっとも甘い。とはいえ、合衆国最高裁判所判事マッキルヴェイン〔正確にはマクレイン〕氏がわれわれに確言したところでは、彼の帝国下で、犯罪は増加していないそうだ（検証を要する点）。オハイオの刑法体系は、われわれのものとは完全に異なる犯罪観の基準を認めてきた。たとえば、盗まれた品物の値打ちと企ての結果が刑罰の範囲を修正するというのがそれだ。

その欠点のうちで最重要なものは、私には、それが累犯をまったく罰してないことであるように思われる。このような物事の進め方の欠陥は、事実のなかにすでに最大の力でもって明らかにされている。軽微な罰が累犯ということで重くはならないということを知っているために、個人と社会に多大の迷惑をかけながら、絶えず、同じ人物が軽微な犯罪のために重罪裁判所の被告席に現われるのを人は見ている。この点に関する全体的な苦情を耳にしてきた。

オハイオの刑罰法規は、一〇歳未満の少女との自由意志にもとづく行為でさえ、強姦と見なしている（賢明で道徳的な法律）。

それは姦淫を罰している。言い換えると、どちらも自由であるのに、結婚していない男女が同棲することを罰している。この法律は連邦諸州の大部分で共通している。それは、悪徳の観念と犯罪の観念を混同し、神に背く罪の観念と社会に対する攻撃の観念を混同しているにもかかわらず、それでもだれの眉もひそめさせない。それは習俗の厳格さによって支持されている。そのうえ、それは一連の長老派的習慣であって、それをアメリカ人は彼らの祖先から引き出してきているのである。オハイオでは姦淫が職権で訴追されている。しかし私が思うに、これらの訴追は稀である。

怠惰と奴隷制

一八三一年一二月一五日

サンディ・ブリッジの耕作者で、われわれの宿の主人であった人物との会話。

「私は、数年前にサウス・カロライナからやってきて、この地方に腰を落ち着けました」。

問い――いったいなぜ、こんな森のまんなかでわれわれが出くわした住居が、そろいもそろって、悪天候にさからって、これほど不完全な避難所を提供するようになったのか、私に説明してくれませんか？ 内壁には隙間があって、雨風は苦もなく部屋のなかへ入ってきます。こんな住居は、余所者にとっても、家主にとっても、心地よいとは言えず、不健康であるはずですが。囲いをすることがとてもむずかしいということなのでしょうか、結局は。

答え――それほど容易なことはありません。でも、この地方の住民は概してものぐさなのです。労働を悪徳と見ています。十分な食べ物さえあれば、そして、中途半端な造りでも、自分を隠してくれる家であれば、彼は満足して、あとは、タバコを吸ったり、狩りをしたりすることしか考えていないのです。

問い――その怠け癖の最大の原因は、なんだとお考えですか？

答え――奴隷制です。われわれは、自分自身ではなにもしないことに慣れています。テネシーには、どんなに貧しくても、ひとりやふたりの黒人を所有していない耕作者はいません。黒人の数がそれ以上でなければ、耕作者はしばしば黒人とともに野良仕事をせざるをえません。しかし、一〇人くらいを少しでも超えれば、そして、しばしば一〇人は超えているので、彼は黒人を指揮するひとりの白人を持ちます。彼は馬に乗って、狩りをすること以外にはなにもしません。狩りをして自分の時間の一部を過ごさない耕作者はいませんし、いい銃を持っていない耕作者もいません。

問い――奴隷による耕作は経済的だとお考えですか?
答え――いいえ。私は、自由な労働者を使う場合よりも、耕作にはもっと費用がかかっていると思います。

ケンタッキー――テネシー

われわれは、ルイヴィルからナッシュヴィルに向かい、ケンタッキー全体を横断した。われわれはまた、ナッシュヴィルからミシシッピ河河岸のメンフィス〔一二月一七日到着〕に向かうことで、テネシーの大部分を横断した。これらの二州は、多くの点でよく似ていると思われた。

地方は小さな丘陵とさして深くない渓谷で満たされている。その渓谷に多数の小河川が流れている。それは美しい自然であるが、しかし均一な自然である。

土地は両州においては、いまだにほとんどすべてが森林で覆われているように思われた。飛び飛びに見える一列に並ぶ柵、焼けた木々、トウモロコシ畑、数匹の家畜、ざっと四角に切られた木の幹を上へだんだんと積み重ねて出来上がったあばら家は、ひとりの住民の孤立した住まいを予告していた。村落はほとんど見かけない。耕作者の住居は森のまんなかに散らばっている。

ケンタッキーでは、煉瓦造りの家に出くわすことほど稀なことはない。ナッシュヴィルを除いて、テネシーでは一〇軒も見かけなかった。〔略〕

家主の犬に食われる心配をしながら、荒削りに切られた木でできた塀を通り過ぎると、一軒のあばら家に至る。あばら家の壁越しに暖炉の火がぱちぱちとはぜているのが見える。革ひもでつるした、錠前のない扉を押す。あらゆる困窮の逃げ場になっているように思える、とどのつまりは、未開人の小屋のような家のなかに入る。そこには、金持ちの怠惰のなかで暮らす、貧乏人の家族が見いだされる。あなたが近づくと、家の主人が起き上がり、あなたをいそいそと、親切にもてなす。しかし、彼は、あなたが必要としているかも知れないものを、彼自身で探しに行くことになりはすまいかと警戒している。彼の気持ちのなかでは、自分があなたに奉仕するなら、自分の品位が下がると思っているのだろう。旅人の身体が温まるように、暖炉の火を強くしてくれるのは奴隷である。着ている服を乾かし、彼が必要としている食べ物を運んでくれるのは奴隷である。主人は召使たちの行動を目で見張り、身振りで指示する。主人自身はまったく動かない。彼が口を開くのは、彼の犬を呼ぶか、あるいは、犬の勇敢な行為のいくつかを語るか、どちらかのときである。古きヨーロッパの田舎紳士を見事に演じないようなケンタッキーあるいはテネシーのとても貧しい耕作人など、いないほどである。［略］

こちらの人間は、いまだに世界でもっとも文明化した、もっとも理性的な人種のひとつである。彼らの習俗には田園の素朴さが全然ない。イギリス人の哲学的で議論好きな精神が、アメリカ全土でのように、そうした地方にも見られる。あの野生の森のまんなかに、手紙と新聞の驚くべき行き交いがある。われわれは、大型の郵便トランクとともに旅をしていた。時折、郵便中継所と呼ばれるものの前でわれわれは止まった。それは、たいていいつも、森の奥にある孤立した建物だった。われわれはそこに大きな包をひとつ下ろした。おそらく、周辺の住民のだれかが自分のものを取りに来るのだろう。私は、フランスのもっとも開明的な農村地区でも、これらの人影のない荒野で見られるほど、素早く、また大きな知的移動が行なわれているとは思わないのである。[21]

ケンタッキーとテネシーでは、奴隷制は、主人の性格と習慣に測り知れない結果を生み出した。それは住民の巧みさを抑え、外から移民がそこに自分たちの巧みさを持ってこないようにしているが、しかし、植民者の未来をまったく脅かしてはいない。

黒人人口は白人人口より非常に少ないが、その点は、一貫してますますそうなって行くだろう。このことは、自然的原因に由来するから、それらを指摘するのは容易である。

ケンタッキーとテネシーでは、非常に多人数の奴隷を必要とするようないかなる産物も、耕作されていない。［略］それぞれの小さな土地で白人の一家族とごく少数の奴隷が暮らしている。南部においてのように、ひとりの白人の畑を耕す何百人もの奴隷の姿が見られない。ケンタッキーとテネシーには、貧しい移民が住みついてきたことも付け加えてほしい。彼らは、耕作の種類が黒人を容易に集めることを許したところで、同じ私有地に多数の奴隷を集めることができないほど貧しい。ケンタッキーとテネシーでは、年から年中、主人は自分が持っている土地の上で暮らしている。彼らは彼らの奴隷の労働を指揮し、もっとも貧しい主人の場合には、奴隷とともに働きさえする。

だから奴隷なしでも済むということは証明されていることだ。公共世論は、これら二つの州では、この説

（21）『民主主義』、第一巻、第二部、第九章（『デモクラシー』、第一巻、（下）、二四〇—二四一ページ）参照。

に完全に賛成しているように見える。しかし、奴隷制はひとつの病気である。病気の根も、とても深くまで食い込んでいるので、有害な影響を目の当たりにしても、それに気づいてしまう前と同じく、病気から逃れることはほぼ不可能である。

民衆のあいだで、一週間ないし一〇日間暮らしたあとで、当の民衆の全体を判断したいと思うことは滑稽千万だろう。だから、それについては、「……と言われている」ことを信頼することしかできない。

ケンタッキーとテネシーの住民は、連邦でも乱暴な習慣を持っていることで有名である。この地方でわれわれが聞かされてきたことが本当だとすれば、彼らはこの名声に値するように思われる。人は言う。喧嘩はしばしば流血を伴い、選挙でさえも、ナイフで刺したり刺されたりする事件が起こらないで済むのは珍しい。

特定することが不可能ではないさまざまな原因がケンタッキーとテネシーの住民に、特有の性格を与えるのに協力しているに違いなかった。

第一は風土《クリマ》である。北部においてよりも、南部の方では情熱が激しやすいとつねに〔認められてきた〕。

第二は奴隷制である。それは、南部の住民すべてに共通した原因で、同じやり方で、国民性を変えている。抑制なき命令を与える習慣は、人間に、ある種の感情的傲慢さを与える。それが反対意見を彼らには我慢ならないものにし、障害を見たときに、彼らをいらつかせるのである。奴隷制は労働を不名誉なものにする。それは、白人種を全体として怠惰な階級に仕立て上げる。この階級にとっては、かねは自分たちの値打ちの一部を失わせる。この階級は、社会の資源と傲慢さの快楽のなかに、喜びの享受を探し求める。それは一種の貴族階級である。彼らは、商業民の一種遵法的な誠実さのようなもので抑制されているわけではないが、しかし、紋切り型の徳性と繊細さと面子へのこだわりならある。南部のアメリカ人は勇敢であり、比較して言えば、無知であり、もてなし上手で、寛大で、いらつきやすく、恨みの感情で暴力的になり、知恵もなく、進取の気風もない。

この同じ人間を新しい地方に導いてみたまえ。毎日、生活上のあらゆる苦難と戦わなければならない未開地方のまんなかに彼らを置いてみたまえ。そうしたら、あなたがたは、彼らの情熱を、よりいっそういらつかせ、よりいっそう暴力的にし、社会からよりいっそう離れさせるだろう。ほんの少しでも社会とのつらい接触をすることになれば、彼らには、それがより重荷となるだろう。文明化があまりなされていないだけに、なおいっそう、彼らは自分に打ち勝つすべを知らないのであろう。

そこにこそ、ケンタッキーとテネシーの住民の歴史のすべてがある。これが南部の男であり、孤独のためになかば未開で、生活上の苦難のために無情になった奴隷主である。

選挙

メンフィス、一八三一年一二月二〇日

選挙権に**普通**が付くようになり、国家が議員の**給料を支払う**ようになると、人民の選択がどれほど落ちていき、どれほど間違えるかは、おかしなことである。

二年前、メンフィスを首都とする地区の住民は連邦議会の下院にデイヴィッド・クロケット[22]を送り込んだ。彼はろくに教育を受けず、読み書きにも支障をきたしていた。財産をもたず、決まった住所もなく、生きるために野禽獣を売り、ずっと森のなかに住んで、狩りをする生活を送っていた。対抗馬はかなりなお金持ちで、才能もあった人物だったが、落選した。

インディアン移住法と「涙の旅」

一八三一年一二月二五日付の母宛てのトクヴィルの手紙より。

そのうえ合衆国のアメリカ人が発見したことですが、一〇〇〇の土地区画が未開人の場合の一〇倍の文明人を養えることが証明されているからには……文明人が入植することができる土地であればどこであろうと、未開人はその場所を譲り渡さなければならないということを理性は示していたというわけです。論理とは都合のいいものだということをわかってください。ですから、インディアンたちが自分たちの兄弟である白人に少し近づきすぎ始めているときには、合衆国大統領が親書をインディアンたちに送り、もちろんあなたがたの利益のためには、多少なりとも西の方へ下がるのが適切でありませんかと注意するわけです。インディアンたちが何世紀も前から住んでいた土地は、たしかに彼らの所有物です。だれも彼らのこの異議の唱えようのない権利を拒みません。しかし結局のところこれらの土地は、耕作もされていない荒野であり、森であり、沼地であり、実に貧相な所有地です。逆にミシシッピ河の対岸には壮大な地方が見られ、そこでは野禽が開拓者の斧の音に不安を覚えることもけっしてなく、そこにヨーロッパ人がけっして到達することもないのです。ヨーロッパ人から彼らを隔てる距離は何百リューもあります。それに、彼らの好意に応えるために支払う用意のある、なにものにも代えがたい価値を持つプレゼントを付けたまえ。何樽もの酒、ガラスの首飾り、耳のペンダント、鏡だ。彼らが拒めば、おそらくそのことを強制することになるぞというほのめかしがこれら全部を支えています。

移住地に向かう船に乗り込むインディアン

どうすればよいのでしょうか？　憐れなインディアンたちは、年老いた彼らの両親を腕で抱えます。女たちは肩へ子供たちを乗せます。結局民族が行進を始めます。その最大の富を持って。白人が一〇年と、平和にはほうってはおかないことになる荒野に移り住むために、おそらく一〇〇〇年前から父祖たちが暮らしてきた土地を民族が永久に放棄するのです。高度な文明なるものがもたらした諸結果について気づきませんか？　まことの乱暴者だったスペイン人たちは、まるでインディオが獰猛な獣であるかのように、彼らに向かって自分たちが飼っている犬を放ちます。彼らはまるで都市を攻め落と

(22)　クロケット、デイヴィッド（一七八六―一八三六）合衆国の軍人。開拓地の出身で、インディアン討伐に民兵として参加し、メキシコとのあいだで戦われたアラモの戦いで、英雄的に戦い、国民の記憶に長く留められた。無知から来る型破りな言動で有名。一八二六年から三度国会議員に選出。

すかのように、見境もなく、容赦もせずに新世界を殺し、焼き、虐殺し、略奪します。しかし人間にはすべてを破壊するなんてできません。狂乱にも終わりがあります。生き残ったインディアンの住民は、その征服者と混交し、彼らの習俗や彼らの宗教を取り入れることに結果的にはなります。かつては彼らを征服した人間たちをそうした住民が支配している地方が今日では、いくつもあります。合衆国のアメリカ人はもっと人間的で、もっと穏やかで、もっと権利と合法性を尊重し、けっして血を好まないのに、インディアン人種をより徹底的に破壊する人間になっています。そして民族ひとつだけというのではなく、インディアン人種のなかでもっとも注目すべき人種[23]に属する人間が北アメリカには、一〇〇年たたないうちにひとりも残っていないということになるのを疑うことなどできません……。

　シャクタス族は有力な民族で、アラバマ州とジョージア州との州境地帯に居住していました。長い交渉の末に結局、今年になって彼らは彼らの国を離れ、ミシシッピ河の右岸に移住することで同意に達しました。六、七〇〇〇人のインディアンたちがすでに大河を渡りました。メンフィスに到着していたインディアンたちは、彼らの同郷人のあとを追うつもりでやってきていました。アメリカ政府の係官が彼らに随伴し、通行料を支払う任務を果たしていましたが、蒸気船が到着したのを知って、河辺に駆けつけてきました。彼がインディアンたちを六〇リュー下流［ホワイト・リヴァー河口］に運ぶために提供しようとした金額が船長の激しく揺れ動く心境を最終的に固めました。出発の合図が出されました。舳先は南側に向けられました。われわれは、ルイヴィルに向かうどころか、メンフィスで氷が溶けるのを待たざるをえなくなった憐れな乗客が悲しくも下船するのを尻目に、大喜びで梯子を登りました。とかく世間とはこういうものです。

しかしわれわれはまだ出発しませんでした。国を追われたわが部族とその馬や犬を乗船させる必要があったからです。ここで始まった光景は、本当のところ、実に嘆かわしいものでした。インディアンたちは陰うつな様子で河辺へ進んで行きました。まず馬を通らせました。その多くは文明生活の形式にほとんど慣れておらず、怖がってミシシッピ河に飛びこみました。そこから馬たちを引き上げるのにさんざん苦労するしかありませんでした。それから男たちがやってきましたが、彼らは通常の習慣に従って武器以外にはなにも持っていませんでした。それから女たちです。彼女らは子供たちを背中にくくりつけるか、あるいは彼女らを覆っていた外衣のなかに子供たちをくるむかして彼らを運んでいましたが、そのうえさらに、財産のすべてをいれた重い荷物を背負いこみすぎるほど、背負っていました。最後に年寄りが連れてこられました。そこには一一〇歳くらいの老女も見いだされました。あんなに不気味な姿を見たのは初めてです。やせ細ったからだのつくりを想像することができるほど、あちこちでからだが丸見えになっている外衣を着ていたほかは、裸でした。彼女は二、三世代若い孫たちに付き添われていました。こんな歳になって彼女の国を離れて、異国の土地へ幸運を求めて向かわなければならないとは、なんたる不幸でしょうか！　老人のなかに若い娘がひとり混じっていましたが、彼女は一週間前に腕を骨折したところでした。手当がなされなかったために、折れた骨の下側で腕が凍傷を起こしていました。それでも彼女はみんなの行進について行きました。

(23)　文明化されたインディアンとして注目されたシャクタス族のこと。シャトーブリアンの『アタラ』では、主人公アタラの恋人としてシャクタスという名前で登場するが、正確にはチョクトー族で、言語的にはチカソー族に近い。

全員が通り過ぎたときに犬たちが岸辺に近づいてきました。しかし犬たちは船にはいるのを拒み、恐ろしい吠え声をあげ始めました。主人らが力づくで彼らを連れて行かねばなりませんでした。

この光景の全体には、廃墟と破壊の雰囲気が漂い、二度と戻らない今生の別れを思わせるものがありました。この光景を見ると、だれもが胸を締め付けられずにはいられませんでした。インディアンたちはおとなしくしてはいましたが、陰気に黙りこくっていました。そのうちのひとりが英語を知っていたので、なぜシャクタス族は国を離れたのかを聞いてみました。「自由になるためさ」と彼は私に答えました。それ以上のことを引き出すことはできませんでした。われわれは彼らを明日アーカンソーの荒野に降ろします。アメリカの旧国民のなかでも、もっとも名高く、もっとも古い国民の末裔が放逐――解散と言ってもいいでしょうが――される有様を目の当たりにできるようにわれわれをメンフィスに到着させた偶然は、なんとも奇妙な偶然だったと打ち明けなければなりません。

国民性は社会状態に由来

一八三一年一二月二六日

しばしば国民の性格と呼ばれるものは、彼らの社会状態に由来する性格以外のなにものでもないのだと、私は想像している。

だから、イギリス人の性格は、貴族主義的性格にしかまったくなりえないのである。おそらく私にそう信じさせるものは、イギリス人とアメリカにいる彼らの末裔とのあいだに存在する巨大な相違である。

人民主権

一八三一年一二月二七日

人民主権の原理は、それを採用した国に、ほかの国が持たない活力をしばしば与える。人民は、しかしながら、必要な犠牲が避けられないことを必ずしも知っているとは限らない。〔略〕法律が有益なときでさえ、迷惑千万な法律を作るのはむずかしい。〔略〕民主制の人びとは、その日暮らしをしており、未来のことを考えて、苦労の多い努力を自分に課すようなことは、貴族制の人びとにくらべると、はるかに少ない。

危機の時代に入ったときに、アメリカの民主主義がどれほどの活力を自分自身に見つけるか、自身に対するどのような強制力を見つけるかは、正確に知ることはできない。アメリカの民主主義は、現在までそうした危機に遭遇してこなかった。

確かなことがある。それは直接税を制定したがるたびに、中央政府はうまくやることができなかったということである。また独立革命によって作り出された政治的情熱の熱狂のなかでさえ、人とかねとをひとつに集めることは、最大限の労苦を払う以外には、けっして成功しなかった。といっても、不十分さを免れなかったのだが。

したがって、民主制なるものがどれほどの犠牲をみずからに課すことができるかを判断できるためには、国が徴兵と重税に訴えなければならなくなるときをまたなければならない。

父 権

一八三一年一二月二七日

古代共和制では父権がとても偉大な姿を作り上げていたので、政論家はそこに共和制の威光と持続とを見たほどであるが、アメリカ法制では、父権はほとんど無に等しいまでに縮小されている。米国法は、人間の自由を制限する可能性のある他の権限すべてと同様に、父権を嫉妬と疑いの目で見ているように思われる。風習、習俗、意見は、この点では法律と一致している。父権は貴族主義的制度である。それは、老人のなかに特権的支配階級を設ける。それは、彼らの末裔たちを彼らに依存させることで、一種の庇護権を彼らに与える。これらすべてのことは、民主制とは相いれない。

西部における人民の選択の劣悪さ

ミシシッピ河上で、一八三一年一二月二七日

このときには、ひとりの男と旅をしていた。ヒューストン氏[24]である。この人物はテネシー州知事だった。人の噂では、その後、自分の妻にとてもひどい虐待を加えたのち、彼女を捨てたという。彼はインディアン

のもとへ逃げ込み、彼らのあいだで結婚をし、彼らの首領のひとりとなった。私は、人民の選択に彼を推薦することができた理由を聞きまわった。民衆の出であることと自分自身の努力でのし上がってきたことだという話だった。

人びとが私に請け合ってくれた話では、今日でもなお、西部の新しい諸州では、人民は概して非常に貧しい選択をしている。傲慢さに満ち、教養がない有権者たちは、自分たちと同種類の人間を代表にしたいと望む。そのうえ、彼らの票を得ようとすれば、上品な人間なら嫌悪するような策略に身を落とさなければならない。居酒屋をはしごし、民衆とともに飲み、議論しなければならない。アメリカの選挙活動とはこのことを言う。〔略〕

合衆国のいくつかの憲法では、ある一定の仕方で投票することを代表者に強制する権利が有権者に認められている。この原則と最良の知性は戦っている。

(24) ヒューストン、サミュエル(一七九三―一八六三) ヴァージニア出身の政治家で、軍人。メキシコ領だったテキサスを、戦争に勝利することで合衆国に組み入れた功労者。アメリカ人としては、テネシー州とテキサス州の二州で州知事を務めた唯一の人物。一八二三年から二年間国会議員を務める。アルコール中毒や不倫などの噂を立てられ、一八二七年に就任したテネシー州知事職を二年で辞した。一八三二年からテキサス独立運動に貢献し、テキサス共和国の大統領になる。一六歳年下のエリザ・アレン(一八〇九―一八六一)と一七二九年に結婚したが、初夜の翌日に離婚した。その後インディアン女性とも結婚したが、永続きせず、カトリックに改宗したのち、一八四〇年に二一歳年下の女性と三度目の結婚をし、彼女とのあいだに八人の子供をもうけた。

もし、この原則が一般に採用されるなら、代議制度――この近代の大発見には、人類の運命のうえに多大の影響力を及ぼすことが見込まれていたかに思える――に致命的な打撃をもたらすであろうに。この原則が採用されると、議員など、もはや受け身の代理人でしかないから、人民自身が行動しているのと同じことになっただろうに[25]。

連邦。中央政府

一八三一年一二月二八日

新しいアメリカ連邦を古い連邦から区別する大きな特徴は次のとおりである。

古い連邦は**諸個人**ではなく**諸州**を統治していた。それは、より下級の権力を連邦の法律に従わせる外部権力のようなものを形づくっていた。

新しい連邦政府は、みずからの権限のうちにあるすべてのもののなかでは、文字通り連邦政府である。それは**諸州**を相手にするのではなく、**諸個人**を相手にしている。それはマサチューセッツか、ジョージアかのどちらで生まれようと、アメリカ市民各自に命令する。それはマサチューセッツとかジョージアとかに命令するのではない。それは個人が自分たちの権威とは違う他の権威に、上訴なしに従うように強制する固有の諸手段を持っている。［略］

古い連邦の場合には、各州が税の徴収と中央政府の金庫への引き渡しの任にあたっていた。新しい連邦権力は、税を定めるばかりではなく、自身の役人を持ち、彼らがあらゆる権威から独立して、個々のアメリカ合衆国人から税をとるし、自身の裁判所を持っていて、それらがかねの徴収を保証する。ひとことで言えば、連邦権力が語のもっとも広い意味で統治を行なっている。すべての主権はこの権力に移されている。ただし、連邦権力は、制限された権限の輪のなかで統治しているのであって、その輪のなかから出ていくことはできない。

この新しい事態から帰結する実践上の諸相違は、理論においては、にわかに感じとられるものではないが、しかしながらその違いは甚だしい。

後者の場合でも、前者の場合のように、連邦権力は連邦のすべての構成員にその法律を強制し、彼らに服従を強いる権限を持っている。唯一の違いは手段のうちにあるが、しかしこの違いは甚だしい。中央政府が州を相手にした場合で、州に対して、執行するには大いに苦労するか、あるいは、執行することがむずかしいか、どちらかの命令を厳かに言い渡したときには、中央政府は州を従わせるのに、間違いなく

(25)『民主主義』、第一巻、第二部、第七章(『デモクラシー』、第一巻、(下)、一四〇ページ)参照。いわゆる「強制委任」という有権者の権利で、議員は有権者の要求事項から逸脱することは許されなくなる。トクヴィルは、「総じてアメリカほど、精神の独立と真の討論の自由がない国を私は知らない」(同、第一巻、(下)、一五三ページ)としてこの制度を否定している。

多大の困難に遭遇する。抵抗することに利害を持ち、そのことをうまくやるための強大な手段を持つ敵対者を、中央政府はみずからに服従する人間のなかに見いだす。州がおおっぴらな戦いに行き着くのを望まないときでも、州には、与えられた命令からうまく逃げる手はいくらでもある。中央政府は、服従してもらえず、無力を味わい、法律に対する抵抗という不純さを許している。だから、内乱かあるいは、無政府状態かが、このような事態にありがちな通常の帰結である。

反対に、中央政府が法律を強制するだけではなく、実際にもみずからの権限の輪のなかで統治を行なっている場合には、政府が命令するたびに、もはや政府は諸州とかかわるのではなくて、諸個人とかかわるようになる。各個人は、連邦と面と向かっては、ただひとりで、孤立しているから、連邦に抵抗することなど考えにいれておくことができない。こうした場合には、各個人に対する中央権力の作用は直接的であり、間接的ではない。進行は容易であり、複雑なところはない。中央権力は、だれの援助も必要とせず、必要なすべての力をみずからのうちに見いだしている。

たしかに、各州の民族精神や集団的情熱や地方的偏見は、このようにして構成される中央権力の範囲をいまだなお特殊に狭め、その意向に抵抗する中心を作り出す傾きを持っている。中央権力は、その主権を制限されれば、主権をまるごと持つ政府と同じ程に強力であるべくもなく、そこには、国家連合の避けがたき欠陥がある。いまの段階で言えることは、この体制においては、各州は抵抗しようと望んでも、その機会が減り、そのような気分にならなくなるということであり、かりに、そのような考えが浮かんでも、おおっぴらに連邦の法律を侵犯し、司法の通常の流れを中断させ、叛乱の旗幟を掲げることによってしか、ひとことで言えば、極端な決定を一気に下すことによってしか、考えを実行に移すことができないということである。

ところで、こうしたことをやろうとする場合には、長いあいだためらうのが人間のつねである。

古今のあらゆる国家連合の解消と破滅は、まさにこの原理に関する無知に起因したのである。かくなるほどに、諸法律は、人がなんと言おうと、**それ自体によって**諸国民の運命に影響力を持つのである（多くの人が言っているが、法律は諸国民の表現にすぎない）。

各権力には、固有の圏域内で全幅的な権威を付与しなければならず、圏域を描く際には、そこから外へ権力が出られないようなやり方をとらなければならないというのがアメリカ公法の公理である。まさにそこにこそ大原則があり、その点は熟考するに値するのである。

連邦。中央政府（続き）

一八三一年一二月二九日
断言してかまわないことがある。合衆国の連邦政体を発案できたのは、非常に開明的な国民だけだということであり、これほど複雑な機械を動かすことができるのも、絶え間なく注意を払わないと必ず相互に激しく衝突してしまうようなさまざまな権力をその圏域のなかに固定することができるのも、非常に開明的で、代議形式にとくに慣れた国民だけだということである。合衆国の政体は賛嘆すべき作品である。しかしながら、一五〇年に及ぶひとつの過去が連邦諸州に**地方司政官たちの趣味と習慣**を与えなかったなら、また同時に、高度な文明が諸州を、限定されているものの、強力な中央政府を支えるようにしたのでなければ、連邦創建者たちは、うまくやりおおせることはなかっただろうに、ということを信じるべきである。合衆国の連邦政体は、一番良い、おそらくは、ただひとつの組み合わせであるように私には見える。この組み合わせにしてはじめて、ひとつの広大な共和国を樹立することが許されたのである。しかしながら、それを真似しても、先に私が触れていた条件が前提として存在するのでなければ、使いものには絶対にならない。

独立ということにまだほとんど慣れてはいなかったために、諸州があの個別的な誇りと民族的偏見を高度に育むことがまだなおできなかったことが、アメリカで連邦政体を樹立するのに有利に働いたのである。古い社会にとっては、諸州の主権のほんの一部でも譲り渡すことを、個別的な誇りと民族的偏見がとても厄介なことにさせる。［略］

財政

一八三一年一二月二九日

間接税収入だけで合衆国財政はもっている。議会が直接税を設けようとしても、昔からある二つの障害がその実現を妨げるだろう。

第一の障害は、この種の税金に対しては諸国民のあいだに極端な嫌悪感があるということである。

第二の障害は、課税対象額の査定がアメリカのような国では難しいことである。

あとの方の理由は『ザ・フェデラリスト』（第一二号）が大変うまく説明している。「どの国でも土地の鑑定は至難の業。**定住が不完全で土地改良が進む**国での困難はほぼ実行不可能な域に達する。」［ハミルトン、原文英語］

破産（続き）

一八三一年一二月二九日

毎年、連邦諸州で起こっている倒産と破産のおびただしい数とこの点に関して公共世論が示す犯罪的な無関心ぶりは、アメリカ的性格における最大の汚点のひとつを形づくっている。

フィラデルフィアでは、倒産の数が年間約八〇〇件にのぼる、と教養ある人びとが私に言っていた。アメリカ人は、事業における巧みさと進取の気風で名をなしているが、しかし、彼らは概して悪質な債務者としてまかり通っている。

きれいな習俗、礼儀作法の単純さ、労働の習慣、合衆国にみなぎる真面目な宗教精神を見るとき、アメリカ人というのは、徳高き国民であるとつい思いたくもなる。しかし、社会全体をまるごと食い尽くすかに思える商売熱や利益渇望やかねに対する崇拝心や四方八方から現われる事業上の悪意を考えると、たちまちにして、このいわゆる徳性なるものがある種の悪徳の不在にすぎず、人間たちの情念の数がここで制限されているように見えるのは、すべての情念が財貨への愛という、たったひとつの情念に吸い尽くされているからだと考えるように導かれるのである。

ルイジアナ農園の収益

一八三一年一二月三一日

きょう、一八三一年一二月三一日に、私は、ミシシッピ河沿岸で、ニュー・オーリンズから五〇リューのところに位置する美しい砂糖農園を訪ねた。農園は七〇人の奴隷を擁している。ここでの収益は、毎年、およそ五〇〇〇ドルから六〇〇〇ドルで、全員に支払われる経費は二万五〇〇〇フランから三万フランであると私は聞かされた。

インディアン——数奇な運命の持ち主との出会い

ヒューストン氏との会話、一八三一年一二月三一日

この男の来歴はとても奇想天外だ。嵐のような、揺れ動く青春を送ってきたあとで、とうとう彼はテネシー州に腰を落ち着けることになってしまった。そこでは生まれつき持っている才能に、おそらくは彼の卑しい出自が加わって、それらが民衆の投票と同じ値打ちを持っていたのであろう。彼は州知事に選出されてしまった。

この時期に彼の家庭内で騒動が始まった。彼は妻に対して不満を持った。別の人が言うには、彼の方が妻にとてもひどい振舞いに及んだというのである。たしかなことがある。それは、彼がテネシーを離れ、ミシシッピ河を渡り、アーカンソー地区でクリーク族(26)のあいだに隠れ住んだということである。そこで酋長たちのひとりの養子になり、その娘と結婚したと言われている。それからというもの、荒野のまっただなかで、半分ヨーロッパ人、半分未開人の暮らしを送った。

われわれが出会ったのは、ホワイト・リヴァーの入り口で、一二月一七日のことだった。その場所にチョクトー族(27)を降ろすために、停船したのである。彼は、合衆国からメキシコを隔てる平原のなかで捕まえられた素晴らしい馬にまたがっていた。この巨大な荒野には無数の野生馬の集団が住んでいる。そのうちのいくつかはスペイン人あるいはインディアンの支配下に落ちている。野生馬の血はアンダルシア地方〔スペイン南部〕で、だれもが知るように、馬はアメリカ原産の動物ではまったくない。ヒューストン氏は、ニュー・

(26) クリーク族　ジョージア州、アラバマ州付近に居住するインディアンで、クリーク同盟を結び、一八世紀には繁栄したが、一八一三年から始まるインディアン討伐戦争に敗れ、オクラホマ州に設置された居留地に強制収容された。トクヴィルはアラバマ州の森林地帯で、クリーク族の女性と出会ったことを書き留めている。『民主主義』、第一巻、第二部、第一〇章（『デモクラシー』、第一巻、（下）、二七一ページ）参照。

(27) チョクトー族　合衆国南部ミシシッピ河下流に居住するインディアンで、農耕部族だった。インディアン移住法に従って生地を捨て移住したので、一九世紀には「文明化された部族」に分類された。『民主主義』、第一巻、第二部、第一〇章（『デモクラシー』、第一巻、（下）、二七七ページ以下）参照。

オーリンズに行こうとして、われわれの船に乗り込んできた。四五歳くらいの男。彼の生活と一緒についてきたあらゆる類いの悲しみと労働は、顔つきに軽い痕跡しかまだなお残してはいなかった。体つきは筋骨隆々。これらすべてが彼自身のなかで肉体的・精神的活力を示している。

われわれはインディアンに関してたいへん数多くの質問をした。以下は、そのうちのいくつかである。

問い——インディアンには宗教のようなものがなにかありますか？

答え——霊魂の不死性をまったく信じないインディアンもある程度います。しかし、概して、インディアンは、現世での行ないに対して来世で罰するか、あるいは、褒美を与えるか、どちらかのことをする神が存在すると信じています。

問い——彼らは礼拝をしていますか？

答え——メキシコ国境に居住するオーセージ族[28]は、毎朝、日が昇るとともにお祈りをします。クリーク族は信仰を持ちません。大きな災難が起こったときやなんらかの大事業を企てるときだけ、彼らは、宗教上の公的祭式のようなことをやります。

問い——よくキリスト教徒のインディアンを見かけましたか？

答え——見かけたことはほとんどありません。私の意見では、インディアンを文明化するために、彼らのあいだに宣教師たちを送り込むのは実にまずいやり方です。

キリスト教は啓蒙され、知性に富む民族の宗教です。インディアンのように、文明においてはほとんど進歩しておらず、物質的本能のみに翻弄されてもいるような民族の知的能力を越えています。私の意見では、まず、インディアンを遊牧生活から引き離すことに取り組み、彼らに土地で耕作するように促さなければなりません。

キリスト教という宗教を導入するのは、彼らの社会状態のなかで変化が起こり、その自然な結果を受けてからということになるでしょう。インディアンに持続的印象を与えるのに成功できたのは、カトリック以外にはなかったということを私は指摘しておきました。カトリックは彼らの五感を打ちたたき、彼らの想像力に話しかけます。

問い――あなたがお会いになったインディアンには、なんらかの種類の統治体がありますか?

答え――一般にあるのは家父長的政体です。生まれが酋長を作ります。ヨーロッパ人との接触でよりいっそう知識を広げることになった部族にあっては、酋長を選挙で選びます。

問い――彼らには裁判がありますか?

答え――すべてのインディアンの精神に深く根ざしたひとつの観念があります。それが多くの部族にとってただひとつの刑法典を形づくっています。血には血で復讐しなければならないというのがその観念です。ひとことで言えば、反座法です。ですから、ある人間が人を殺したときには彼は、死者の両親からの復讐に捧げられます。彼は両親に引き渡されます。

---

(28) オーセージ族　フランス語でオザージュと呼ばれたのが語源。ミズーリ河支流のオーセージ河上流周辺に居住するインディアンで、スー族の支族。彼らは、自分たちのことを「中流の民」を意味するニウコンスカと呼んでいた。

問い――あなたがお会いになった部族には、相殺法がありますか？
答え、いいえ、ありません。南部のインディアンは、彼らの兄弟たちの生命の代償としてかねを受け取ることを恥と見なしています。
問い――あなたがお話になっている裁判の観念は、とても粗野なものです。それに、殺人にしか当てはまりません。盗みの場合にはどうなりますか？
答え――盗みは、ヨーロッパ人がインディアンの欲望を激しく誘惑するために作ったものを彼らのあいだに持ちこむまでは、まったく知られてはいませんでした。それからというもの、盗みを予防するために法律を作らなければなりませんでした。文明開化が始まっていて、文字で書かれた刑法典を持つクリーク族にあっては、盗みは鞭打ち刑で罰せられることになっています。判決を下すのは酋長です。
女性の不貞も同じ罰を受けます。おまけに、罪人の女性の鼻と耳が切られるのが普通です。姦淫もクリーク族の法律では罰せられます。
問い――インディアンのあいだでは、女性の状態はどのようなものですか？
答え――完全な隷従状態です。女性は、あらゆる苛酷な労働に従事させられますし、とても劣悪な状態で暮らしています。
問い――一夫多妻制は許されているのですか？
答え――ええ。男は養えるだけの数の妻を持つことができます。離婚も同じく許されています。
問い――あなたには、インディアンが生まれつき大きな知能を持っているように見えますか？

答え――はい。その点では、私は、彼らがいかなる人種にも引けをとらないと信じています。そのうえ、黒人も事情は同じだという意見に賛成しています。インディアンと黒人とのあいだで、指摘される違いは、私には、彼らが受け取った異なる種類の教育にのみ由来しているように思えます。インディアンは生まれつき自由です。インディアンは人生最初の一歩から、この自由を使います。動くことができるようになるとすぐに、彼は自分自身に身を任せます。父権でさえも、彼にとっては感じられない絆です。危険に取り囲まれ、欲望にせっつかれ、だれも当てにはできないので、彼の精神は絶えず動き回ることで、このような心配事を予め避け、自分の生存を維持するための手だてを見つけようとします。インディアンに課せられたこの必要性が、ある発展の度合いとしばしば感心するほどの繊細さを彼の知性に与えます。普通の黒人は生まれる前から奴隷でした。欲望がないように、快楽もなく、自分自身にとって無用な存在である黒人が生活から受け取る最初の観念は、自分が他人の所有物であり、自分自身の未来への懸念は彼には属さず、考えるという習慣でさえ、彼にとっては摂理からの無駄な贈り物であるということを彼に教えます(29)。

問い――ミシシッピ渓谷にいま住んでいる人種よりも、はるかに文明の進んだ人種がそこに一時的に滞在していたことを示す痕跡が残っているというのは、本当の話ですか？

答え――はい。私はかなり高い段階に達した文明を持つ民族が存在したことを明らかに示す、防御用建築物

(29)　インディアンと黒人の比較については、『民主主義』、(下)、二七二六六―二七一ページ）参照。また、本書、五第一巻、第二部、第一〇章（『デモクラシー』、第一巻、一五―五一六ページの両者の比較も参照。

をしばしば見かけました。どこからあの民族はやってきたのでしょう。どうして消え去ったのでしょう。そこに謎があります。けれども、そうした民族が存在したことを疑うことはできませんし、現在のインディアンがその生き残りだということを示すものはなにもありません。かつてミシシッピ渓谷に定住しにきたのは、メキシコ人だという意見が私にはもっとも確からしいものに思えます。

問い――インディアン部族に対してアメリカ政府がとっている方策について情報を私にくれませんか？

答え――よろしい。お安い御用です。南部の合衆国内には、なかば文明化されたインディアン民族が多数いましたし、いまだにいます。南部諸州の知事に対するインディアンの立場は曖昧で、連邦のこの部分が手に入れることのできる発展を遅らせています。ですから、連邦議会は、インディアン自身の利益にも、南部諸州の利益にもなるとして、本質的にインディアンの国であり続ける地方へ、インディアンの同意を得て、彼ら全員を移す計画を思いついたわけです。連邦議会が選択したのはアーカンソー地区の上流部分です。インディアン種族が住まうべき領土は、ルイジアナからミズーリにかけての地図上にあなたが引くことのできる想像上の線に始まります。それは、メキシコ国境と遊牧民族であるオーセージ族が住んでいる広大な平原にまで広がります。合衆国は、これらの限界内に含まれる土地をけっして売ることはないし、いかなるやり方をとるにせよ、そこに白人住民を立ち入らせることはけっして許さない、ともっとも厳かな誓約を結びました。すでに居住地には、一万人のインディアンがいます。私は、ときとともにそれが五万人くらいになるだろうと考えています。健康な地方で、大地は途方もなく豊饒です。

問い――インディアン人種は、消滅の危機に脅かされているように思えますが、そのような手段で、消滅するのを防げるとあなたはお考えなのでしょうか？　この処置は、またもや間に合わせのものではない、インディアンは衰退をすぐに余儀なくされることはないとあなたは信じていますか？
答え――いいえ、そんなことを思ってはいません。南部のインディアン民族は、もし政府が彼らのあいだで文明を促進する労をとるなら、そこに避難地を見いだし、そこでみずからを文明化するだろうと信じます。注目してほしいのは、インディアン民族がとどまろうとする孤立した地理的位置は、彼らの環境にアルコール度の高い酒を持ちこむことを防ぐために有効な対策を取ることを可能にするだろう、ということです。酒はアメリカ先住民にとって破壊の大きな原因です。
問い――ですが、これらの異民族同士が戦争を継続するのでは、とあなたは心配しないのですか？
答え――合衆国は、戦争を防ぐために、彼らのまんなかに哨所を設けています。
問い――であれば、インディアンを救えるとあなたはお思いなのですね。
答え――ええ、たしかに。政府がとった手練の知略から二五年たてば、そういう結果がきっともたらされることでしょう。すでに南部の多くの民族がなかば文明化されています。
問い――これらの住民のあいだで、文明化の度合いは、どのようなものだとあなたは見ておられますか？
答え――すべての住民の先頭に立っているのは、チェロキー族(30)です。チェロキー族は、全体が土地の耕作で暮らしています。彼らは、書き言葉を持つただひとつのインディアン民族です。チェロキー族のあとに来る

(30)　チェロキー族　合衆国南東部のアパラチア山脈南部に居住するイロクォイ系の言語を話すインディアン。

のはクリーク族です。クリーク族は、狩猟と同時に土地の耕作で暮らしています。彼らは、実定的な刑罰法規と統治体の形をしたものを持っています。そのあとに、私はチカソー族[31]とチョクトー族を位置づけます。彼らが文明化し始めたとは、いまだに言えませんが、しかし、彼らは、未開的本性の特徴を大いに失いかけはじめています。すべてのインディアン住民のなかで、最後につけているのがオーセージ族です。彼らは、引き続き遊牧民族として生きています。全裸に近い姿をしていて、ほとんど火器を使わず、ヨーロッパ人と言えば、毛皮商人しか知りません。オーセージ族は、合衆国とのあいだに条約を結んだ南西部最後の部族です。

問い――しかし、先ほど話題にしたあのアーカンソーの入植地は、南部のインディアンを受け入れるためにしか作られていません。西部と北部のインディアンに対してはどのような決定がありましたか?

答え――西部と北部のインディアンは、南部のインディアンのように、白人人口のなかに呑み込まれてはいません。彼らは合衆国の縁にいますし、合衆国は、前進しつつ、自分たちの前へ彼らを押し出しています。

政党について

諸政党[32]が一国民のなかに生まれたとき、しばらくのあいだは、若い頃の特性をある点までは持っている。政党の情熱と行き過ぎには、寛大さや極端さや献身が混ぜられている。しかし、徒党が長いあいだ揺さぶりをかけ続けた国では、諸政党は、恥知らずな利己主義《エゴイズム》の性格を帯び、一種人間嫌いの気質を持つようになる。ひとことで言えば、失意と冷たい情念を感じるもの、老年期を思わせるものを受け取るのである。

ケントの『アメリカ法註解』ノートと考察

［訳者解説］ミシシッピ河の氷が融けるのを待って、ニュー・オーリンズ行きの船に乗り込んだトクヴィルは船中で合衆国の有名な法律家ジェームズ・ケントの大部な著書『アメリカ法註解』の第一巻と第二巻に関するノートをとる。下線部は原文からの引用。

コモン・ロー

ミシシッピ河上で、一二月三一日

---

(31) チカソー族　合衆国ミシシッピ河流域に居住するインディアンで、オクラホマ州に強制移住させられた。チョクトー族とは長年敵対関係にあった。

(32) 日付はないが、一八三一年一二月三一日と推定される。政党に関する考察は、初めてここに姿を現わす。一八三二年一月には各所で考察される。『民主主義』、第一巻、第二部、第二章（『デモクラシー』、第一巻、（下）、一一一―二一ページ）参照。

イギリス慣習法は、われわれのいくつかの慣習のように、一度も書かれたことはなかった。それは、厳密には、まさに過去の学識であり、前例の認識である。イギリス慣習法とお付き合いすると、前例はあるが、法律はない。

時間が経つにつれて、過去の諸例はますます数を増やした。諸例を裏づける材料、資料の類は増加する。ケントは〔『註解』〕第一巻、四四一ページで、ひとりの法曹家の蔵書を構成するとなれば、その時点で六四八冊を下回ってはならないと言明している。

裁判をするためのこのようなやり方は、法典化に慣れた人間にとっては、絶対に野蛮なものに思われる。とはいえ同じ程度に開明的な一国民の手にあれば、二つの体系はほぼ同じ結果に到達するという風に信じることからは、私はそう遠く離れはしないだろう。

成文法が少なければ少ないほど、判例に対する崇敬が増すと思う。

法体系としての曖昧さが社会の病であることは、わかりやすすぎ、だれにでも感じとられるので、法なきところ、一種の保守本能が司法官を前例に結びつける。それとともに、改革することで能力を見せつけたいという渇望が彼らの心のなかで勝利を収める。かくして法律の大原理のすべてについては、判例で何千回となく宣告される機会があるために、裁判官は理論においてではなく、実践において、間違いなくそれらに縛られるということになる。それほど幾度も道筋がつけられ、そこを何回も通ったせいで、その道筋から離れてみようという考えが裁判官にはついぞ浮かびさえしない。議論が許され、そして、裁判官が自分自身の意見を持つことは自由なのだと思えるのは、珍しい問題と、ほとんど重要性を持たない機会と、新しい訴訟ぐらいしかない。

奇妙ではないか！　違憲と認識するがゆえに、国家の法律を適用するのを拒む権限を裁判官が持っている国で、ほんのちょっとの訴訟においても、裁判官は彼らの先行者の意見にくくりつけられ、彼らの理性を別の人間の理性に従属させているのである。慣習法は、立法者にほぼ相当する地位に司法官を昇らせることで、司法官の重要性を増したように思われる。とはいえ、慣習法が司法官の地位を再び低めているのが真相である。慣習法のもとで裁判官は先行者に従い、成文法のもとでは法律に従う。

最良の法典を持つ国において起こっていることは、だいたいそういうことではないか？　もっとも練達した立法者は、あらゆる場合を予測できるのか？　適用すれば、訴訟が絶えず生じるような漠然とした基本原則を制定する以外のことを、なにか立法者はやっているのだろうか？

たしかに、成文法体系にくらべると、慣習法には曖昧な点が多い。しかし、成文法があるところでは、判例の力の方が弱いから、法典が疑いを残していると、そういう事例は慣習法体系のもとで起こる事例よりも裁くのがもっとむずかくなり、それを解決するにはもっと時間がかかる。だから開明的な諸国民の手に二つの体系があるときには、ほぼ均衡が取れるのである。

しかし慣習法の支持者は、はるかに極端なところへ進み、慣習法に選好を与えようと主張する。私には支持することができるとは思えない点がこれである。

無知な時代に生まれ、異なった時代と異なった手による補完をいくつも受け取った慣習法は、ひとつの議会またはひとりの人間の作業の結果であり、学識ある世紀の産物である成文法ほど、完璧で、合理的で、結合された全体を提示することができないのである。

慣習法の利点の全部、あるいはほとんど全部は成文法と共通しているのに対して、成文法には独自の利点がより多くある。

最大の利点は重要な点と一般原則において、法を万人に開放していることである。慣習法のもとでは、なにが許され、あるいは、なにが禁止されているかを知っているのは、ひとり法曹家だけである。

第二の利点は、法曹家のためにそれを、健全で、固定され、さまよい歩かない法律に仕上げるということであり、成文法を勉強することにはかねがさほどかからず、それを記憶していくのも容易であるということである。

ほとんど啓蒙されていない一国民の手にある場合、慣習法は危険な武器である。

慣習法は、その結果から生じる原因であり、裁判に基礎として役立つどころか、裁判から生じてくる法律であると言えるかも知れない。だからもし司法団体の構成が悪く、啓蒙された世論が絶えずそれを統制しなければ、法体系はほぼ完璧な野蛮状態に陥るかもしれない。

慣習法は王政にとっては、そしてとくに絶対王政にとっては特殊でささやかな利点を持っていると私は見ている。それは、人民を法律の形成に**非合法**に参加させることである。慣習法のもとでは、裁判官が言わば立法者である。とくに新しい事例においてはそうである。

しかるに裁判官も世紀の人である。世論が彼を取り囲んでいる。時代の国民的要望の感情は、裁判官の世代全体に共通している。

こうした裁判官が絶えず陪審の前で仕事をするなら、右記のことはなおさら真実となる。したがって、彼は、自分でも気づかぬうちに、しばしば自分の考えと自分の同時代人の考えを、裁判に、言い換えれば法律に伝えることになるだろう。各世紀の意見と要望の通訳に仕立て上げられた裁判官の手のうちで、法体系が変更を蒙ることは確実だろう。しかし、慣習法のこの利点は、人民が法律に関与する諸国家では感じとられない。そこでは、間接的な道を通ってことを行なう必要がない。

慣習法の封建的起源とならんで、この曲げやすさにこそ、慣習法を成文法から区別する独立不羈というその性格の原因を求めなければならない。

ローマ法は慣習法の体系よりも完全で、論理的に結合されており、先を見通していて、巧妙であるということがかなり一般的に認められている。しかし慣習法のなかには、政治的諸権利を尊重する気持ちやローマ法には絶対的に知られていない自由の精神がみなぎっている、と主張されている。これはもっともな意見である。これはローマ法には当てはまる。しかし、これを成文法一般に反対する議論に使うことはできない。

［略］

文明は慣習法が誕生するのを見てきた。その文明のように、野蛮人のなかから生まれたために、慣習法は不完全であるが、しかし独立精神が開花し始めた諸世紀において、その精神を吸って育ってきた。今日、成文法より慣習法の方が好ましいかどうかはっきりさせるという問題は、否定の方向で答えることが私には疑いようのないことであるように思われる。しかしヨーロッパの大陸で慣習法が廃止されたことは、大いなる不幸だった。私が思うに、大陸とは反対にイギリスでそれが維持されたことは、奇妙なことに、自由の思想と原理を維持するのに貢献し、その不完全さにもかかわらず、間接的に、こうしたやり方で、この島における文明の進歩に役立ってきたが、それに対して、大陸への成文法の導入は、より完全で、より巧みで、より文明化された法を導入したことにはなるが、しかし、そのように考えることができればの話だが、かえってこのことは、ヨーロッパに専制主義を打ち立てるのに貢献し、そのことを通じて文明の大義を傷つけてしまった――文明の大義に役だつと思われていたのに反してである。

慣習法がイギリスで保たれたことが政治的諸帰結を持ってきたこととは別に、その存在はイギリス精神にある様相を帯びさせるのに役立ってきたように思える。

それは、この国に前例の精神とでも呼ぶことができるようなものを作り出した。言い換えると、なにがそれ自体として理屈にかなっているのかを求めるのではなくて、なにがなされたのかを追求する方に人間を傾かせる一種の精神の傾向であり、なにが正しいかではなく、なにが古いか、一般理論ではなく個別的事実を追求するという傾向である。私は信じて疑わないのだが、慣習法の習慣と、政治問題に関する議論に法曹家と裁判官がいつの時代にも担ってきた役割は、貴族主義的諸制度の強力な援軍となり、それら諸制度と手を携えて、イギリス人を特徴づける、父祖たちの作品に対するかの迷信的なまでの崇敬の念と革新に対するかの憎悪心を彼らに植え付けるのに貢献したのである。

しかしながら、習俗のように法律が限界なき民主主義に傾いている合衆国でも、慣習法が人間精神に与えるこうした傾向が認められる。社会全体では、それはおとなしくしているように見えるが、しかし、法曹家たちのあいだでは、その明確な兆しが見られる。合衆国の法曹家は変革の敵であり、前例の人である。フランスでは法曹家の性格はまさにこうではない。すべてのものを一般化する習癖は、わが弁護士たちを際立たせるものとなっている。アメリカでは、法律家のあいだでは一般観念の不在が感じられる。アメリカの法曹家は、概して誇張法を使って慣習法の賛美を行なう。彼らは法典化に反対しようと、全力を振り絞っている。この点は次のようなやり方で説明される。

一、もし法典化されれば、彼らは勉強を再び始めなければならなくなる。

二、法律が凡百にも手の届くものとなれば、法曹家らの重要性の一部は消滅する。彼らは、隠秘術を唯一解釈できる立場にあったエジプトの神官のような存在ではもはやなくなる。

法廷外からではあるが、アメリカの傑物の幾人かは法典化に反対してきた。なかでもポインシット氏がそうである。E・リヴィングストン氏は反対に法典化に大賛成だ。きょうはっきりと彼が私に言っていたことだが、反対意見を持っていた弁護士たちは、問題に利害をからませているという。

書かれていない基本法はしばしば書かれている基本法よりも、議論を引き起こすことが少ないのは事実だ。

立法者の意志と成文法の精神を見抜くことよりも以前の事実を証明する方がやさしい。

註解

合衆国上院は、司法と立法の団体であると同時に、ときに状況に応じて行政団体にもなる。それは条約、役人の任命などにかかわる。

戦時に大統領が州兵を行進させ、指揮する権限を持っているかどうかをはっきりさせるための議論。(I, 246.)

二院制の有用性は理由と例で証明されている。(p.254.)[略]

君主制の統治体においては、司法の独立は王冠の不正から臣民の諸権利を守るために重要である。しかし、共和制においても、憲法と法律を蚕食と徒党の暴政から守る点で、それは等しく有益である。(p.275.)

不寛容

ニューヨーク州において前世紀の終わりに言い渡された法律は宣言する。定められた期間に州から出ていかないすべてのカトリック聖職者は、一生牢屋に閉じ込められ、彼が戻ってきた場合には死刑に処される。一七五六年に書物を書いた歴史家のスミス[33]は、この法律には永遠に存続する値うちがあると公言している。(II,p.63.)

結婚について

男は一四歳で結婚でき、女は一二歳で結婚できる。（p.67.）

両親の同意は、いかなる年齢であっても必要ない。（p.73.）

結婚は民事契約である。（p.74.）

多くの州でいかなる特殊形式も強制されない。実質を作るのは当事者の意志である。

離婚

マサチューセッツの裁判所は、不能を理由とする〔原文ラテン語〕離婚を認めることを法律が許可している。（p.81.）

離婚の理由とそれを実現する仕方には、諸州間で大きな違いが認められる。

多くの州は、大まかに見て離婚の数を制限する傾向を持っている。ケントは離婚の使い方が怪しいと思っているようだ。彼は言う。離婚事由を数多く裁判で認めてきたけれども、姦通は、まさに離婚が目的で夫の

（33）　スミス、ウィリアム（一七二八—一七九三）　ニューヨーク州の王党派の裁判官で、歴史家。トクヴィルは、『民主主義』で彼の著作『ニューヨーク州史』*The History of Province of New York*, 1733. を参照している。

側が犯す場合がときどきあった。（p.88.）

離婚のほかにまだ離縁がある。（p.106.）

非嫡出子

英国法は、事後の結婚による非嫡出子の準正〔嫡出子扱い〕を許さない。しかしながら、合衆国の一一州（もっとも新しい州）は準正を採用した。（p.173.）

奇妙奇天烈なことではあるが、古代法は、父権探しを許していて、その多くが非嫡出子に一切相続権を与えていない。母親の財産に関してさえもそうである。（p.175.）

法人

ケントが異様に思うほどの速さで、合衆国では法人格付与認可状の数が増加した。（p.219.）

その他

法律を非憲法的と宣言する権限が裁判官にある。（p.420.）

名誉毀損に関してイギリス人は、名誉毀損の事実が本当かどうかの証明を許さない。(34)（p.15.）

アメリカで議論を呼んでいる問題。証明を許す強い傾向。あまりにも制限がなさすぎる出版の自由。あらゆる障害を打ち破っている。面白い。（p.19.）

（34）英国法では、名誉毀損で著者や報道関係者が訴えられた場合には、名誉毀損に当たらないことを被告側が証明しなければならない。貴族主義的価値観の名残とも言える。これに対して、建国以来、言論、出版の自由を最大限認めようとする米国法（合衆国憲法修正第一条）では、原告側が名誉毀損に当たることを証明しなければならない。プライバシー保護の見地から最近第一条が修正されたと言っても、名誉毀損で訴訟を起こす原告が有名人であったり、被告側が善意であったりすれば、名誉毀損にはならない。アウシュヴィッツ収容所にはユダヤ人虐殺のガス室などなかったのだという主張を展開したイギリス人歴史家の著作を嘘つきと激しく攻撃したアメリカ在住のユダヤ人女性歴史学者とその著作を刊行したペンギン・ブックスが名誉毀損で一九九四年に英国の法廷に訴えられたときにも、名誉毀損にあたることを原告が証明しなければならない米国法との違いが現われ、被告側が名誉毀損に当たらないことを証明しなければならなくなった。つまり、実際にホロコーストがあったことを被告が証明しなければならなくなったのである。ホロコーストの存在を証明することに成功した被告側は、六年後に全面勝利の判決を勝ち取る。この有名な裁判は英国の映画監督ミック・ジャクソン（一九四三―）の手で『否定と肯定』（原題 Denial）として二〇一六年に映画化された。

第一一章　ニュー・オーリンズと最後の長旅、ワシントン見学

［訳者解説］ ちょうど一八三二年一月一日にニュー・オーリンズに到着したトクヴィルとボーモンは、人種が混交する町を楽しんだのち、いよいよ帰国が迫ってきたので、陸路でヴァージニア州のノーフォークに向かい、そこから蒸気船に乗ってチェサピーク湾を遡上して、首都ワシントンに向かうことにした。一月四日にニュー・オーリンズを発った彼らは、二日でアラバマ州の州都モンゴメリーに到着した。ここから、彼らはジョージア州に入り、ノックスヴィルに向かう。ノックスヴィル到着はニュー・オーリンズ出発後、わずか四日ののちのことである。そこから、彼らは、サウス・カロライナ州に入り、馬車の故障で立ち寄ったコロンビア付近の旅籠で、偶然にもポインシットと再会する。ポインシットもワシントンへ向かうということで、彼は二人の旅に合流した。その後、一行がノース・カロライナ州を縦断して、ジョージア州の港湾都市ノーフォークへ到着したのは、おそらく一月一六日で、同じ日に、そこから彼らは蒸気船に乗り込み、チェサピーク湾を遡上した。ワシントンに到着したのは、一月一八日と見られる。ワシントンで彼らはときの大統領ジャクソンと接見した。アダムズ前大統領とも再会した。トクヴィルとボーモンは二月二日に上院を見学したのち、文書資料を集めるのに協力を惜しまなかったトリストに別れを告げ、翌朝早くにワシントンをあとにし、フィラデルフィアを経由して、二月四日にニューヨークに戻った。一八三二年二月二〇日、彼らはアンリ四世号に乗り込み、帰途につく（一八三二年一月一日～一月三一日）。

第一節　旧フランス領のルイジアナ

公共の繁栄を増大させる手段

一八三二年一月

政治学の教えのほとんどすべては、それらの文面において、なにかしら一般的、理論的でありすぎ、曖昧でありすぎるために、そこから実践においてほんの少しでも役立つ点を引き出すことはむずかしい。それらは、効き目が病気の本性よりはむしろ、ほとんどいつも病人の体質に依存しているような薬に似ている。

一国民の繁栄を増大させる方策と言えば、ただひとつしか私は知らない。この方策を適用すれば、間違いはない。あらゆる場所で、あらゆる国で私はそれを当てにできると思う。

その方策とは、人びとのあいだで連絡をますますとりやすくすることにほかならない。

この点では、アメリカが見せる光景は教訓的でもあり、興味深くもある。

道路、運河、郵便は連邦の繁栄に驚異的なかかわりを持っている。それらの効果、そこに結びつけられる価値、それらを手に入れるやり方を検討するのは、良いことである。

アメリカは、これまで一国には一度も認められなかったほどの巨大な繁栄を享受している国であり、私が上で述べた連絡の自由を手に入れるために、その年齢と素質にくらべれば、最大限の努力を払ってきた国でもある。

フランスには、都市圏に集中した非常に多数の人口があるが、そのあいだを通り抜ける道が一本もない。だから、この多数の人口を抱える都市圏は、かつては世界の半分がそうであった以上に、国の他の部分からは切り離されている。低ブルターニュ地方のある田舎町からパリへ小麦袋一〇個を取り寄せることの方が植民地の砂糖全部をパリに到着させるより以上に、長くかかり、しかも、かねもかかるということを私は信じて疑わない。

アメリカでは、新しい州において最初にやるべきことは、郵便をそこに届けさせることである。ミシガンの森には、孤立したあばら家や未開の渓谷があるが、手紙と新聞が少なくとも週に一度は届かないところは、ひとつとしてない。このことの証人はわれわれ自身であった。われわれの社会状態とアメリカ国民の状態とのあいだに差を感じるのは、とりわけこの状況に身を置いたからである。人間がいまだに生活上のあらゆる苦難と戦い、遠く離れたところにしか社会というものを垣間見られないほど、いまだに未開状態にあるこれらの地方にくらべて、おおむね同じ割合で手紙と新聞を受け取っているフランスの農村地区などほとんどない。

人口が地方の一部に向かう様相を呈するとすぐに、そこへ道路をつけようと人びとは急ぐ。道路は、それを使わなければならない人間にほとんどいつも先立っているが、しかし、それは、こうした人間を呼び寄せてもいるのである。文字通り荒野のまんなかに開かれた大きな道路を何度もわれわれは目にしてきた。

アメリカは巨大な運河を計画し、完成させてきた。アメリカには、鉄道がすでにフランス以上に多くある。蒸気の発見が連邦の力と繁栄を信じがたいほどに増大させたことを認めない人はひとりもいない。そして、この巨体のさまざまな部分同士ですばやい連絡をますますとりやすくしたことで、それが実現したのである。南部諸州では、連絡がさほど容易にはとれないので、他の諸州とくらべると、南部諸州は活気がない州である。

世界のすべての国のなかで、思考と人間の巧みさの運動がもっとも持続的で、もっとも急速な国はアメリカである。自分が住む広大な国のあらゆる部分にどんな資源があるかを知らないようなアメリカ人はいない。連邦の知識人同士は、全員、お互いの名声で知り合っているし、多くの知識人が出会ってもいる。これがどれほどの程度でそうなのかを見て、私はしばしば驚きにとらわれた。アメリカ人が同僚のひとりについて話題にしたときに、必ず起こったことを私は語ることができる。同僚について、現在の立場と彼の来歴について事実を知っていて、それを語るのがアメリカ人だということである。

世界最古の蒸気機関車（1831年１月15日）

私は、手腕と知識の極端なこの運動をとりわけ教育が支えていることを知っているし、アメリカで人びとが享受している統治のやり方とアメリカ人が置かれている実に特殊な位置がそれを支えていることを知っている。アメリカ住民は定住していない。それは古い民族のあいだでさえそうである。住民のほとんどすべてが連絡手段に対する必要を鋭敏に感じている真の意味での仕事師から成り立っている。彼らは、われわれのところの農民が持っている旧套墨守の怠惰な気質からは期待できそうにない熱心さで、これらの手段を使っている。だから、一本の道路あるいは一本の運河の効果は、フランスよりもアメリカの方がよりはっきりと感じとられるし、とりわけ直接的である。

したがって、西部の新しい地区のためにアメリカ人が行動するように、われわれのあいだでも同じことをやらなければならない。いずれは、道路を使おうとする旅行者が現われることを確信して、旅行者より先に道路をつけなければならない。

アメリカにおいて連絡路を開くためにどのような手段が用いられているかという点に関して、私が着目してきたのは以下のことである。

一般に、ヨーロッパにおいては、アメリカ政府の偉大な格率が自由放任《レッセ・フェール》であると思われている。個人的利益が社会の大きな作用主であるので、政府は社会の歩みに対しては純粋な観察者にとどまるべしというのである。このことは誤りである。

アメリカ政府は、われわれの政府のように、口出しをまったくしていないことは事実である。政府は、すべてを予見し、すべてを実行しようという意図をまったく持っていない。政府は、まったく報奨金を配らないし、商業をまったく奨励しないし、美文学も芸術も保護しない。しかし、公共の役に立つ大工事については、その世話を個人に任せておくことは稀である。それを実行するのは政府自身である。ハドソン河をエリー湖へとつなぐ大運河は、ニューヨーク州の費用で実行された。エリー湖をミシシッピ河につなぐ運河はオハイオ州の事業である。デラウェア河をチェサピーク湾につなぐ運河は州の企画である。非常に離れた地点に至る大道路は、通常は、会社ではなく州が企画し、実行する。

しかし、注目してほしいのは、この点に関しては、いささかも決まりというものが存在しないということである。会社や自治体や個人の行動は、州の行動と無数のやり方で連携している。中規模の企画あるいは限られた利害を持つ企画については、すべてが自治体あるいは会社の事業となる。高速道路すなわち有料道路は、しばしば、州道路と平行して走っている。会社が敷設する鉄道は、地方のいくつかの部分においては、大きな道路への連絡道の役割を果たしている。自治体の道路は、それが通っている地区によって維持されている。したがって、ここではいかなる排他的な思想体系にも人びとは従っていない。アメリカは、当代の皮相で形而上学的な精神を楽しませるようなあの均一性の思想体系のかけらも提供しない。

制度においても、法律においても、社会の統治においても、日常的な歩みにおいても、すべてがそれとは反対に、いろいろ異なっており、変化に富んでいる。

すべてが、人間と場所の本性に従って進行しており、曲げようのない規則の厳格さに人間と場所を屈服させようとする目論見はない。国全体と国の各部分に普遍的に広がった繁栄は、この変化の豊富さからでてきている。

ある場所から他の場所へ手腕の産物と思考の産物を早く届けるための道路や他のすべての手段に話を戻そうとして、私は、それらのものが一国民の繁栄に役立つことを発見したのだと主張しているわけではない。そんなことは、世界中の人びとが感じ、認めている真理だからである。私はただ、この真理に私の指が触れるようにしてくれたのはアメリカであるとだけ言っておく。また、アメリカは、世界のどの国よりもまして、そのことを浮き彫りにしているし、この連邦を横切る際には、議論によってではなく、四方八方からの証拠によって、一国の繁栄を増大させるもっとも強力で、もっとも間違いのない手段は、そこに居住している人びとのあいだでの自由な交際を、あらゆる手段を使って促進することであると必ず確信しないではおれないということだけは言っておく。

ルイジアナの実情

一八三二年一月一日

ニュー・オーリンズのフランス公使ギユマン氏[1]との会話。

ギユマン氏は、たしかに才気煥発な人物であり、しかも私が思うに、能力がある人物である。すべては例外的。というのも、海外でのフランスの代理人と来れば、無能力というのが普通法と思えるからだ。彼は一五年前、あるいは一七年前からニュー・オーリンズに住んでいる。

「この地方は」と彼はわれわれに言っていた、「本質的には、いまだにフランス的です。考え、習俗、意見、習慣、流行がそうです。人びとは、これ見よがしにフランスに合わせて自分を作ります。この地で、われわれの政治的情熱が持っていた影響に、私はしばしば驚かされましたし、また、この点に関して、いまだにルイジアナの人びととフランスの人びとのあいだに存在している類似性に、しばしば強い印象を受けてきました。私にはしばしば起こってきたことですが、ひとつの出来事がここで作り出していた印象を通じて、フランスでそれがどんな印象を生み出すだろうか、ということを予測することができました。そして、私の占いはいつも当たっていました。ルイジアナの住民は、自分たちの問題よりも、フランスでの問題の方に関心を寄せています」。

問い——そうした気質は、われわれと合衆国とのあいだに存在する貿易関係に好都合だったはずですね。

答え——とても好都合でした。私は、フランス的生活習慣がルイジアナで守られているということがフランスにとっては最大の利益のひとつであると見ています。こうしたやり方で、アメリカへの大きな扉がわれわれの前に開かれているわけです。ルイジアナを植民地として持ち続けることは、われわれにとって至難の業でした。しかし、少なくとも、かなり長いあいだ、ルイジアナを引き留めることができたでしょうし、そこにフランス風の民を作り出すために十分なほどの配慮を示すことができたでしょう。そうすれば、これらの人びとは、その後は自分たちで持ちこたえたことでしょうに。いまでは、アメリカ人たちの圧力に抗して、自分たちを維持することもかなわないくらい弱い立場にあります。ルイジアナのほとんどすべての土地は、まだフランス人の手のなかにありますが、しかし、大きな商取引はアメリカ人の手のなかにあります。実業に対する両国民の気質には非常に大きな差異があると言って置かなければなりません。ルイジアナのフラン

(1) ギユマン、ジャン・アルマン・フランソワ　一七七七年頃にフランスで生まれたとされる。ニュー・オーリンズでフランス公使を一八三二年まで務めるが、王党派の外交官として、ボナパルティストの現地フランス人をスパイしていたという。このとき、彼はワシントンにいるフランス大使に報告書を送っていたが、そのフランス大使ド・ヌヴィルがトクヴィル家とも交流があった。

ス人は、実業においては冒険者ではありません。彼らは怪しげなもののために、既得のものを危険にさらすことをまったく好みませんし、倒産などという恥さらしになることを恐れています。毎年、われわれのここに北部から下ってくるアメリカ人は、富に対する欲望でガツガツしています。彼らは、すでにそのためにすべてを捨てたのですから。失うべきなにものもほとんど持たずにやってきますし、借金の支払いにフランス人が結びつけている体面などほとんど気にすることがありません。二つの人種のあいだに存在し、それぞれがなにを善とし、なにを悪とするかについて存在する際立った差異をこの地で研究するのは興味深いことです。

問い――ルイジアナのアメリカ人とフランス人とのあいだに存在するように見えるそのような戦いから、両民族のあいだにとげとげしさが生じませんか?

答え――双方ともに自制していますし、顔を合わせることもほとんどありません。しかし、実のところ、本当の意味での敵意はいささかも存在しません。ここでは、フランス人は、カナダでのように敗戦国の民ではありません。反対に、実際にも完璧な平等のもとで暮らしています。彼らとアメリカ人のあいだの結婚は、絶えず取り決められています。さらにこの地方は、測り知れないほどの繁栄を享受しています。それは毎日のように増大しています。ニュー・オーリンズの運命は無限です。黄熱病の災禍に打ち勝つか、あるいはそれを大きく減少させただけでも、ニュー・オーリンズは、新世界一番の巨大都市となるように定められていることは確かです。五〇年後にアメリカ人の集団がミシシッピ渓谷に向かってしまっていることでしょう。そして、われわれはここで、河の扉を守っています。

問い――そうした繁栄の一部はルイジアナに与えられた自由な統治体に由来するとお考えですか？

答え――繁栄が政治制度のおかげでなく、政治制度とは無関係に起こったと確信するには、一五年前から私がしているように、事態の歩みを間近で見なければなりません。あのような狂気の大混乱についての観念は、あなたにはないでしょうね。人民は、職務に対する才能がない陰謀家たちを指名しています。傑出した人間がそこに到達することは、まず一度もないのです。州議会がこのように構成されているので、それは法律を絶えず修正し、破棄します。〔いつまでも完成しない〕ペネロペの織物です。もっとも大事な措置が、言わばこっそりと消されてしまうのです。統治体は一味徒党の餌食になっています。ご覧になったでしょうが、町はほったらかしで、どれほど不潔な状態にあることでしょう。収入は一〇〇万フランありますが、しかし公金の大浪費がはびこっています。選挙権を広げることで、投票の独立性が増したと言われています。私は反対だと思っています。労働者階級は、どの国でも彼らを雇っている人間の言いなりです。そんな国で労働者階級が選挙を決めるのですから、まさに数人の工場主たちの陰謀が人民のいわゆる自由選択を作り出しています。とはいえ、申し上げていましたように、ルイジアナの繁栄は非常に大きく、絶えず増大しています。こんな統治体にも、非常に脆弱でどのような自由も邪魔しないという長所があります。しかるにここでは、自由に対して人は恐れなければならないなにものもまだもっていません。このことはルイジアナだけに通用することではありません。合衆国のすべてに通用することです。アメリカの諸制度について一般的なやり方で推論することができるなどとは、思ってもみませんでした。アメリカの位置はとても特殊です。

問い――ここでは、魂に対して宗教がほとんど力をもっていないと言われていますが。

答え――宗教の力はさほど大きくはありませんが、それは、部分的には、われわれのところへヨーロッパから送られてくる悪い聖職者のせいだと私は思っています。人びととなんの共通点も持っていないうえに、嫌悪すべき品行の持ち主であるイタリア人たちがわれわれのところへ押し寄せてきています。とはいえ、カトリック信仰の司祭たちの側が、一度も世事に干渉してこないせいで、彼らに対するどのような政治的敵意も、どのような種類の敵意もありません。最近、自殺者を聖地に埋葬することを拒んだ司祭のガラス窓が割られましたが、しかし、私は、民衆がこんな風に行動したのも、大部分は、サン＝ジェルマン＝ロクセロワの場景(2)を真似したのだということに確信を持っています。ここアメリカ合衆国の他の州で私が見ている限りでは、州から聖職者を絶対的に切り離し、宗教をそれ自身の影響力に委ねておかなければならないと私は深く確信しています。それが宗教の利益となるからです。

問い――司祭たちに対する支払いは、ルイジアナではどうなっていますか？

答え――州はそれには一切かかわりません。しかし、一般に自治体は、この用途のために割り当てられた土地財産を持っています。おまけに、儀式への謝礼も、自発的醵金も、信徒席代も……。

問い――風紀は、とくに有色人たちのあいだでは、とても悪いと言われていますが。

答え――実際、有色人たちのあいだでは、おびただしい不道徳が蔓延しています。しかし、どうして別な風なことが望めましょうか？　法律が、言わば有色人女性たちをみだらな行ないに運命づけているのですから。あなたもおそらく注目なさったでしょう。ムラート(3)専用の場所や見世物やそのほかの場所で、もっとも美しいヨーロッパ人女性と同じくらい白い女たちに。いやはや、彼女らと来た日には、禁じられた人種をやはり構成しているのです。伝承では、彼女らの血管には、アフリカ人の血があるとされているのですから。とはいえ、あの女たち、それに彼女らほど白くなくても、それでもすでにヨーロッパの顔だちと優美さを備えている他の多くの女たちも、しばしば優秀な教育を受けてきました。そして、それなのに、法律は、白人の富裕な支配人種と結婚することを彼女らには禁じています。彼女らが合法的結婚の契約を結びたいと思えば、彼女らのカーストに属する男性と結婚し、恥辱を分かち持つ必要があります。なぜなら、有色の男性は、妻には認められている恥ずべき特権を享受することさえないからです。彼らの肌の色も、教育も、彼らを裏切りに来ていないとしても、こういったことはしばしば起こる事例なのですが、やはり、彼らは絶え間なく続く不面目な状態に運命づけられています。路上にいる憐れな人間を手荒く扱い、「そこをどけ、ムラートめ！」と叫びながら彼を泥のなかに突っ込む権利を持たないような白人の乞食はいません。彼が作成する証書の頭書には、法律が「有色自由人」と書くように彼に強制しています。彼らはなにひとつ望むこと

(2) 一八三一年二月一四日に民衆がパリの中心にあるサン゠ジェルマン゠ロクセロワ教会を襲い、反教権主義者の多い鎮圧部隊が見守るなかで略奪し、ついで、翌日大司教館を襲い、略奪を繰り返した民衆暴動を指す。暴動の原因は、正統王朝派が二月一三日のベリー公暗殺事件一一周年の教会での儀式を七月王政に反対するために利用すると民衆が信じたことによる。

(3) ムラート 元来はスペイン語。雄馬と雌ロバとの混血動物であるラバを意味する mulo に、動物に用いられる語尾 -ato が付けられてできた合成語。スペイン領新大陸における白人と黒人の混血を指す差別的な用語。

はできません。とはいえ、彼らのあいだにも、徳と能力に溢れた人間がいることを私は知っています。白人の貴族階級（一般に、貴族階級すべてがそれをしているように）は、まさにこんな風に、ほかのすべての人間から自分たちを執拗に切り離すことによって、アメリカ大陸では危険にさらされ、アンティル諸島では、ほぼ確実に破壊されようとしています。黒人に権利を与えないまでも、少なくとも、生まれと教育の点で、最大限自分たちに近い有色人の権利を白人の貴族階級がうちうちで認めたなら、彼らは、有色人たちを間違いなく、みずからの大義に結びつけることになるでしょう。実際には、彼らは、黒人よりもはるかに白人に近いわけですから。白人の貴族階級は、黒人の側に野獣のような力しか残さなかったでしょうに。彼らは黒人を押し返すことで、反対に奴隷に、自由であるために欠けている唯一の力、すなわち知恵と指導者とを与えています。

ニュー・オーリンズでの一日

一八三二年一月一日

ニュー・オーリンズに到着。船が森だ。ミシシッピ河は三〇〇ピエの深さ。都市の外見。美しい家、あばら家。泥まみれの通り、舗装はされていない。スペイン風の建築は平たい屋根。英国風の建築は煉瓦づくりで、小さな門。フランス風の建築はどっしりとした両開きの門。人口も混じり合っている。あらゆる微妙な差を持つ肌の色をした姿。フランス語、英語、スペイン語、クレオール語[4]。全般的にフランス的な雰囲気。

しかしながら、ポスターや商業広告はたいてい英語。産業と商業のアメリカ的世界。マジュロー氏訪問。[5] われわれは子供たちとお菓子とおもちゃのまんなかにはまり込んでいる。夜は見世物。『石工』[6]。サロンが提供する奇妙な光景。二階ボックス席は白人で、三階ボックス席は灰色の人間。有色の女はとてもきれい。彼女らのまんなかに白人女がいるが、アフリカの血が残っている。四階ボックス席は黒人である。一階立ち見席では、われわれはフランスにいると思う。合衆国から一〇〇〇リユーも離れたところで、物音を立て、騒がしく、動き回り、おしゃべりをしている。そこを一〇時に出た。クオーターたちの舞踏会。奇妙な見世物。白人男性のすべて、有色、あるいは少なくとも、アフリカの血が混じった女性のすべて。

両人種間の不道徳から生まれた特異な絆。一種のバザール。言わば法律によって内縁関係に捧げられた有色女性。風紀の信じられないほどの弛緩。母親、若い娘、子供が舞踏会に参加する。またも、奴隷制の致命

(4) クレオール語　ヨーロッパ諸語と西インド諸島の言葉との接触から生まれた混成語。また、クレオールとは植民地でヨーロッパ人植民者を父として生まれた現地人を指す。ポルトガル語のクリオウロを語源とするフランス語。原義は「白人の植民者の家で育てられた黒人の愛人とのあいだに生まれた私生児」を指す。この語がスペイン語（クリオージョ）として使われるようになって多義化し、アメリカ大陸で生まれた植民者と現地人との子供に対して、広く用いられるようになった。

(5) マジュロー、エチエンヌ（一七七七―一八四九）フランスからの亡命者。一八〇三年にアメリカに渡ってきた。一八〇五年頃からニュー・オーリンズで弁護士を開業、巨富を築く。一八一五年から三度ルイジアナ州で主席検事を務めた。

(6) 『石工』　おそらくパリで上演されたオベール（一七八二―一八七一）作の喜劇オペラ。

的帰結。ニュー・オーリンズには有色人が多数存在する。北部では少数である。なぜか?

元日のマジュロー家訪問

それはフランスの代表者である。色はどうであれ、国籍旗〔三色旗〕には敬意。

私の間違いでなければ、ニュー・オーリンズのために、われわれは、二一通の手紙を持っていた。このすさまじい書簡集を整理し、宛先の重要度を考慮して、それぞれの手紙を分類していくことは、なおのことむずかしい仕事である。しかし、われわれはどんなに急いでいても、論理学のためなら、時間を費やし過ぎることなどないと考える型の人間に属している。整理がついたので、ニュー・オーリンズの弁護士会の鷲と教えられたマジュローとかという人物の家の方に向かった。おまけに、彼はフランス語を話すという。これを利点として高く評価することは、旅がわれわれに教えてくれた。彼の住居を見つけるのにさんざ苦労し、計算できないほどの時間を失った。家には番号がないか、あるいは、番号が続いてなくて、二が一の先に出てきたり、一〇のあとに九〇が続いたりするか、どちらかだった。それは、ニュー・オーリンズの市自治体の習慣で、それにわれわれはまだ慣れていなかったのだ。そのうえ、このことは、結局、公使に対する正真正銘の敬意をわれわれに催させることになった。実際、外国人が道を見つけられないような町がよき統治体だと想像するための手段だったとは!

とうとう、われわれは到着した! 門を開いてくれたのは黒人だった。その黒人に、マジュロー氏にお会いしたいのだが、と尋ねた。黒人は、最初のうち、まじまじとわれわれを見つめ、われわれのことを理解している風ではなかった。結局、黒人はわれわれにこう言った。

「なんてこと！　マッシエ〔ムッシュのつもり〕きょうですか？」

「もちろんだ、失礼な奴だ。そうでないわけがないじゃないか」。

われわれの返事には相当に力がこもっていたが、しかし、議論するための言葉ではなかった。とはいえ奴隷はわかった風だった。彼は従順な様子で頭を下げ、客間の扉を開いた。

ニュー・オーリンズの鷲は部屋着に身を包み、ルイジアナでは、フランス風の暖炉と呼ばれるもの、そして、フランスでは田舎風の暖炉と名づけられているものの隅に座り、彼のそばに集まってきた家族の新年の挨拶をいままさに受け取っているところだった。彼の子供たち、孫たち、甥たち、実のいとこたち、またいとこたちもいた。お菓子、ジャム、おもちゃ、一家の絵は満席だった。われわれがほろりとするかどうか、一八世紀の哲学者たちすべてがやっているように、感動でむせび泣きさえするかどうかは、われわれ次第だった。喜びが全員の顔にみなぎり、全員の心には団結心が支配しているように思えた。正月のお年玉の日には、こんなにいい友人たちなのだ！

われわれはと言えば、この光景に度肝を抜かれたかのように突っ立ったままだった。結局、一条の光がわれわれにまで届いた。われわれには公使の困惑がわかったし、われわれが失礼な奴ら呼ばわりしたあの人の良い黒人たちの驚きもわかった。推薦状を元日に持ってくるとは！　なんて非常識！　なんてことだ！　一月一日の到着よりもむしろ、私が自分の名前を忘れてしまったほどの幸せな時よ、どこに！

二人の招かれざる訪問客を見て、マジュロー氏は突然立ち上がり、彼の部屋着の渦に二人の孫を包みながら、扉の方へ進んだ。孫たちは真っ暗な迷路のまんなかで方向を見失い、われわれの方へ向かって鋭い叫び声をあげた。何個あるか、私にはわからなかったが、床に散らばっていたたくさんのおもちゃをわれわれはひっくり返し、飾り物の犬に吠えさせた。それが本物のピグ〔中国原産のチンに似た愛玩犬〕の吠え声を呼び覚まし、ピグがわれわれのふくらはぎに不意にもぐりこむように仕向けた。結局、われわれは客間のまんなかで会見した。そして、われわれは会うことで味わっていた喜びのすべてをお互いに確かめあった。

ルイジアナの弁護士を訪問

ニュー・オーリンズ、一八三二年一月一日。

ルイジアナで指導的立場にいる弁護士のひとりマジュロー氏との会話。

問い――アメリカ政府のもとへ移る前のことですが、あなたがたは、ある種自由な形態の統治体を持っていたのですか?

答え――いいえ。

問い――完全な服従から完全な自由に移ることはむずかしいことでしたか?

答え――いいえ。連邦議会は、われわれに段階を踏んで独立を与えるという配慮を示してくれました。まず、かつての統治者のごとく、ほぼ絶対的なやり方で連邦議会はわれわれを統治しました。それから、準州の法制が与えられました。最後に、連邦議会は、独立した州として連邦のなかにわれわれを組み入れました。いまだにクレオールが多数派であるにもかかわらず、こうした道筋を通って、連邦の他の諸州とまったく同じ歩みを続けました。私の意見では、連邦議会は、われわれを教育する手間を省くことができさえしました。われわれのところがそう位置づけられていたように、小さな州である場合には、いつも自分たちで自分たちを統治できます。人民主権の有害な帰結のほとんどどれも、小さな社会では恐るるに足りません。

問い――あなたのお考えでは、ルイジアナでは、奴隷がいなくても、白人には土地を耕作することが可能でしょうか？

答え――そうは思いません。とはいえ私はヨーロッパで生まれましたから、その点に関しては、あなたが持っていらっしゃるようにお見受けする考えとともに、私もここに到着しました。ですが、経験は、理論を打ち消しているように見えました。こんな熱帯の太陽にさらされたら、ヨーロッパ人はとても大地で働けるとは思えません。われわれの太陽はいつも健康に悪く、致命的であることもしばしばです。働くことが完璧に不可能であることを考えるからではありません。しかし白人は死を避けようとして、とても制限されたやり方で働かざるをえないものですから、生計をかろうじて立てることができるだけになります。そのひとつの例がアーカンソー地区にあります。スペインがかつてルイジアナのこの部分にアソレス諸島(7)の農民を運んできました。彼らはそこに入植し、奴隷なしでそこにとどまりました。これらの人びとは土地を耕していますが、しかし、ほとんど長くは働けませんので、ルイジアナ人のなかでも極貧層になっています。

問い――ですが、彼らの貧困を気候のせいよりも、やりくり上手でないことのせいにはできませんか？
答え――私の意見では、気候が主要な原因です。
問い――ニュー・オーリンズには、あらゆる国の民の混交が見られるという話ですが。
答え――事実です、それは。ここでわれわれは、あらゆる人種の混交を見ています。われわれのところに代表を送らなかったアメリカとヨーロッパの国はありません。ニュー・オーリンズは世界の民族すべての見本です。
問い――ですが、こうした混沌状態のまっただなかでも、行き来を取り仕切り、他の残りの人種に運動を伝えている人種はなんでしょうか？
答え――フランス人種です。いままでのところは。フランス人こそが範を示し、習俗を形成しています。
問い――ここでは、噂に違わず、黄熱病が大流行しているというのは本当なんですか？
答え――病気が大げさに話されていると思います。私の経験が教えてくれたのですが、分をわきまえて生活を送り、いかなる類いの不節制もあえてしない一〇人の外国人のうち、亡くなったのは二人にすぎません。私は、生きるために両腕で労働する必要がない人びとについて言っているのです。と言いますのも、労働者階級に属し、日中野外で過ごしている同じ数の人間の場合には、黄熱病が原因で、おそらく七人から八人が死んでいるからです。そのうえ、あなたもご存知のように、黄熱病はニュー・オーリンズの都市部に限られています。二マイル上に行くか、下に行くかすれば、だれひとりけっして病にかからないのです。
問い――ルイジアナでの黒人の境遇はどのようなものですか？

答え——かなり快適です。黒人に対する苛酷な扱いは例外です。黒人の状況は二〇年前から著しく変化しました。あの頃は、黒人は、言わば悪天候からもまったく彼らを守ってくれないようなみじめな掘っ立て小屋に住んでいて、服装と言えば、覆い布のようなものでできており、一カ月の食べ物としては、一バレルのトウモロコシ（約二ボワソー〔四七〇リットル〕）が与えられていました。いまでは彼らは概して十分な食事をとり、まともな服装をして、健康な家に住んでいます。

問い——法律は彼らの命を保証していますか？

答え——ええ、私は主席検事だったときを思い出します。自分の奴隷を殺した主人に死刑判決を私は下させました。

無知な弁護士からなる州議会

一八三二年一月一日

名前は忘れてしまったが、ニュー・オーリンズの非常に有名な弁護士と。

（7）アソレス諸島　北大西洋の中東部の諸島。通常は英名が使われ、アゾレス諸島と言う。一五世紀にポルトガル人航海者が到達に成功し、以後ポルトガル領となる。気候がヨーロッパ人の労働を妨げているという指摘は『民主主義』にもある。同書、第一巻、第二部、第一〇章（『デモクラシー』、第一巻、（下）、三一七ページ）参照。

彼は言っていた。「州議会が開会されると、法体系全体が問題になると言えるかもしれません。両院は、大部分が若い、無知な、とても陰謀好きの弁護士から成り立っています。（ここではだれもが立法者となることができると信じている。）この人たちは、作り、破棄し、けりをつけ、めったやたらと切ります。その一例があります。スペインへの割譲以来、われわれの市民権の多くの点がスペイン法によって規制されていました。一八二八年末に会期の終わりに、これらの法律をまとめて廃止し、そのかわりの法律をなにも設けないという法案が知らないうちに通過させられました。翌日、目が覚めたとき、昨日の仕事を知らされて、弁護士たちも判事たちもびっくりしました。けれどもことはなされてしまっていたのです」。

問い――ですが、なぜ傑出した人物が議会に来ないのでしょうか？

答え――人民がそうした人物を指名するとは思っていません。それに、公職にこだわる人間はほとんどいませんし、目立った人間は公職など得たいと望まないのです。（このことが国家運営を非常にまずいものにし、同時に国家を革命から救うことにもなっている。）

同じ類の別の例を公使からもらっていた。「三年前、州議会の会期も終わる最終日に、会期の目的になんの関係もない決定で、ルイジアナで死ぬ外国人が持っている財産の一〇分の一は、今後、州に属するものとすると記された法律がだれにも知られない形で、通過しました。これは、外国人遺産没収権以外のなにものでもありません。私は抗議をしました」と公使は言った。「私には、多くの議員が自分たちのやってしまったことに自分自身で驚いているように見えました。決定は次期の会期まで持ち越されました」。

以上は、次のことと釣り合いをとるための事実である。現在のルイジアナ州知事は才能があって、しっかりした人物である。ルイジアナの二人の上院議員、ジョンソン氏[8]とリヴィングストン氏は、二人とも合衆国でもっとも優れた人物であるのに、しかしながら選ばれている。

民事への陪審制度の導入

一八三二年一月三日

名前は忘れてしまった弁護士との一八三二年一月二日の会話。

陪審――民法に関して陪審制をルイジアナの制度に導入しようとしたアメリカ人の努力。それをフランスの法律に当てはめようとするのはむずかしい。まだ習慣にもなっていなかったのだから。陪審員になることへの嫌悪感。訴訟にとってそこから遅れが生じる。陪審員のおきまりの無能力さ。

その制度が良いと人民全体が主張し、すべての党派がその有用性を認めるときには、そして、時と場所によるのではなく、長い諸世紀を経て、世界のあらゆる部分で――人民の諸分派が植民をするためにそこへ出かけて行くのだが、そこで彼らがどのような政治法を採用しようとも、それには関係なく――そういうこと

(8) ジョンソン、ヘンリー(一七八三―一八六四) 合衆国の政治家で、民主共和党の上院議員を一八一八年から六年間を務める。一八二四年から四年間ルイジアナ州知事。

が主張され、有用性が認められたときには、そうした制度が悪いということを認めるのはむずかしくなる。こういうことが民事事件に陪審制を適用しようとするときに起こった。

純血・混血と新世界移住

一八三二年一月三日

新世界のヨーロッパ人種すべてのなかで、なぜイギリス人種が血の純粋性をもっともよく保持し、現地の人種ともっとも交わることが少なかったのか？　民族性や体質などから引き出される強力な理由とは別に、違いには特別な動機が存在している。スペイン領アメリカには、黄金欲が引き寄せた冒険者たちが住んでいた。彼らは単独で大西洋の別の海岸から移住してきて、彼らが住んでいた国の女と、言わば否応なく結婚の契約を結ばざるをえなかった。イギリスの植民地には、宗教的情熱から祖国を逃れた人間か、あるいは新世界へ来た目的が土地を耕して、そこで暮らすことであった人間かのどちらかが住みついた。彼らは妻と子を連れてやって来て、すぐさま完全な社会を形成することができた。(9)

選挙結果の良し悪し（続き）

一八三二年一月四日

部分的には、傑出した人間が、名誉を熱望せず、政治家の道に入らないということから、小さな共和制では悪い選択が結果する。この不都合は、権力への野望が生じさせる大きな興奮と革命が存在しないことによって十分に償われているように、私には見える。

中央政府の弱さ

一八三二年一月四日

合衆国政府の最大の長所は、**無力で受け身的なところ**である。現在の事態においては、アメリカは器用な振舞いも、深い意図も、大きな努力も、繁栄するためには必要ではない。しかし、自由が、さらに自由が必要だ。だれひとりとして**自由を濫用することに利益を持たない**。このような事態とわれわれのところで生じている事態とのあいだでどんな点を比較すればいい?

（9）土地を耕して、そこで暮らすという動機を持ったヴァージニア型移民と宗教的情熱から祖国を逃れた清教徒からなるニュー・イングランド型移民との差異については、『民主主義』、第一巻、第一部、第二章（『デモクラシー』、第一巻、（上）、四八ページ以下）参照。

第二節　ワシントンをめざして

黒人とインディアンの性格の違い

アラバマ州のモンゴメリー近くで、ちょっとした光景を見て、深く考えさせられた[10]。農園主の家の近くに、白人の魅力的な少女（彼の娘）がいて、彼女を若いインディアン女が両手で抱き、彼女にまさに母性的な優しさをふんだんに振りまいていた。そばには、ひとりの黒人女がいて、子供を面白がらせていた。少女は、ほんのちょっとした動きにも優越感を示していた。一種の封建的な尊大さで、二人の同僚女性の好意と配慮を受け取っている姿は、少女の浅い経験ながら、それに沿って、すでに彼女ら二人を高く越えるところへ彼女を引き上げていた。黒人女は彼女の前でうずくまり、ほんのちょっとした少女の動作をも慎重に探りながら、愛着と若い主人が呼び起こす尊敬心の混じった恐れとのあいだで、奇妙に二分されているように見えていた。他方インディアン女の方は、優しさが横溢しているのに、そのなかにまで、なにかしら自由を感じさせるものとともに、少しばかり野生味さえも感じさせるなにかがみなぎっているのが見られた。それらは、彼女の同僚の腰の低い姿勢と控えめな物腰とは、奇妙な仕方で対照をなしていた。私には確認することができなかったが、森のなかで、なにかがインディアン女の注意を引いたので、彼女は突然立ち上がり、少しつっけんどんにそばにいた子供を追い立て、なにも言わずに葉叢のなかに突進していった。

南部の腐敗

信仰は衰えたように思えるが、しかし関心は残る。

モンゴメリーの弁護士との会話。一月六日。

選挙資格納税額を制限することの利点。悪い選択を和らげる。**指導者にとっては一種の宿命。**人民はすべてのことをやることができるという間違った意見が広まっている。

ケンタッキー、テネシー、ミシシッピ、アラバマ、ジョージアでは司法の状態が悪い。少しばかりの事柄を除けば、北部と同じ制度。だのに人間の選択が悪い。州議会が選ぶ、州政府の意見［?］で。責任分担。小粒の政治指導者たちの一味徒党。市民間の反目はこうして起こる。

裁判の状態が悪い。連邦のこの部分が粗暴な習俗を持っていることの第一原因。法律への信頼感がない。憂慮すべき仕方で成長する力の王国。ひとりの男の十分に啓発された頭脳が郡に影響を及ぼし、そして罰せられる。それらは小さな地区から選ばれた陪審である。陪審制は刑法犯に対しては優れている。道徳的評価が求められる事件に対しては、陪審制は、正義が不確かなために悪いはずで、不公平になるに違いない。

南部の人間は、比較的貧しく、粘り強さに欠け、教養もさほどない。学校は全然ない。文字を読むことが

（10）　このエピソードについては、『民主主義』、第一巻、第二部、第一〇章（『デモクラシー』、第一巻、（下）、二七一—二七二ページ）参照。

できない人が半分あるいは三分の二くらいいる。宗教感情はさほど強くないだけではなく、狂信にもとづく行動がはるかに多い。奢侈に反対するメソディストのアラバマは、サウス・カロライナほど暴力的ではない。

弁護士の告発

モンゴメリー（アラバマ）の弁護士との会話、一八三二年一月六日

私は二日間、若い男と一緒に旅をした。その男の名前は忘れてしまった。それにこの男はまったく無名だった。とはいえ、私は彼との話を報告しなければならないと思っている。話は実際的な良識に刻印されている。そのうえ、彼の語っていることはその後得た多数の情報によって裏付けられた。

「毎日のように、われわれのあいだにますます広がっている間違った意見は」と彼は言う。「人民はなんでもできるし、ほとんど直接的に統治することができるというものです。執行権力にこそ似つかわしい事柄のすべてが、信じられないほど弱められるということがそこから出てきます。連邦南西部の新しい州すべての憲法のように、われわれの憲法(11)の主要な欠点として目立つ性格はそこにあります。このことは大きな帰結を持っています。たとえばわれわれのところでは、裁判官を指名する権限を知事に与えたくなかった結果、州議会にそれが託されました。そこからなにが結果として出てきたでしょう？　選択の責任が分割されるということ、小さな徒党や地方の小さな陰謀が全権力を持つということ、そしてわれわれの裁判所に有能な人間

が呼ばれるかわりに、そこには地区において選挙を指導する党派の小指導者が連れてこられるようになり、州議会の成員は彼らをつなぎ止めようとするか、彼らに報いようとするか、どちらかになりました。われわれの司法官は完全に無能です。人民大衆は、われわれ自身と同じく、そう感じています。ですから、だれひとりとして正規の裁判に訴えようなんて気にはなりません。ケンタッキー州、テネシー州、ミシシッピ州、そしてジョージア州さえも含めて、これらの州に共通するこういう事態は、私の意見では、だれしも当然のごとく非難する、かの習俗の獰猛さをこれらの州の住民に与えるのにもっとも貢献しているわけです。

「アラバマにおいて、民衆の習慣は、お話になっているのと同じくらいに乱暴なのでしょうか?」

「ええ。ここでは服の下に武器を携帯していない人間なんていません。ほんのちょっとした喧嘩でも、ナイフか、ピストルかに手をかけます。こういう事件は絶え間なく何度も起こります。これはなかば野蛮な社会状態なのです」。

問い――でも、人間がこんなやり方で殺されたら、その殺人者は罰せられないのですか?

答え――彼は陪審によってつねに裁かれ、非常に深刻な事由でも存在しないことには、いつでも無罪放免になります。このような犯罪に対して、命で贖った少しばかり名の知れた人物を見かけたという記憶がありません。かの暴力が習慣に移行してしまったのです。どの陪審員も、裁判所から出るときには、彼が無罪放免

---

(11) アラバマ州で一八一九年に採択された憲法は、年齢、性別、居住地のいかんを問わない、完全秘密普通選挙を定めていた。下院議員の任期は一年、知事の任期は二年、上院議員は三年、裁判官は、上下両院の投票で選出された。

にした被告と同じ立場にあることを感じます。所有地がどれほど小さくとも、陪審は、すべて土地保有者だということに注意してください。ですから、人民は自分で自分を裁いているのですし、この点では、彼らの偏見は、彼らの良識に対して障害物を作っています。そのうえ、と話し相手は付け加えて言いました。私も昔は、ほかの人間にくらべておとなしかったわけではありません。私の頭のいたるところにある傷跡を見てください（実際われわれは、四、五箇所の深い傷跡を目にした）。これと同じ回数、私はナイフによる襲撃を受けました。

問い——でもあなたは訴えたんでしょう？

答え——なんてことを！　とんでもない。私は、お返しに同じように命中させようと努めたわけですがね。

問い——人民はよい代表を選んでいますか？

答え——いいえ。一般に人民は、自分の手が届く範囲内にいる人間とお追従で彼らにおもねる人間を選びます。納税額による選挙資格者の数を制限することには、利点があることに、私はいささかも疑いを持っていません。そうすれば、選択がとても良くなることは確かでしょう。しかし、民主的な州では、抗いがたい運動によってすべての人間が有権者となるまで、選挙資格がつねに拡張していくというのが物事の成り行きとなります。こういうことがわれわれのところには、存在しているのです。私はあなたに予め言っておきます。フランスでは、いつまでも立ち止まっているわけにはいかないでしょうね。[12]

問い——ですが、こういう悪い選択からは、悪い法律と悪い統治体が出てくるはずですが。

答え——最初に直感するほど、とても悪いというわけではありません。われわれの議会には、必ずいつも才能ある人間が数人はいます。この人たちが第一日目から他の人びとを威圧し、問題を絶対的に左右します。法律を作るのはまぎれもなく彼らであり、法律を審議するのも彼らです。他の人間は彼らに同調して票を投じます。われわれの代表のなかには読み書きができない人間がいて、そのような代表をわれわれは持ったからです。

問い——北部と南部の社会状態のあいだには、大きな差異があるとあなた自身はお思いですか？

答え——とてつもなく大きい差異があると思います。われわれのような南部の人間は、北部の人間にくらべると、天性の才能にはおそらく恵まれていますが、しかし彼らほど活動的ではなく、とくに粘り強さでは負けています。われわれの教育はまったくほったらかしです。正規の学校制度なんてまったくありません。人口の三分の一が読むことができません。社会の要請すべてに同じ程の顧慮がなされることがありませんし、未来に対する同じような周到さもまったく見られません。

問い——あなたがたのあいだで宗教感情はどのような力を持っていますか？

答え——われわれのところは、北部よりもはるかに道徳性に欠けます。けれども、厳密に言えば、宗教感情は、南部では、北部よりもおそらくはるかに高揚しています。北部には宗教というものが存在します。ここには狂信が存在します。メソディストという宗派が有力です。

問い——関税に関して、アラバマにおける多数派の意見はどのようなものですか？

(12)『民主主義』、第一巻、第一部、第四章（『デモクラシー』、第一巻、(上)、九二ページ）参照。

答え――多数派は関税には非常に反対しています。けれども連邦には非常に愛着を感じています。サウス・カロライナの連邦法実施拒否者[13]は、われわれのあいだではまったく支持がありません。

問い――陪審制の適用についてはどうお考えですか?

答え――刑事事件においては陪審制は有用だと思います。民事事件においては法律あるいは道徳的評価から正しく切り離された事実が問題であるときには、有用だと判断しています。たとえば、損害賠償にかかわる事件と名誉毀損にかかわる事件は、全部、陪審で裁かれるべきだと思います。しかし、厳密な意味での民事事件や法律問題や告発状の検討については、陪審制は嫌悪すべきものと思いますし、裁判官だけの方がはるかにいいと思います。われわれの陪審制の不都合な点のひとつは、あまりにも小さい地域(郡)から陪審員が選ばれることです。議論が始まる前から、陪審員は事件を知っています。事件は聞かれる前に裁かれます。居酒屋で裁かれます。

モンゴメリーに着いたときに、街頭でひとりの男がピストルで撃たれて死んだばかりだということをわれわれは知った。

政治制度における二種類の不安定性

ノックスヴィル、一八三二年一月八日

政治制度に関しては二種類の不安定性があり、この二つを混同してはならない。ひとつは、派生的な法律に結びつけられていて、いずれにせよ、変化する立法者の意志とともに変化する。それは規則正しい、しっかりと安定した社会に存在できる。それはしばしば一国民の政治制度の必然的帰結でありさえする。あとの方の不安定性は、社会の土台そのものに結びつけられ、法律の産出原理に結びつけられている。これは、紛争や革命なしには存在しえない。その被害を蒙る国は、暴力的な過渡的状態にある。アメリカは最初の方の例を与えている。四〇年前からわれわれは後者の方で苦しめられている。両者を混同しているために、多くの人びとが誇張された恐れと希望を抱き、不正確な比較を行なっている。[14]

付け加えて言っておく。後者の不安定性が存在する国［フランス］にだけ、いくつもの大きな政党や危険な過激分子が現われるのが見られる。前者の不安定性は、党派ではなく一味徒党を生む。喧嘩ではなく議論を、戦争ではなく騒音を生む。

ある国民が安定しているかどうか、未来に期待できるか、できないかを知りたければ、この観点のもとで、国民を見てみたまえ。

（13）　連邦法実施拒否者　一八二八年、アダムズ大統領のもとで、クレイ国務長官が北部産業保護を狙いとして関税を高くする法律を通過させようとしたために、南部の利益を代表してサウス・カロライナ州議会が州憲法の規程にのっとり、連邦法の実施を拒否するための宣言を出したが、それを支持する者を言う。

（14）　『民主主義』、第一巻、第二部、第一〇章（『デモクラシー』、第一巻、（下）、三九三―三九四ページ）参照。

金持ちと貧乏人

一八三二年一月一二日

国家が安定するためには、貧乏人に影響を与えるのではなく、金持ちに影響を与えなければならないと言われているが、これは正しい。しかし、理由としてこう補足される。金持ちは、大財産を保持することに貧乏人が持てない関心を持たなければならない、と。多くの場合、これは当たっていない。金持ちは、一生楽しんで暮らせるほどの大財産を保持することに関心を持っているけれども、貧乏人は、生きるのに精一杯のわずかな財産のために、しばしば、金持ちも及ばないくらいの強い関心を保持してさえいる。[15] 貧乏人が現状を変えることを好むのは、彼らが貧乏だからではなくて、彼らの現状が悪いからであり、金持ちが現状維持を好むのは、彼らが金持ちだからではなく、彼らの現状が良いからであると私には思われる。付け加えてほしいのは、貧乏人にはあまり知識がないということ、彼らが知っていることと言えば、金持ちが貧乏人を傷つけることはむずかしくて容易にはできないということである。

代表制民主主義を損なう強制委任

一八三二年一月一二日

法律で決められた強制委任。西部に導入された致命的な大革新。代表制共和国の最大の利点は、とこの統治体系の支持者は言う、それは人民が管理せず、支配せず、もっぱらひとりの人間を裁き、評価する責任しか負わないことにある。これだけでも当たってはいるが不完全である。というのも、人民は人間を裁くことで、いずれにせよ、当の人間が取るべき行動に関しておのずと判決を下すからである。しかしこの判決は直接的ではない。そして、そのことがすでに大きな利点とされているのである。しかし人民が議員を選ぶことで、議員に、あれこれの仕方で行動するように、幅の狭い義務を強制できるのであれば、人民がその代表者の代わりをしているのであり、再び古代共和国の混沌に落ち込んでいるのである。

宣誓

一八三二年一月一二日

アメリカ人は大いに宣誓[16]を利用している。どのように取るに足らない公務員でも、職務の義務を忠実に果たすと誓わない公務員はいない。宣誓はいつも英語の決まり文句を伴う。**それで神に誓って!**こうして契約者の数のうちに、言わば神を入れさせ、神を契約履行の保証人にするのである。とはいえ選挙人にはいかな

(15) この考察の詳細な展開は、『民主主義』、第二巻、第三部、第二一章(『デモクラシー』、第二巻、(下)、一五五ページ以下)にある。

(16) トクヴィルは、思想信条の異なる七月王政に司法官として宣誓するかどうかを迷ったので、公務員の宣誓の義務について非常に関心があった。

る宣誓も要求されない。それほど、信条の自由は政治生活のこの大行為のなかで、尊重さるべきものと考えられているのだ。

とはいえ注意してほしいことは、アメリカには、憲法を改善するという合法的で、知られた手段があるので、この憲法が存在する限り、それに対する恭順は、人民主権の教義と完全に合致する非常に窮屈な義務であるということである。憲法制定体を選択するために集められている人びとに、憲法への恭順の宣誓を強制することについて言えば、それは、アメリカ人のように論理的な国民が軽蔑を持って拒むはずの愚かしい行ないである。それに、彼らの意見によると、ある党が他の党に押し付ける暴政を宣誓が作り上げることになってしまう。そして、アメリカ人には、あまりにもよく人民主権理論がわかっているので、そんなことは許さない。

フランスでは、憲法に優越する権力が明確には定義されておらず、憲法の不備を治す例外的手段が示されていないなかで、必然的に立法府に憲法の諸法律を修正する権利（いつも、どこかにはなければいけない権利）が授けられている、そのフランスでは、と私は言うわけだが、どの選挙でも、われわれ〔有権者〕は、言わば**立法府**であり、**立憲議会**である。われわれは、立法府を指名しているだけの人びとに、アメリカ人が求めさえしない宣誓を要求している。言い換えると、法律を修正したり、破棄したりするという合法的使命を受け取ることができる人間を指名することを、ある人間に許しながら、同時に法律への恭順を彼に誓わせているということである。しかし自由の諸原理は、われわれのあいだでは、いまだに幼年時代にあり、この諸原理と戦っている人びとと同じくらい、それを提案している人びとによっても誤解されている。

アメリカ人は、書面の証書に反しないときには、宣誓による立証を民事においては許している。私が出会ってきた法律家たちの主張では、こちらではこの規則は、恐れるに足るほどの深刻な濫用を生み出してはいないとのことである。そう信じたくもなりかけている。それを濫用しないように、人間を仕向けるなにかが法律への全体的信頼のうちには存在する。それに、真実を敬うことは、かくして万人に感じられる第一級の社会的必要性となるのである。しかし立法者が宣誓供述のいくつかの事例で、嘘言推定を適用するときには、彼は他のすべての事例においても、宣誓供述の価値を押し下げているのである。人間を軽蔑に値するものに仕立て上げるためのもっとも良い手段は、おまえたちは軽蔑されているのだと彼らに対して証言すること以外にはない。国民にとって、証人による立証が慣習とか習俗とかになってしまうことは、非常に幸せな状況と私は見なしている。しかし、証人による立証が必ずしも存在してきたわけではない場所に、それを導入することはたいへん危険であるだろう。そのうえ、それは、民事において陪審の訴権を必然ならしめる。イギリス人の場合、証人による立証が保持されていることは、ほかの多くの類似の諸制度と同様に、慣習法であるコモン・ローに由来する。

陪審制は暴政の強力な武器

一八三二年一月一二日

陪審制[17]は人民主権の原理のもっとも直接的な適用である。人民の知らないところで、あるひとつの権力がそれを打ち立て、善意でそれを機能させようと望むところではどこでも、人民によって陪審制は破壊されるであろう。みずから陪審員たちの主人となることを望んでもかまわないし、それ自体が陪審団となるに足る十分な数から構成されている集団となれば、強力な貴族階級しかないから、人民の知らないところにある権力に関して言えば、陪審制度をこれ見よがしにいんちきなものに仕立て上げることなく、この制度と協力的に存立しうる権力は強力な貴族制しかないということである。そういうことで、陪審制度は暴政が用いうるもっとも恐ろしい武器である。イギリスでは、アメリカでのようにあらゆる階級のなかから陪審員が選ばれるわけではないことは、確かだと私は思う。ボナパルトは、陪審制を［王冠に］従属させることで非常に首尾一貫していたし、それをまったく破壊しなかったので、非常に抜け目なかった。陪審制は王政復古を殺すことで終わったということだろう。ルイ一八世の大きな間違いは、和解しがたい多数の原理をともに歩ませようと望んだことにあった。

ボナパルト、王党派、共和派の自由観

一八三二年一月一二日

多くの人びとがボナパルトをあらゆる自由の敵と見た。その点で人びとは彼を正しく評価していない。ボナパルトは、幅広い、啓蒙された精神の持ち主で、市民的自由の作用がしばしば提供する利点を完全に感じとっていたし、彼はいつも市民的自由に対しては、自由で寛容な態度を示してきた。しかし同時に人びと

は、彼の主義主張のなかで、彼を邪魔する政治的自由に対しては、最大の敵であった姿をいつも見てきた。ボナパルトは、支配者的で野心的な天才の反省された憎悪を自由に対して持っていたのであって、一味徒党の親玉が持っている敵意に満ちた反応と盲目的嫌悪感を自由に対して持っていたわけではなかった。

一八三二年一月一二日

自由がなにを望まなければならないか、なにを恐れなければならないかをきわめて正確に描くこと。われわれは、［二〇〇年？］にわたってあらゆる形態の無政府状態と専制主義をフランスでは持ってきたが、しかし、共和制に類似したものについては、一度も持ったことはなかった。

正しく秩序だてられた共和制の内部での歩みとそこで表明される既得権に対する深い尊敬の念、大衆に対する既得権の威光や法律崇拝とそこで享受される現実的で有効な自由、まぎれもない多数派の支配とそこであらゆる事柄が容易に自然に進行していくこと——これらのことを王党派が見ることができれば、彼らは、類似したところをなにひとつ持たない異なる諸状態を一個の普通名詞でとらえていることに気づくだろうに。一方、わが共和派の側は、われわれが共和制と呼んできたものが、結局は、どう分類すればよいのかわからない、一匹の怪物でしかなく、古代の論争の噂を聞きつけて、ぼろきれ［着古した金ピカ服］をまとい、血と泥だらけになった一匹の［空白］にほかならなかったことを感じたであろうに。私が手にのしかかる重

(17)『民主主義』、第一巻、第二部、第八章（『デモクラシー』、第一巻、（下）、一八二―一八四ページ）参照。

さを感じているなら、暴政が国王の外套をまとっていようが、護民官の寛衣[18]をまとっていようが、私にとって重要なことであろうか？　自分と同じように考えなかったからという罪だけで、ダントンが牢獄で不幸な者たちを斬り殺させていたときに、それこそ自由であったのか？　のちになって大胆にも自分が対抗馬であることを示したダントンを、ロベスピエールがそれだからと言って処刑台に送り込んだときに、たしかにそれは、なにかしらの正義ではあったが、しかし、それはわずかばかりの自由であっただろうか。国民公会の多数派が少数派を粛清し、前執政官ども[19]の専制権力が市民から財産と子供や命を奪い、言論の自由が犯罪であり、家庭の暖炉という至聖所で表明された誓約が死に値していたとき、それこそは自由であったのか？しかし、恐怖政治の血にまみれた年代記を私が調べているんだなと人は言うにきまっている。だから、**必然的な**厳格さの時代は通り過ぎようと[20]。そしたら、総裁政府が新聞を壊滅させたうえに、総裁政府をひっくり返そうとしていた多数派の成員をギアナ[21]の無人の地に送り込んで死なせた時代[22]にも、また、執政[23]ボナパルトが権力を過激派の暴政からたったひとりの暴政へ置き換えたときにも、自由が幅を利かせているのを私が見るだろうとでも言うのか？　それこそまたもや自由であったのか？　共和制であったのか？　いやいや、われわれが見てきたフランスは、あらゆる形態の無政府状態と専制主義のフランスであったが、しかしどこをとっても、それには共和制に似たものはひとつとしてなかった。

私がアメリカに関して、なにかをいずれは書くのであれば、非常に重要になるのは、無政府状態と真の意味での共和制とのあいだに存在する差異を感じさせるために一章を割くことであろう。これはそのための形をなさない下書きのようなものだ。〔以下空白〕

この章は新味という点で大きな利益を持つことができるだろう。ティエール(24)の体系にこのようにして反駁する機会が持てるなら、同じ文章のなかで直接フランス革命にまでたどり着くこと。

(18) 護民官の寛衣　古代共和制のローマには、閥族政治に陥りがちな執政官に対抗して人民の権利と利害を守る役職として護民官が設けられていた。護民官制はナポレオンによっても復活されたが(一八〇〇)、元老院の名を持つ上院によって任命されるなど、多分に擬制的。

(19) 前執政官ども　フランス革命で執政政府(一七九五―一七九九)の総裁を指す。

(20) この部分はアドルフ・ティエールの宿命的歴史観を念頭に置いている。『民主主義』、第二巻、第一部、第二〇章、(『デモクラシー』、第二巻、(上)、一五五―一五七ページ)参照。

(21) ギアナ　南米北東部の大西洋に面した地方で、フランスの植民地。赤道直下の瘴癘の地で、フランス政府はここを流刑地としていた。

(22) ロベスピエールの恐怖政治を打ち倒し、総裁政府のもとで国民公会の多数派を占めた議員たちを総裁のバラス(一七五五―一八二九)がギアナへ流刑に処したことを指す。

(23) 執政　一七九九年ブリュメール一八日のクーデタにより、総裁政府が崩壊、ナポレオンを中心とする執政政府が成立し、ナポレオンは第一執政となった。執政政治は一八〇四年の帝政開始まで続いた。

白紙状態から構築されたアメリカの社会機構

一八三二年一月一二日

アメリカ的諸制度のなかでもっとも際だった点のひとつは、それが完全に論理的なひとつの連鎖を形成していることである。それは、ほんの少数の国の国民が望むことができた長所である。それを間近で調べてみると、性根から皮相なたくさんの人間たちが思いこんでいるほどには、おそらく、それは成功に寄与していない。法律における画一性と同じく、論理性は人びとが大騒ぎする二つの概念である。画一性と論理性が優れたものであるからというよりはむしろ、弱みと容易さから大騒ぎが引き起こされるのである。凡庸きわまりない精神の持ち主には、それらの不在を発見することができない弱さがあること、また、これら二つの長所がめぐり会うような理論を作り出すことは容易であると彼らが思っているということである。一部始終が理解されるような国民など、世界にはそうざらにはいないというのは事実である。とりわけ、アメリカ人というのがわかる状態にあった理由は、彼らが白紙状態《タブラ・ラサ》のうえに社会機構を建設することができたからである。

イギリス人とアメリカ人の国民性

一八三二年一月一三日

おのおのの人間が社会的立場とは無関係にひとつの性格を持つように、各国の国民は政治的利害とは無関係に特殊な性格を持っているというのが事実であるとするなら、アメリカはイギリス人種の特殊な性格のうちで、良いものと悪いものを合わせた、もっとも完全な姿を示していると言えるかもしれない。アメリカ人とは、自分自身に引き渡されたイギリス人なのである。

(24) ティエール、ルイ゠アドルフ（一七九七―一八七七）フランスの政治家、歴史家。弁護士出身で、『フランス革命史』（一八二三―一八二七）を出版後、自由主義的新聞『ナショナル』紙を創刊（一八三〇）、七月革命の勝利と七月王政の確立に寄与。一八三二年から内務大臣、一八三六年と一八四〇年の二度にわたり首相を努める。一八四五年から『総裁政府と帝政の歴史』（全一九巻）の執筆を開始（一八六五年まで）。一八四八年の議会で、二月革命を擁護し、秩序派のリーダーとして、反ボナパルトの急先鋒となる。一七五一年一二月のボナパルトのクーデタで追放され、翌年帰国して再び議員となる。普仏戦争に反対し、ナポレオン三世没落後（一八七一）に行政長官に任じられ、パリ・コミューンで、労働者政府に徹底的な弾圧を加え、壊滅させたのち、第三共和制初代大統領（一八七一―一八七三）に選出されるが、途中で辞職に追い込まれる。一八七五年の選挙では共和党を率い勝利し、第三共和制の基礎を確立した。なお、トクヴィルが言及しているフランス革命に関する著作は、『フランス革命史』で、共和主義の立場で書かれたもの。

旅行家ポインシットとの再会

ポインシット氏との会話、一八三二年一月一二日から一七日まで

「海洋貿易については、合衆国の未来は前途洋々たるものがあります。われわれが地球で一番の海洋強国におのずとなるように定められているのはたしかです。このことは、まず、われわれの土壌の産物に起因します。われわれのところには、世界全体にとって必要な原料が山ほどあります。われわれは、もっとも自然なその運び屋です。おまけに、民族精神がイギリス人のように、外国との仲買人になるようにわれわれを定めています。すでになにが起きているかをご覧になってください。アメリカの産物をヨーロッパに運ぶとなると、ほぼアメリカ人しかいません。そしてヨーロッパの産物はアメリカの船に乗せてアメリカに到着しています。ル・アーヴルとリヴァプールの港はわれわれの船でいっぱいです。また、イギリスの船やフランスの船はほとんど一隻もわれわれの港では見かけません」。

問い——アメリカ人は、安値で航行する航海者だと言われていますが、どこからそれは来ているのですか?

答え——知的資質からです。肉体的に優れているからではありません。アメリカでは労賃はとても高いので、船を建造するのはより高くつきます。また船員の賃金もヨーロッパよりも高いのです。しかしアメリカ人の船員は、アメリカ人ならではの活力と経済観念、船員にしか帰属しない利益についての相互理解を持っています。大西洋を横断する際の時間がわれわれのように短い船は、イギリスにもフランスにもありません。おまけに港での滞在時間もわれわれのように短い船は、これらの国にはまったくありません。このよう

にして、いや、われわれは不利な点を有利な点に変えて、それ以上のものを取り返しています。おまけにアメリカ人は、陸でのように海でも成功するために、そして、財産を作るためにとくにうってつけの資質を備えています。アメリカ人は非常に文明化された人間で、始まったばかりの社会に投げ込まれています。こうした社会では、絶対的仕方で彼を分業に閉じ込めるような余裕が産業にはまだない状態にあります。そこから、われわれのところでは、おのおのの人間が少し全体を知っており、幼い頃から、全体を少量作ることに慣れています。わが農夫は靴を作り、彼らの妻は織物と敷物を作ります。障害物を見たときに絶えずわれわれの口にのぼる言葉があります。それはわれわれを完全に描き出す言葉です。やってみようです。

問い――あなたがたの船は概して長持ちしないと言われていませんか？

答え――売るために建造した船と自分で使おうとして建造する船とを区別しなければなりません。造船工業は北部にあります。そこから出て来る船は、実際、持ちが短いわけです。しかし、できるだけ長く使おうとして船を作ろうと望むときには、われわれの建造用木材に、そしてとくにフロリダ産のセイヨウヒイラギガシ〔オークの一種〕に世界一良い資材を見いだしています。船が長持ちしない原因は、商人が貿易をする際に自由にできる資本がしばしば少ないからなのです。それは彼らの側のことで、懐勘定の問題です。船を相当長持ちさせようとするには、ある程度の金額を余分な費用として彼らに付け足して握らしてやれば、目的は達せられます。そのうえ、われわれには、なにごとによらず堅固なものを狙うことを妨げる一般感情があります。アメリカの人間精神の進歩においては、人気のあるひとつの普遍的信念が民衆のあいだに広がっています。彼らは、なにごとによらず改善策が発見されるだろうということを当てにしているところがあります[25]。そして、事実としては、この期待はしばしばもっともなのです。たとえば、私は、数年前の話ですが、北部の河川用蒸気船の建造業者がなぜそんなにもろく船を作るのかと聞いてみたことがあります。彼らは私にこんな風に答えました。蒸気で船を動かす技術は日進月歩で、おそらく、いまでもまだ船が長持ちしすぎるくらいだ、と。実際、一時間に八から九マイル進むこちらの船は、わずかな時間ののちに、彼らが建造した、一時間に一二から一五マイルで走ることができるようになっていた別の船との競争に耐えることがもはやできなくなったのです。

問い――今後、アメリカ人口の大きな部分がミシシッピ渓谷へ向けられたときには、資本が産業と耕作の方へ向かう最大の志向を持つことから、あなたがたの海洋貿易が被害を受けるとは考えませんか？

答え――私は、前向きで、反対だと思っています。連邦が大西洋岸諸州のために一大海上勢力を持つことは、諸州の産物のもっとも大きなはけ口が海の向こうにできているので、ミシシッピ住民にとっても重要なことです。われわれの港が封鎖されるのを妨げることができなければ、綿花やトウモロコシや砂糖……などは、ミシシッピ河、ミズーリ河、オハイオ河の沿岸で育ち、毎年、南アメリカとヨーロッパに運ばれているのに、それらはいったいどうなるでしょうか？　その点について、私は連邦議会でクレイ氏[26]にきっぱりと答えました。彼は、大西洋岸諸州の貿易に西部諸州が譲歩すべきだと言っていました。私は、彼が譲歩と呼んでいたものは、西部の利益そのものだということを明らかにしました。

問い――水夫の**戦時徴集**あるいは**海員登録**のような強制法がないと、戦時に水兵を見つけるのは、連邦にとってむずかしくなると、お考えにはならないのですか？

答え——いいえ、そうは考えませんね。まず、高額な契約金が外国人水夫集団をいつもわれわれのところへ導いてくるでしょう。そして、おまけに戦時ともなれば、貿易は被害を受けますし、仕事を失った多数の水夫たちは、国家の船に乗ること以上に好都合なことを要求しないでしょう。

問い——貿易と海事法に関する連邦の原則とはどんなものですか？

答え——貿易に関しては、もっとも完全な互恵ということです。海外で獲得していた特恵待遇は、われわれのところでの特権を見返りに認める義務から生じる損害とは等価ではまったくないということを指摘してきました。ですから、外国の港では、特別な基準にもとづいて受け入れられることをけっして要求しないばかりでなく、むしろ積極的にわれわれは特権を拒んでいます〔一八一五年に特権廃止〕。私が南アメリカ諸国民

(25) アメリカ人の進歩信仰については、『民主主義』、第二巻、第一部、第八章（『デモクラシー』、第二巻、(上)、六六ページ）参照。

(26) クレイ、ヘンリー（一七七七—一八五二）サーの称号を持つヴァージニア出身の法律家で政治家。一八一〇年にケンタッキー州から上院に選出され、一八一一年からは、同州選出の下院議員。以後、五度下院議員を務め、議長として辣腕を奮う。一八一二年に対英開戦を主張した「戦争鷹」のひとり。戦後、国内産業の成長をはかるため保護関税を主張、また内陸部の基盤整備を推進した。一八一六年からアメリカ植民協会の会長となり、黒人のリベリア帰還に尽力。一八一七年以後南米諸国の独立を支援したほか、一八二四年のギリシア独立革命をも支援した。フロリダ買収をめぐるジャクソンの強硬策に反対し、以後ジャクソンの政敵となる。一八二四年の大統領選挙でアダムズを支持、その国務長官（一八二五—一八二九）を務める。一八三三年には関税法を成立させ、その後もホイッグ党を率いて上院議員（一八四九）となった。

とのあいだで貿易協定を結ぶための交渉に当たっていたときに、私に起こったことは、こういうことでした。われわれの海事法については、船旗が積荷を覆う〔貿易自由の原則〕ことを主張しています。私は、この点では、われわれは間違っていると思っています。まず、この特権が実際に万民法のなかにあるのかどうかは、私は知りません。しかし、確かなことは、海を支配する諸国民にとっては、反対の原則の方が大いに使い道があるということなのです。しかるに、短い期間でわれわれは、おのずと海を支配する立場に立つことでしょう。そうした場合には、われわれの原則を打ち消さなければならなくなるでしょう。こうしたことは、いつでも、人間に損害を与えるように、国にも損害を与えます。船旗が積荷を覆うという原則は、諸海を支配しようなどとは一度も望みえない国にとってのみいいことなのです。フランスはこのケースです。フランスはいつも大きな海上勢力ではありましょうが、一度も一番大きな勢力にはならないでしょう。フランスがそれをめざすなら、みずからの利益に従って、行動していることにさえなりません。

問い——関税一般について、特殊には、合衆国の関税について、どうお考えですか?

答え——私は、関税の支持者ではありません。関税は貿易を助けるよりもむしろ遅らせがちだと思っています。合衆国の関税については、大きな害をもたらしたことはなく、大きな利益をもたらしたこともない、と思っています。失望した野心家たちは、関税を口実に使っています。しかし、想定されているほどの良い影響も、悪い影響も、それにはない、と私は思っています。関税の友は言います。わが工業が一五年来作り出してきた測り知れない進歩は、関税のおかげなのだ、と。ちっともそうだとは思いません。われわれの工業に飛躍を与えたのは、一八一二年の戦争〔対英戦争〕です。平時には、禁輸措置はいつも不徹底です。戦争だけが国の岸辺を本当に封鎖することができます。戦争こそがわれわれに工場主になることを強いてきました。おまけに、飛躍的発展は、関税なしでも、維持されてきたことでしょう。大量に輸入されるイギリス商品は、関税がかけられてさえいても、年々増加しています。しかし、関税があろうが、なかろうが、われわれの土地が持っている本来的な利点を、われわれから奪い取ることはできません。関税の敵たちは言います。関税は南部を破滅させる、と。そうは少しも思いません。関税が南部に生み出すたったひとつの効果がいまだに明かされているようには私には思えません。つまりこういうことです。われわれの港にイギリスの工業製品が入ることを拒めば、イギリス人工場主の財産を減らすことになるということです。自分の工業で損失を蒙らないようにするには、結局、彼は二つのうち、どちらかをやる羽目に陥るでしょう。労働力価格を下げるか、それとも、原料費を下げるかのどちらかです。しかるに、イギリスでは、ヨーロッパ全体でさえもそうですが、労働者の賃金を下げることは、労働者を病院に運びでもしない限り、不可能です。労働者はきっちりと生活の糧しか稼ぎません。ですから、減らすには、原料を対象としなければなりません。したがって、関税の結果は、われわれの綿花価格を下げることだったのです（注記——これは、ほかの事柄と矛盾しているし、関税が北部にとっては有益だということを証明しているように私には思えた）。私はたったひとつの観点からしか関税の有用性を評価していません。穏当な関税は、ほかの多くの税金よりも安定した税金を形づくっています。

問い——アメリカでは、習俗は、言われているほど良いのでしょうか？

答え——社会の下層階級には弛緩がありますが、しかし、それ以外のどこにおいても習俗は優れています。

旅に出ているときはいつでも、こちらの状況に比肩しうる状況には一度もお目にかかったことはありません。イギリスでは似たようなことはなにも存在しません。イギリス人のあいだでは、民衆と上層階級が習俗の点で常軌を逸しています。道徳は中間階級にしかありません。結婚の絆を大事にすることは、われわれのあいだでは非常に重んじられていますから、亭主持ちの愛人は、男に身を任せた女性よりも、なおいっそう確実に名誉を失います。顕職への道は男には閉ざされ、財産を形成する道さえも険阻になります。かりに暗殺されず、別の形で死ねば、もうけものと考えなければなりません。女性の両親や親戚は、家族の名誉のために、彼に復讐することがしばしば義務づけられていると思いこんでいます。

問い——しかし、あなたによれば、この習俗の極端な純粋性は、いったいなんの結果でありうるでしょうか？ あなたに率直に申し上げますが、あなたは、あなたがたを徳高き国民として見なすことができていないのですから。

答え——私も、他の多くの国の国民にくらべて、われわれの方が有徳であるとは考えていません。われわれの習俗の純粋性は、むしろ、ある特別な状況に由来しています。とくに、女性の徳を攻撃する暇と手段を持っているような部類の男性がまったくいないという事情に由来しています。そのうえ、アメリカにおいて女性という人種はとても目立っていると私は思っています。私は、女性人種は男性人種よりも非常に優秀だと思っています[27]。

問い——この習俗の状態は社会の政治状態に作用を及ぼしているとお考えですか？

答え——たしかに、すごく。われわれに秩序と道徳に関係したもろもろの習慣を与えています。これらの習慣は、政治的情熱に対して強力な制動をかけるのに役立っています。

問い——政治への宗教の影響についてはどうお考えですか？

答え——私が思うには、アメリカにおける宗教の状態は、われわれの共和制度を支えるのに、もっとも力になってくれているもののひとつです。宗教精神は、政治的情熱に直接的な力を行使しています。そのうえ、習俗に貢献することで、間接的な力をも行使しています。ですから、啓蒙された多くのアメリカ人がこの真理に確信を持っているので、彼らは、キリスト教の真実性に対して持つかもしれない疑いを示すことはしないばかりでなく、ユニテリアニズムのような新宗派を採用することにも、ためらいさえ感じています。彼らは、こんな風にして間接的にキリスト教の破壊に至ることを恐れてもいます。こんなことになれば、人類にとって回復不可能な病気となるでしょうから。

問い——いったい、連邦法実施拒否制度は、南部ではどう理解されているのでしょうか？　私には、この制度は、純粋単純に連邦を廃止することに戻ると思われますが。

答え——間接的には、たしかにそこに行き着くかもしれません。しかし連邦法実施拒否者は、そうなることをみずからに禁じています。彼らは、単に個々の州が国会の諸法律を中断させる権利を持つこと、立憲議会

(27)　女性と宗教道徳に関しては、『民主主義』、第一巻、第二部、第九章（『デモクラシー』、第一巻、（下）、二一八—二一九ページ）参照。同じく、『民主主義』、第二巻、第三部、第一一章（『デモクラシー』、第二巻、（下）、八一—八四ページ）参照。

を召集するように仕向ける権利を持っていると主張しているにすぎません。
問い――あなたは、この主張が連邦の未来にとって恐ろしいと思っていますか？
答え――いいえ。連邦法実施拒否者はサウス・カロライナだけで党派を形成しているにすぎません。あそこでさえ、多数派かどうかは怪しいのです。そして、たとえ彼らが州全体を味方につけても、連邦の軍隊に対して州に住む七〇万人〔実際には二〇万人〕の白人になにができます？　ほかの多くの党派と同じく、この党派も、その起源は数人の市民、とくにカルフーン氏(28)とデューク氏〔履歴不明〕の個人的野心にあります。連邦法実施拒否理論は自信を持って説かれたわけではありませんでした。いまでは信者がいます。（ポインシット氏はサウス・カロライナの人間で、州議会の構成員である。）
問い――南部の社会状態と北部の社会状態のあいだには、言われているほどの実際的な相違はありますか？
答え――ええ。相違は明白で、すべては北部に有利な相違です。
問い――その原因はなんですか？
答え――第一の原因は奴隷制で、第二の原因は風土です。とはいえ南部は進歩しつつあります。しかしそれが後退しているように見えるのは、北部と西部は進む速度が速いからです。一〇年ごとに南部は代表権のいくつかの部分を失い、西部と北部は反対に票を獲得しつつあります。権力は、古い中心から急速に引っ越しています。すぐに、合衆国発足時の一三州が連邦議会全体では多数派をもはや持たないことになるでしょう。
問い――そうした事態は、南部に嫉妬心と猜疑心を作り出さないではおかないでしょう。一般に弱者は強者の公平さを信じません。

答え――おっしゃるとおりです。

問い――南部には生産物を運ぶ船がありますか?

答え――そんなものはひとつもありません。南部の産物を求めに来るのは北部で、産物を荷車に乗せて世界中へ運んでいます。

問い――そのような特異な事態はどこから来ているのですか?

答え――部分的には、南部では下層階級がまだ存在しないことに起因しています。どこで、水夫の人手を見つけたら良いのかわからないのです。

問い――しかし、どうして黒人を使わないのですか?

答え――それは、黒人を失う危険にさらされるかもしれないからです。彼らは逃亡するでしょうから。それ

(28) カルフーン、ジョン・コールドウェル(一七八二―一八五〇)。サウス・カロライナ州議会議員(一八〇八―一八一一)を経て下院議員(一八一一―一七)。戦争鷹のひとり。モンロー大統領下で陸軍長官。アダムズ大統領とジャクソン大統領のもとで副大統領を務めるが、ジャクソンと保護関税をめぐって意見が合わず、関税に反対してサウス・カロライナ州の連邦法実施拒否者となる。一八三二年州議会での連邦法実施拒否宣言を契機に下野。連邦法実施拒否の正当性を理論化。クレイの妥協的関税法の成立後は、州権論の主張とともに、奴隷制を擁護して南北の均衡を図った。第一〇代大統領タイラー(一七九〇―一八六二)のもとで国務長官。テキサスの連邦加入を実現。

に工業が南部には欠けています。

問い——あなたがたが奴隷たちをお払い箱にする手だてがありますか？

答え——いいえ、ありません。州の経費で奴隷を買い取り、彼らをほかのところに運ぶということからできあがった計画は、私にはとんでもないものに見えます。[29] 連邦全体の富をかけても、それには十分ではないでしょう。奴隷の数が減るに連れて、奴隷の値段はうなぎ登りとなるでしょう。それに、奴隷に対して感じることになる欲望は、再び売買で奴隷を輸入させるでしょう。黒人の増加が白人種の安全について、危惧を生まれさせるという恐怖感を私は分かち持ってはいません。黒人の叛乱は一度たりとも成功しないでしょう。彼らが彼らの手段を組み合わせ、恐るべき同盟を作り出すほどに知識を十分に備えた存在に一度でもなっているのであれば、現在あるような立場では、最終的成功を期待することはできないことが十分わかるでしょうに。

問い——ムラートは黒人と一致協力していますか？

答え——いいえ。彼らは、傲慢な態度で黒人を取り扱っています。黒人はムラートを嫌っています。ムラートは、自分たちが黒人よりもはるかに白人に近いと思いこんでいます。もっとも危険な人間は解放された黒人です。彼らの存在は奴隷の平安を乱し、彼らに自由を望ませます。私は、奴隷を解放する権限、とりわけ遺言によって解放する権限を主人から奪うことが必要不可欠だと思います。ワシントン〔初代大統領〕は、亡くなるときに彼の奴隷を解放することで、とても悪い例を与えました。奴隷制に関して公共世論がどれほど啓蒙されているかは、常軌を逸しています。奴隷制が大きな悪だという考えと奴隷制がなくてもやっていけるという考えがますます人心をとらえています。事物の自然な成り行きが奴隷をわれわれから厄介払いしてくれればと、私は願っています。ニュー・イングランドで、奴隷制を見てきた人びとを私はまだ知っています。われわれの時代には、ニューヨーク州で奴隷制が廃止されるのを見てきました。それに続いたのはペンシルヴェニアです。メリーランドでは、もはや非常に心もとない形でしか存在しなくなりました。ヴァージニアでは、州議会ですでに奴隷制に反対する言論が交わされています。黒人種は南へ絶え間なく後退しています。白人種に属する人間の移民に押し出される格好です。

問い――連邦領土に奴隷が密輸入されると思いますか？

答え――まずほとんどないでしょう。ですが、広大なスケールでは、奴隷取引はやはり存在します。この点に関して、イギリスの庶民院［下院］が昨年調査を行ないました。そして、私自身、報告書をいくつも読んだのですが、アフリカから取り寄せられる黒人の数は毎年三〇万人にのぼっています。

問い――合衆国のインディアンに関してはいかがお考えでしょうか？

答え――彼らは文明化することは望まずに、滅んでいく人種だと思います。混血《メティス》〔一般的な混血〕の助けを

(29) ポインシットは、一八二二年に、奴隷のリベリア帰還のために黒人植民協会が事業を開始したことを想起している。トクヴィルの北米訪問時には、約二五〇〇人の黒人を送り返していたが、黒人人口二三三万人に比べれば、微々たる数値であった。『民主主義』、第一巻、第二部、第一〇章（『デモクラシー』、第一巻、(下)、三二九―三三〇ページ）参照。

得てはじめて文明化に成功するかもしれませんが。それに文明人は未開人の土地を取る権利を持っている、と私は考えます。土地を利用することを未開人はまったく知りませんし、その土地で、白人は富み急速に人口を増やします。

問い――現行の合衆国銀行制度は、国の繁栄に役立ってきたとお考えでしょうか？

答え――ええ。われわれのところのように、資本があまりない国では、銀行の効用は測り知れません。ですが、フランスとイギリスに同じ理由が当てはまるかどうかはわかりません。諸州の銀行全部のなかで、ニュー・オーリンズの銀行は、もっとも完全な計画にもとづいて設立されているように私には見えます。

問い――合衆国では、ヨーロッパと同じぐらい厳格に破産を世論は締め出してはいない、というのは本当ですか？

答え――ええ、本当です。商人側に明白な詐欺行為でもない限り、世論は、商人に対してなにひとつ非難しません。大胆きわまりない事業に身を投じたり、資本なしに商売をしたり、金銭的に評判を落とすことなく、貸し手のかねをあらゆる仕方で危険にさらしたりすることが商人にはできます。彼は、翌日から再び始めます。わが商人のほとんど全員が一か八かの勝負に出ます。そして、それはまったく簡単なことと考えられています。われわれの商業道徳は、ヨーロッパの商業道徳とたいへん違っていることは正直に認めなければなりません。(30)

問い――アメリカの道路は、どのようにして建設され、改修されますか？

答え――連邦議会が軍用道路以外の道路を作る権利があるのかどうか、はっきりさせるという問題は憲法上の大問題です。私から見ると、この権利は存在すると確信しています。しかし、異議が唱えられるために、それは言わば用いられていないのです。州間をまたぐ道路を開設し、維持することは、しばしば諸州の義務となっています。一番頻繁なのは、これらの道路が郡の仕事となる場合です。概して、われわれの道路は、維持がまったくなっていません。郡に義務を果たすように強制できる中央権力がわれわれには、欠けています。監視は、地域的なものであれば、部分的で有効性を持ちません。実を言えば、個人には、適切に道を改修しない自治体を訴える権利があります。ですが、だれも自治体相手に訴訟をしようとは思いません。**高速道路**しか、税金がかかりません。**高速道路**体系は、私には非常に良いものに思えます。しかしそれが国民の習慣のなかに入るには、時間がかかります。無料の道路体系とそれとが競争する必要があります。**高速道路**が他の道路よりもはるかに良いか、あるいは、距離をもっと短縮できるかどちらかであれば、旅行者は、**有料道路**を通る方が彼らにとっては経済的だということをたちまち感じることでしょう。

問い――大統領の指名は、まぎれもない政治的情熱をかきたてますか？

答え――いいえ。それは関心のある人間を大いに揺り動かします。新聞には大声を出させます。しかし、人民大衆は無関心なままです。決まりから言えば、大統領は人民の幸せにほとんど影響を持ちませんよ！　本当のことを言えば、統治しているのは連邦議会です。

問い――メキシコに関してなんらかの情報を私にいただけませんか？

（30）『民主主義』、第二巻、第三部、第一八章（『デモクラシー』、第二巻、（下）、一三〇―一三一ページ）参照。

答え――私がメキシコで見てきたことのすべては、スペイン人が到達したときに、この美しい国の住民は、少なくともスペイン人と同じくらい進んだ文明状態に到達していたということを信じる気にならせます。ですが、まず戦争技術に長けていたこと、その後は、抑圧がすべてを破壊しました。
問い――いまでは、メキシコの人口はどういう構成になっていますか?
答え――白い肌が貴族の形色であるスペイン人と土地を耕す、貧しくて無知なインディオから成り立っています。インディオは、自由で、権利上はスペイン人と平等ですが、しかし、実際には、政治の天秤ではゼロと勘定されます。黒人も、ムラートもほとんどいません。
問い――この国の未来についてはどうお考えですか?
答え――堅固な土台の上に国が築き上げられるようになることを望みます。国が進歩しつつあることは確かです。新世界のスペイン人をあまりに厳しく裁いてはいけません。革命が彼らをとらえたとき〔一八一〇年代〕、スペイン人はまだ一六世紀にいたのです。あの世紀に享受されていた独立がそこに生きるスペイン人たちに、しばしば粗野な有徳を彼らに与えていましたが、それを彼らから除いての話です。こういう知識は商売でしばしば私の役に立ってきました。こういう状況のなかで一六世紀の人間ならどうしただろうか、彼らならなにを考えただろうかと、私はしばしば自分に問いました。これらの疑問に対して答えを出すことで、ほぼ確実に私は未来を予測できました。近代文明のあらゆる発見に関する、より完全な無知など、あなたには想像できないでしょうねえ? 彼らは、南アメリカのように、分割されない大共和国〔ラテンアメリカ諸国連合〕を建設したいと望み始めました。彼らは成功しませんでしたし、私からすれば、連邦の形をとるのでなければ、大共和国の延命など信じられません。メキシコ人は、取るに足らない若干の例外を除けば、結局は合衆国憲法を採用することで決着をつけました[31]。ですが、彼らは、われわれのようにそれを使おうとすれば、まだ進歩が足りません。それは複雑で扱いにくい道具です。

問い――スペインの植民地の独立が巨大な開口部を彼らに開いていく、と考えることで、ヨーロッパ諸国はとんでもない誤りに陥ったとお考えではないですか？

答え――ええ、たしかに、文明が導く欲望は、スペイン領アメリカでは、まだ感じられません。時は未だしなのでしょうが、しかし、やってきてはいます、その時は。

問い――メキシコで、僧族の地位はいかがなものでしょうか？

［答え――］僧族は毎日のように、影響力を失いつつある結果になっています。僧族はすでにほぼ民衆のなかでは支柱を持ちません。おわかりのように、この事態はスペインの事態といささかの共通点もありません。しかしながら、メキシコの僧族はまだ財産を持っています。それは莫大な富ですが、まだあえて手がつけられてはいません。メキシコで革命を始めたのは僧族です。彼らは、スペインのコルテス家〔メキシコ征服者の一門〕が彼らの財産を没収しまいかと恐れていました。そこで彼らは民衆を叛乱に立ち上がらせたのです。

（31）一八二四年に採択され、一八二七年に修正されたメキシコ憲法は連邦制をとっていたほか、二院制で、大統領、最高裁判所との三権分立を採用していた点で、ほぼ合衆国憲法と同じ。『民主主義』、第一巻、第一部、第八章（『デモクラシー』、第一巻、（上）、二六九ページ）参照彼らは革命については、半分しかやる気はありませんでしたが、運動が伝えられたために止まることが不可能になってしまいました。

私は会話の終わりに、ポインシット氏に、スペイン領アメリカでは、美風などというものがどこかにあったかと聞いてみた。彼は笑いながら答えてくれた。「絵のいい面などあそこにはないですね。私は、生涯の一部をスペイン領アメリカで過ごしてきました。そこで私が言えることは、ホーン岬〔南米最南端の岬〕から北緯三五度〔テキサス〕にいたるまで、夫に忠実だった妻など見かけたことがなかったということです。この点では、妻は愛人を持たないことをむしろ恥と見なすというくらい、正義と不正義の観念がひっくり返っています」。

なにが合衆国に共和制を受け入れさせているか

一月一四日

合衆国に共和主義的自由を受け入れさせるのに貢献する理由はたくさんあるが、しかし、問題を説明するのに十分な理由となると、そんなものはほとんどない。

巷間、そこでは、社会が白紙状態《タブラ・ラサ》の上に築きあげられたと言われる。そこには、勝者も敗者も見当たらず、平民も貴族も、出生にまつわる偏見も職業にまつわる偏見も見当たらない。

しかし、南アメリカ全体がこの事例に当てはまっているが、共和制が成功したのは合衆国だけだ。連邦領土は、人間活動のために広大な場を提供している。領土が手腕と労働に対して汲めども尽きせぬ糧《かて》を提供している。そこではゆとりと富への愛好が、絶えず政治的野心の注意を逸らしている。しかしながら、南アメリカ以上に肥沃な地方、賛嘆すべき荒野、堂々たる大河、汲めども尽きせぬ、手つかずの富を世界のどの部分に見いだせるだろうか？　とはいえ、南アメリカは共和制を受け入れることができない。

連邦を小さな州に分けることとは、国内の繁栄と国力とを和合させている。それは、政治的利害を増殖させ、精神を分けることで、党派精神を弱めている。しかし、メキシコは連邦共和制を形成している。メキシコは、合衆国の政体をほとんど一指も触れることなく採用した。そして、それなのにメキシコは、まだ繁栄からはほど遠いところにいる。ニュー・イングランドのように低カナダも、肥沃な、限界のない土地で囲まれている。しかしながら、現代に至るまで、知識を欠くカナダのフランス系住民は、彼らにとってはあまりにも狭すぎる空間に詰め込まれてしまった。ケベックでは土地の値段がパリとほとんど同じくらい高いのに、隣国では、土地は一アルパンにつき一〇フランの値段である。

他のすべての理由を睥睨する大きな理由、すべてを勘案してみたあとでなら、それだけに軍配があがる理由がある。アメリカ人民は、集団としてとりあげてみたときに、世界で一番啓蒙されているばかりではない。私がこの長所よりも上に置いているのは、**それがもっとも進んだ実用的な政治教育を受けている人民であるということである。**

私が確信しているのはこの真理であり、ヨーロッパの将来的な幸福のために私が持てたらと思う唯一の希望をそれこそが私のうちに生じさせるのである。

しかしながら、以下の疑問が解消されないまま相変わらず残っている。合衆国が持っている独特の物質的利点も、その高度な文明とその経験がなければ、まったく十分ではなかったろうに。しかしこの高度な文明とこの経験は、それら［ママ、物質的利点?］なくして十分だろうか?

〔以下、携帯手帳よりの補足――政治的自由は消化しにくい食べ物である。それを支えることができるのは、もっとも頑健な体質以外にはない。しかし、苦しみながらでも、それが消化されたときには、それは社会体全体に精力と活力を与える。しかもそれらの規模たるや、それらを一番待ち設けていた人びと自身までも驚かせるほどのものである。

アメリカは、公共の自由を作る前に都市の自由を作った。われわれはまだ、絶対に反対物を手にしているし、反対のことをやっている。われわれのすべての不幸の原因――われわれは上部装飾からはじめて円柱を建てたいと望む。見習いである以前に主人であることを望む。〕

大小の党派について

一八三二年一月一四日

私が大政党と呼ぶもの――諸原理と結びついていて、その結果と結びついているのではない政党のこと。個別事案ではなく一般性に、人間ではなく思想と結びついている政党のこと。一般に、大政党はほかの政党にくらべて、より堂々たる相貌をしており、より寛大な情熱を持ち、より現実的な確信を抱き、より率直な、より大胆な物腰を持つ。個別利害はいつでも政治的情熱のなかで大きな役割を演じるが、こちらではそれに公共の利害という覆いがかけられているから、個別利害はより巧みに隠されている。個別利害に突き動され、そのために行動に走っている人びとの目から、個別利害は逃れることにしばしば成功しさえする。

反対に、小政党には概して政治的信念がない。その性格は一徹で、その行動のどれひとつにも派手に姿を見せる利己主義《エゴイズム》がその性格に刻印されている。小政党はいつも冷たいままで、熱くなる。その言葉は乱暴で、歩みはおずおずとしていて、不確かである。それが用いる手段は、立てた目標のように、貧相である。大政党は社会をひっくり返す。小政党は社会を揺さぶるよりも、それ以上に社会と悶着を起す。大政党は、しばしば人間性に同情を寄せさせる。小政党は人間性を軽蔑させる。どちらも共通の特徴を持っている。どちらも目的に到達するために、良心が完全に承認する手段を、ほぼ一度も用いない。だいたいどんな政党にも正直者はいるが、しかし、党派となると正直な人間はいないと言うことができる。

アメリカには大政党があったが、もはやそれらは存在していない。アメリカはそれで幸せを大いに勝ち取ったが、道徳性となると、疑わしい。今日、連邦を分割するさまざまな一味徒党（それらは党派の名にまったく値しない）が供している見世物よりも、もっと貧相な見世物を私は世間を見ても思いつかない。通常は、人間の心の奥底に隠されるという配慮を受けている卑小で恥ずべき情熱のすべてが、白昼公然と蠢動しているさまを目にできる。

国の利害については、だれひとりそんなものを考慮してはいないし、よしんば、それについて語られるにしても、それは格好つけのためである。党派は、われわれの父祖たちがその本の第一ページに国王特権を印刷させていたように、国の利害を結社証書の先頭に位置づける。

なんと無礼な罵詈雑言、なんとみじめな悪口、なんと慎みのない誹謗中傷が党派の機関紙として役立つ新聞に満ち溢れていることか。それを見ると、憐れみを覚える。そして、党派は、社会的しきたりのすべてをどれほど慎みなく軽蔑しながら、毎日、家族の名誉と家庭内の秘密を言論の法廷に召喚していることか。それを見ると、憐れみを覚える。

第三節　ワシントンで連邦の未来を考える

普通選挙

一八三二年一月一六日
普通選挙は、賛嘆すべき利点をいくつか持っているけれども、統治体なるもの、そしてとりわけ良き統治体なるものなど二次的関心にすぎないような国民にとってのみ存在することができる。**統治体**という言葉を、私は社会の規制権力の意味で使っている。普通選挙は、それが不満分子の数を減らす点で、統治体の不在をはるかに容易にする。しかし、統治者たちの行動に対立して置くことができる障害物を普通選挙が減らすなら、それは、職責を果たす点でより無能力な人間を地位に就ける。西部のすべての州、ルイジアナ州を見よ。

きちんと理解される二つの社会状態が存在する。そのうちのひとつにおいては、国民はかなり啓蒙されていて、自分で自分を統治することができるような状況のなかにいる。そのとき社会は自分自身に働きかけている。もうひとつの社会状態においては、社会にとって外部にある権力が社会に働きかけ、ある道を通って歩くように社会に強いる。これら二つの原理は明確であり、そこから論理的厳密性を持って、容易に結論は引き出される。

しかし第三番目の社会状態がある。そのなかでは、社会の内と外に同時に力が存在するがゆえに、力が分割されている。この社会状態は、大いに苦労してはじめて、理論で理解され、実践的には苦労と辛苦とともにのみ存在する。

合衆国は最初の状態を持ち、イギリス、そしてとりわけフランスは第三の状態を持つ。これら二つの列強にとって悩みの種。しかし、第一の状態に到達するかどうかは必ずしも国民には依らない。そしてしばしば、第一の状態を望むがゆえに国民は第二の状態に落ち込む。このからくりは、一冊の言葉遊び集のなかでは、かなり良いできの方だろう。

貿易

一月一六日

連邦[32]がいずれの日にか（そしてその日は近づいている）世界一の海上列強となることをどうして疑えようか？連邦だけで、そして連邦のためだけに、すでに巨大な貿易を連邦はやっている。連邦は、そこからより大きな資産をおのずと作るようになっている。そのうえ、スペイン領アメリカが文明化されるのは連邦を富ませるためである。

容易に予見することができるが、新しい諸共和国の輸出入のすべては、アメリカの船でなされるようになるだろう。南部の合衆国には貿易がまったくないということを考えれば、それだけいっそう、このことには納得がいく。連邦北部が南部の産物を運び出す仕事に携わっている。とはいえ、イギリス人種は北部にも南部にもいる。北緯三五度［合衆国南部］のイギリス人をしのぐ手腕を熱帯・赤道のスペイン人がいずれ持てるなんてことは信じられようか？

スペイン領アメリカに必需品を供給する（スペイン領アメリカが文明化された国民としての需要を持つときには）場合、イギリスが合衆国の唯一の競合者であるだろう。しかし、アメリカ人はスペイン領アメリカに、より近く、より安値で航海を請け負うから競争に勝つのは容易だろう。

この貿易の動きは、アメリカにとっては、とても恐れるべきことである**満杯状態**のあの瞬間を遅らせるだろうし、うち続く大変転の世紀を遠くへ押しやるだろう。

一国民にとっては一大海洋貿易にかかわって三つの要素がある。

（1）輸出できる**粗生産物**あるいは**加工生産物**。

（2）地面が満たしきれない欲望。
（3）航海の手腕。これなしには、上の二つが充足されない。
海洋貿易がなくても国は非常に富み、非常に幸せであることができるが、しかし、海洋貿易は富の重大な要素である。そのうえ、海洋貿易は多くの精神の活動に、そして、社会を騒がすかもしれないような情熱にも自然な養分を与えることで、政治的影響力を持つ。

『アメリカにおける民主主義』の構想浮かぶ

ワシントン、一八三二年一月二四日、父に宛てたトクヴィルの手紙
「この瞬間にもアメリカについて、おびただしい観念をあれこれ考えています。多くのものはまだ頭のなかにあります。かなり多数のものが、萌芽状態で、なんの秩序もなく紙の上に投げ出されたり、私の宿に帰る道すがら、書き留めた会話のなかにまき散らされたりしています。……旅行で明け暮れた最近の六週間、私の肉体は永年の状態よりもはるかに疲れ切りましたが、精神は、はるかに安定していましたので、アメリ

（32）ポインシットとの会話からの考察。『民主主義』、第一巻、第二部、第一〇章、（『デモクラシー』、第一巻、（下）、三九七—四一〇ページ）参照。

カについてなにを書けそうかを思う存分考えました。連邦の完全な絵図を提供したいと思うことは、この巨大な国に一年もけっして過ごさなかったような人間には、絶対に実現不可能な企てでしょうね。それにこんな作品は、教訓的であるのと同じくらい退屈なものになると私は思います。反対に、題材を選ぶなら、多少とも、直接的な関係をわれわれの社会的、政治的状態とのあいだに持つような主題しか提供しないことも可能かもしれません。こういうやり方をすれば、作品は、永続的意義と一時的意義をまったく同時に持てるかもしれません。以上が枠組みです」。

ワシントンでの国会見学

一月二四日

エヴェレット氏[33]は私にきょう、議会成員のあいだで、一〇分の九が弁護士階級に属していると言ってくれた。地主は、ごくわずかである。

同日

二〇年前に合衆国でフランス公使だったスリュリエ氏[34]は、帰ってきて、非常に大きな変化が起こっていたことに気づいたと私に言っていた。人間が小粒になり、もはや偉大な政治的能力を目にすることはなくなっていたというのである。

同日

政府の役人で、多才なヴァージニア人のトリスト氏(35)は、きょう私にこう言っていた。ヴァージニアは、それ自身の影でしかもはやない。ヴァージニアの偉大な人物、そして著名な人物さえもが消え去ってしまった。そして、彼らの席にそのような人物が現われるのを、もはや目にしなくなっている。

一八三二年一月二七日

(33) エヴェレット、エドワード(一七九四―一八六五) 合衆国のユニテリアン牧師。ヨーロッパでの滞在が長く、フランスに知り合いを持っていた。トクヴィルと会ったときには、国会で下院議員を務めていた(一八二五―一八三五)。その後マサチューセッツ州知事を務めたほか、国務長官(一八五二―一八五三)など要職を務めた。トクヴィルとは手紙のやり取りを続けた。トクヴィルとボーモンがワシントンに到着したのは、一八三二年一月一六日で、エドワード・エヴェレットとはフランス公使宅で一月二二日に会っている。

(34) スリュリエ、ルイ・バルブ・シャルル(一七七五―一八六〇) フランスの外交官で、帝政時代に合衆国駐在フランス公使(一八一一―一八一六)を務めた。一八三一年に全権大使としてワシントンに送られた。その後ベルギー大使を経て、引退。アメリカの政界に通暁していた。

(35) トリスト、ニコラス＝フィリップ(一八〇〇―一八七四) 合衆国の軍人で、ジャクソン大統領の友人。その政府で働いていたが、トクヴィルは、彼をニュー・イングランドで会ったクーリッジ・ジュニアの紹介で知った。彼は、合衆国政府の政策と歴史に関する山のような印刷資料をトクヴィルが収集する手助けをした。

外務省の高級官吏であるトリスト氏は、きょうわれわれにこう言っていた。この国ではなんでもかんでも公にされるが、しかし、すでに過去となった事柄に関連する文書を収集することがこれ以上むずかしい国はない、と。行政においては、人も、物も、安定したものがなにもないので、文書が信じられないほどの速さで消えていく[36]。たとえば、連邦議会の一連の審議を手に入れようとすることほどむずかしいことはないくらいだ。最近も、ヴァージニアが独立革命以来の州議会の審議を議事録として印刷させようとして、完全な議事録を一部入手しようとしたが、できなかった。その計画を断念しなければならなかった。

アダムズ前大統領との面会

一月二八日

私はきょうアダムズ氏に、西部の新しい諸州の社会状態とニュー・イングランドの社会状態とのあいだに差異が認められるのはなぜかと聞いてみた。彼は私に答えた。「それは、ほぼ全体的に出発点に由来しています。ニュー・イングランドには、非常に啓蒙されていて、心底から宗教的な部類の人間が住んでいました。西部には、連邦に見いだされる限りですべての冒険者が居住しています。これらの人びとの大部分が、原則も、道徳も持たず、以前の州からは貧困あるいは所業の悪さのために追い出されるか、あるいはただ金持ちになりたいという情熱だけしか持たないか、どちらかの人びとなのです」。

連邦の未来

一八三二年一月三一日

連邦[37]の繁栄それ自体から、連邦を見舞うもっとも大きな危険のひとつが帰結しているように見える。新しい国が西部と南西部に急速に立ち上がっているが、しかしその急速さが荒々しい試練に連邦をさらしていることは確かである。

この均衡を欠いた成長の第一の結果は、力と政治的影響の状態を荒々しく変えることである。強力な州が弱くなり、名も知らぬ準州が優越的な州となる。人口と同じく富も移動する。これらの変化は、利害同士の摩擦なしには生じえないし、荒々しい情熱をかきたてずにはおかない。変化が生じる速度の早さが変化を一〇〇倍も危険にしている。

それで全部というわけではない。個人からなる社会のように、いくつかの国からなる社会は維持が難しい

(36) 合衆国行政の不安定性については、『民主主義』、第一巻、第二部、第五章（『デモクラシー』、第一巻、(下)、五二―五六ページ）参照。

(37) この書付は、ワシントンでアダムズ元大統領と面談したあとで、一月二八日に書かれた。『民主主義』、第一巻、第二部、第一〇章（『デモクラシー』、第一巻、(下)、三三六ページ以下）の「アメリカ連邦が持続する見込みはどれほどあり、どのような危険が連邦を脅かしているか」を参照。

しろものである。社会というものが存在すれば存在するほど、難しさはいっそう増大する。また、おのおのの社会がますます節度と英知を共通方針のなかに持ち込むことが必要になる。

しかるに、連邦の新しい州は、存在するという事実だけからしてすでに連邦の絆を維持することの難しさを増大させるだけでなく、古くからの州に比べると、新しい州は英知と節度の質草をはるかに少ししか差し出さない。新しい州は概して冒険者から成り立っている。社会の進歩はそこでは著しく早いし、激烈と修飾できるかもしれないほどそれが早いので、すべてがそこではまたもや秩序を失うほどである。習俗においても、思想においても、法律においても、そこではどれひとつとして、秩序と安定性の見かけを一切呈さない。ひとことで言えば、通常は古い諸社会にしか属さない力と相まって、荒野の原始的住民を特徴づける半未開で、磨かれていない精神をそれらは持っている。

連邦にとりわけ有利に働くもののひとつは、すべての有力者とすべての偉大な政治的情熱とが連邦の維持に関心を持つことである。

解説

トクヴィルの『合衆国滞在記』

もし、トクヴィルがいまも生きていて、南部の旅を終えて最終目的地であるワシントンに到着したとしたら、かつてのように彼は大統領を表敬訪問するだろう。彼はジャクソン大統領と現在のトランプ大統領と二人の大統領に直接会うことになっただろう。そのときトクヴィルがトランプ大統領にどのような印象を持ったかはあらかた想像がつく。第四五代大統領は第七代大統領と似てなくもなかったからだ。

前者は、ログ・ハウス育ちで、粗野で無学文盲と言われたのに、大統領の座にまで登りつめ、それ以後大統領は「丸木小屋で生まれた人間[1]」でなければならなくなったと言われたほどの立志伝中の人物だった。しかも、トクヴィルも着目しているとおり、「軍事的栄光」をひっさげた元軍人でもあった。彼は書いている。

軍事的栄光が好ましくない影響を持つことをどうして疑えようか？　ジャクソン将軍は、見たところ非常に凡庸な人物なのだが、その彼に対してなにが人民の選択を決定したのか？　開明的諸階級の反対にもかかわらず、人民の投票を彼のために確保している理由はなにか？　ニュー・オーリンズの戦いだ。（本書二五八頁）

ここから言えることは、トクヴィルが発見したアメリカ社会は、人間の功績や長所を判断基準とするメリットクラシーの社会だったということである。ところで歴史的名声や門閥や出自が問題にならない平等社会では、「かね」(二九四頁)と並んでメリットは「平等化」社会最大の判断基準である。ということは、民主制のもとでの選挙においては、実社会で挙げた業績及びそれに結びついたおかねによって当選できるかどうかが決まるということである。しかし、そうなると、選挙制度自体の意義が軽くなる。なぜなら、業績およびかねはあまりにもわかりやすい平凡な基準だからである。こうして制度の意義が軽くなると、選挙も腐敗し、その結果、議員や大統領自身が軽い基準で選ばれているがゆえに政治そのものが腐敗していく。

『アメリカにおける民主主義』の公刊をきっかけとしてトクヴィルと親交を結ぶ同世代のJ・S・ミルの危惧と共通した選挙制度の問題点である。メンフィスに向かう頃、この「人民の悪い選択」の原因を、のちにアラモの戦いで国民的英雄となるD・クロケットのような無知蒙昧で粗暴な輩が合衆国連邦議員に当選したことを引き合いに出して、次のように彼はほのめかす。

選挙権に普通が付くようになり、国家が議員の給料を支払うようになると、人民の選択がどれほど落ちていき、どれほど間違えるかは、おかしなことである。

二年前、メンフィスを首都とする地区の住民は連邦議会の下院にデイヴィッド・クロケットを送り込んだ。

---

(1) モリソン『アメリカの歴史 2』、西川正身監訳、集英社、一九七一年、三七頁。

彼はろくに教育を受けず、読み書きにも支障をきたしていた。財産をもたず、決まった住所もなく、生きるために野禽獣を売り、ずっと森のなかに住んで、狩りをする生活を送っていた。(三三二頁)

ここで問題にされている選挙制度の欠陥は、トクヴィルによると、財産の区別なく普通の人間が選挙に参加することと「国家が議員に給料を払う」ことにある。後者が止めどない腐敗をもたらす。民主制の国家を動かすのに国家自体がかねを払うというシステムになっているのである。これでは、国家至上主義が当然の帰結となり、統治能力自体は問われないことになる。職業としての政治という政治運営の原理そのものに政治腐敗の理由が書かれてあるということを彼は言いたいのである。立候補者クロケットはこれまで「生きるために野禽獣を」追っかけていたが、職業を連邦議員に変えたということである。その際、統治能力は問われていない。候補者の統治能力については、ジャクソン大統領にも疑念がつきまとっていた。トクヴィルはボストンの著名な文人スパークスの発言をこう記す。「開明的人士の多数派がいまや、ジャクソン将軍は大統領職を務めるのにふさわしくないということを認めています。民政にかかわることで彼にはほとんど経験がないこと、歳をとりすぎていてその務めを果たす能力がないことがその理由です」(一六四頁)。

実際、このような候補者が大統領選に立候補するような事態は、想像でも何でもなく、定評ある歴史書の著者モリソンが書いている現実の事態であった。立候補資格が疑われるような人物が選挙に出馬すると、選挙戦そのものが虚偽をベースとすることになる。モリソンは、ジャクソンがアダムズとの接戦を制する際に、アダムズに関するとんでもないスキャンダルをでっち上げたと書き、この大統領選挙は、今後の大統領選挙の範たるべき虚偽《フェイク》宣伝にまみれた腐臭漂う選挙だったとまで言うのである。

この一八二八年の選挙は、真に悪臭を放った最初の大統領選挙だった。まったく途方もない嘘がふりまかれた。アダムズは、ホワイト・ハウスに自弁で一台の撞球台と一組のチェスの駒を備えていたが、ジャクソン派の弁士の口にかかると、これらは、公共の財源から購入された「賭博台と賭博用品」となった。彼は、ロシア皇帝のポン引きをしたとさえ非難されたのである。(2)

ギャンブルに対する健全な批判精神は、「ギャンブラー」(本書三頁)のように人生を賭けて大ばくちを打っている国民からなるとされた、この頃のアメリカにさえあったということだが、しかしながら、その次の「彼は、ロシア皇帝のポン引き」だったという非難はどうだろうか。なるほどアダムズは、マディソン大統領下でロシア担当大臣であり、ペテルスブルクで生活した外交人であった。その点で現在のトランプ大統領のロシア・スキャンダルとは決定的に異なる。しかし、名うての正統保守派であるトクヴィルは、表面上の類似に苦笑したことだろう。しかも、「ポン引き」などというおよそ下品な言葉が平気で飛び交うアメリカの大統領選挙に唖然としたことだろう。しかしトクヴィルは、旅行中のインタビューで、普通選挙の劣悪な選択をもたらす買収や酒場でのデマの流布、あるいは暴力沙汰についてはすでに聞かされていた。たとえばキャロル邸で開かれたパーティーで彼がインタビューした相手は、選挙演説がどんな様子だったかを彼に教えてくれた。

(2) モリソン、同書、一三二頁。

われわれは演説をしたと私は言っていますが、われわれは演説をしようと努めたということだったのです。というのも、弁士に反対する党が野次で、そのつど弁士の声を聞こえなくしたからです。敵対者の幾人もの男たちが殴りかかりに来ました。四肢を折られた男が数人出ました。(二六七頁)

できるだけ有権者に相手候補の政策を聞かせたくない。そんな候補者が選挙に立っているおよそ戯画的光景は、選挙自体がもはや政治の要とはなっていないことを物語る。政権の実績すらここでは問題にならない。トクヴィルがインタビューした相手は、実際に州議会に立候補して、ジャクソン派の候補者と議席を争っていたフィンリーという穏やかな地元の名士である。彼はジャクソンが「権力に就いてから、彼らが犯してきた誤りの数々を説明」しようと熱弁を振るっていた。その批判が暴力的に邪魔されている。こうした現実観察から、最終目的地に到着して、彼はこう普通選挙を断ずる。

普通選挙は、賛嘆すべき利点をいくつか持っているけれども、統治体なるもの、そしてとりわけ良き統治体なるものなど二次的関心にすぎないような国民にとってのみ存在することができる。統治体という言葉を、私は社会の規制権力の意味で使っている。普通選挙は、それが不満分子の数を減らす点で、統治体の不在をはるかに容易にする。しかし、統治者たちの行動に対立して置くことができる障害物を普通選挙が減らすなら、それは、職責を果たす点でより無能力な人間を地位に就ける。(四二八頁)

ここでトクヴィルが言う「関心」とは、フランス語でも「利益」と同じ意味で用いられるから、選挙自体に対する「関心」となると、州で言えば、州政府の行政であり、連邦で言えば、大統領以下の行政府であるはずであり、その関心のなかに倫理的でもある「善悪」観念が持ち込まれないとなると、畢竟、自分にとってなにが利益かということが基準になり、州議員や大統領を選ぶことによって自分にどのような直接的利益が生まれるかということでしか、投票行動が決定されなくなる。こうなると、候補者の選挙公約自体の質も低下する。それにつれて、大統領選挙ではもっとも軽薄な候補者が当選するかもしれない。では、大統領という「職業」はそれほど軽いのか。実際、当時は軽かったようである。ワシントンへと向かう馬車の旅を共にすることになったポインシットは「大統領は人民の幸せにほとんど影響を持ちませんよ！　本当のことを言えば、統治しているのは連邦議会です」（四二一頁）と言い切る。ただでさえ、軽く見られている大統領職が凡庸な基準で選ばれることで、軽くなり、さらには選ばれた人間に国家が給料を支払うことで、役職自体がかねの塊と化す。

猟官制――政治の限りない凡庸化

合衆国滞在中のトクヴィルが指摘する危惧すべき事態がアメリカ史上はじめてジャクソンの二度にわたる大統領職挑戦で立証されていたのである。ジャクソンは、言うこともやることも、ことごとく粗暴で、ただひたすら「改革」という空疎なスローガンを呼号し続けた。皮肉にモリソンは書いている。「州権は保護されねばなりません、わが国の負債は返済され、直接税や公債は避けられねばならず、そして連邦の統一は維持されねばなりません」と断言するような「いっさいを黒か白かで判断する単純な思考方法と命令の習慣がジャクソンの政策の基調である」[3]、と。そして彼こそが、それまで州政府で露骨に行われていた猟官制を大々的に採用し、政府とその周辺を、統治によって直接的利益、つまり「第一次的利益」を得る者で固め、見事に再選を果たす大統領選挙史上初めての「選挙上手」の政治家となるのである。

もちろん慧眼なトクヴィルは、この猟官制について聞き逃すようなことはしていない。彼はオハイオ州で州切っての弁護士ウォーカーとこんな問答を交わす。「中央政府が、能力に対する不安などにお構いなく、子分たちにすべての地位を配っているのは本当のことですか?」それに対してはっきりと弁護士は答える。

ジャクソン将軍が権力の座にやってきたとき、自分の支持者たちを役職に就ける以外のなんの理由も設けずに一二〇〇人の公務員を異動させました。そのとき以来、彼は同じ行方を定めぬやり方をとりました。自分に奉仕をさせるための見返りとして役職が利用されました。これこそが彼をもっとも非難する私なりの理由です。彼は中央政府に瀆職を入り込ませました。彼の例は踏襲されることでしょう。彼に奉仕してきたすべてのジャーナリストに役職が与えられました。最高裁判所判事までも、彼は友人たちのあいだから選び取りました。(三一三—三一四頁)

大統領の最初の仕事が選挙の功労者に政府の役職を配給することであり、中間では、司法のトップにみずからの意見に賛同する者を据えることであり、最初から最後まで、「ジャクソン将軍が偉大な人物で、彼はアメリカを栄えあらしめるのだということを、人民の頭に注入するために」払われる、「長いあいだ」のまめな「努力」(一六四頁)の一環として、ジャーナリストにもおこぼれをやる。政府そのものが「瀆職」の巣と化すのである。このようにして成立している政府に、倫理観を求めることができるだろうか？ 職業としての政治の行き着くところである。まさに政治が生きるための手段（職業）となったときに生じる嘆かわしい事態である。

では、悪臭漂うこの猟官制をどのようにしてジャクソンが選挙で提案したかを知るために、再びモリソンを引用しておこう。

改革が強調されていることに注意されたい。ジャクソン派の編集者や政治家たちは、正直で、有能で、倹約であったアダムズ政権について、「浪費と腐敗」という嘘を終始振りまくことによって、大統領にも国民にも、大統領の最初の仕事は、汚物のたまりたまった「アウゲイアスの牛舎を掃除すること」、言い換えれば、功績のある民主党員のために道を開くのにじゅうぶんなだけの数の役人を、首切ることであると思いこませていたのである。(4)

実際には、ジャクソンはそんなにも役人の首を切らなかったと言われるが、それでも最悪の人事は、「バーの陰謀に加わった一人で、ニューヨークの相場師になり、ジャクソンを当選させるために奮闘したサムエル・スウォートワウトを大統領の自由になるもののうちでもっともすばらしい要職」に就けたことであった。その要職とは、一見軽い「ニューヨーク港の収税官の職(5)」だった。この役職にあったとき、彼は在職一

（3） モリソン、同書、三八頁。

（4） モリソン、同書、三八―三九頁。

〇年にもならないうちに公金一〇〇万ドル以上を「うまうまと横領してしまった」という。この公金横領を奨励するかに見える官職先取制――これが猟官制の正式名称である――を導入したジャクソンなりの弁明がまた振るっている。あらゆる公職の任務はまったく「明白で単純」だから「普通の知能を持った人間ならだれにでもその資格があり、在職者を継続させることによって失われるものは、新しい経験によって得られるものよりも大きい」[6]。

しかしながら、この理屈では猟官制を正当化できない。そもそも論理が転倒しているからである。公職が単純明快だから、だれでもできる、というジャクソンの論理ではなくて、普通の知能を持った人間が公職に就けるほど、公職そのものがだれにでもわかる法や規則によって縛られていなければならない、つまり徹底した前例主義、改革主義ではなく保守主義でなければならないのである。しかし、だれでもその役職を果たす能力があるというような、一切の拘束がない自由世界では、逆に普通の知能は最大限の悪徳を発揮するかもしれない。その点、トクヴィルは民主社会の原理的法則をしっかりと抑えている。彼はアメリカ社会を蒸気船の機関のような一個の政治機械に例えている。

完全に民主的な統治体ともなれば、とても危険な機械だから、アメリカにおいてさえ民主制の誤謬と情熱に対してたくさんの予防措置をほどこさざるをえなかったほどである。二院の制度、州知事たちの拒否権、とりわけ裁判官たちの制度……。(一九五頁)

民主制は、「誤謬と情熱」を抱えこんだ複雑な機械であるがゆえに、その運用を普通の能力しか持たない新参者に任せていいはずがない。それは電車の運転を就職したての人間に委ねるようなものである。

ジャクソンの考える政府にあっては、役職が軽く、それに就く人間も軽い。だが、それがもたらす私益は莫大で、重く、それが社会に及ぼす影響も決定的に重い。トクヴィルはシング・シング刑務所の管理制度を見てこんな感想を漏らしている。

シング・シング制度は、私には、アメリカ人が大いに利用している蒸気船のようなものに、ある点では似ているように思われる。習慣的な物の道理に従っていれば、こんな便利な乗り物はないし、こんなに速い、また、ひとことで言えば、こんなに完全な乗り物はない。しかし、機械のどこかの一部が不具合を起こすようなことにでもなれば、乗組員も、乗客も、貨物も、木っ端微塵になる。(一六―一七頁)

これがアメリカ社会でなければいいが……。

倫理観なき経済の軽さ

そして、一方で、経済人上がりのトランプ氏からも、軍人上がりのジャクソン同様、そのあまりにも軽い政策運営にトクヴィルは敬して遠ざかったであろう。何しろトクヴィルは、合衆国へ向かう船中で、かの国

---

(5) モリソン、同書、三九頁。

(6) モリソン、同書、三九頁(強調符は筆者)。

では破産がしょっちゅうであり、それには計画倒産、偽装倒産も混じっているというアメリカ企業の実態を聞かされて、旅の途上でも、破産のデータ収集や州の破産法制定の帰趨には大変気を配ったほどの経済保守派だったからである。トクヴィルは、船中でのっけからこう書き付けている。

国民性のなかで最大の欠点といえば、……人びとが金持ちになりたいと、欲望をむき出しにしているところであり、どんな手段を使ってでも、一刻も早くそれを達成したいと熱望しているところである、と［シャーマーホーン氏は語った］。合衆国では破産の数は計り知れないほど多いが、破産している当人にはさほど損害をもたらさないという。（二一頁）

トクヴィルが問題にするのはここである。この再チャレンジの容易さと引き換えになるのが、人間のあいだで重きこと甚だしい信用であり、経済システム自体の信用である。なぜなら、破産の中身を検討してみることなしに、破産がデータ的に処理されているだけの経済なのである。裁かれない以上致し方がない。そのなかにどれほどの不正が隠されているか、わかったものではない。しかしながらそれらは、一種のビッグ・データであり、それだけの話でスルーされていく。ところが、破産法が成立するなら、再チャレンジどころの騒ぎではない。債権者に対して債務を履行しなければならなくなる。これは、もう信用が成り立たないことを社会が認めているに等しいことになる。破産法がなければ、債権が保障されない社会である。フィラデルフィアの弁護士は嘆く。

われわれは詐欺に対抗するどのような保証も持ち合わせていません。債権者は絶えず債務者の犠牲となります。そして、破産者が債権者に支払いを済ませることなく再び富裕に戻ったとの顰蹙を買う話が絶えず更新されているわけです。(二四一頁)

この経済は、ジャクソン大統領の初期資本主義経済では許された軽さであると見ることもできる。現にジャクソンは、バブルがはじけて銀行が連鎖的に倒産していくのを黙ってみていた。それどころか、のちには政敵ビドルの第二連邦銀行をはじめ、銀行潰しに躍起となる。ジャクソンは、銀行を南海泡沫《バブル》会社と同じだとみていたうえに、アダム・スミスを誤読していたせいで銀行を憎んでいたという。私怨である。トクヴィルは証言を集めたオハイオ州では、「一〇年前には四〇いくつもの銀行がありました」が、「それらはみな破産し」、「人民は、銀行に対する信頼を失ったことは確かです」(三〇八頁)。なにしろアメリカは広大すぎる大地なので、この当時から話が大きすぎるのである。したがって倒産の規模も数も桁違いである。しかしながら、どの銀行にも税金は投入されなかった。州にそんな考えはそもそもなく、また、そもそもそんなかねは合衆国にはない。トクヴィルの調べによれば(三三七、三四四頁)、連邦には間接税しかなく、直接税には国民の反発が強い。しかし、このように自由奔放な財政の国では、たとえば第二次英米戦争のように好戦主義者たちが戦争を仕掛けても、無責任にも途中で財政難に陥り戦費がもたなくなってしまう。トクヴィルは、この反税意識も、さらにはそれと不即不離の関係にある反軍意識も転換しなければならないとしている。民主主義がすすんで「徴兵と重税に」応じるときこそ、それは本物になるとトクヴィルは考えている(三三七―三三八頁)。しかしアメリカ国民はそんなことを望む国民ではない。

ということで、トクヴィルの総括的感想はこうである。

倒産と破産のおびただしい数とこの点に関して公共世論が示す犯罪的な無関心ぶりは、アメリカ的性格における最大の汚点のひとつを形づくっている。

フィラデルフィアでは、倒産の数が年間約八〇〇件にのぼる、と教養ある人びとが私に言っていた。アメリカ人は、事業における巧みさと進取の気風で名をなしているが、しかし、彼らは概して悪質な債務者としてまかり通っている。（三四五頁）

アメリカ人の国民性の評価はここに定まる。つまり、その経済活動においては、倫理的に腐敗し、しかも新聞などのジャーナリズムはそれを問題視しないというのである。旅の最後に出会った大物政治家のポインシットと交わした会話では、先ほどの弁護士の嘆き同様、彼自身、商業に携わる人間たちの罪つくりな行状を認めている。トクヴィルはまたもや問う。「破産を世論は締め出してはいない、というのは本当ですか?」ポインシットは答える。「ええ、本当です。商人側に明白な詐欺行為でもない限り、世論は、商人に対してなにひとつ非難しません。大胆きわまりない事業に身を投じたり、資本なしに商売をしたり、金銭的に評判を落とすことなく、貸し手のかねをあらゆる仕方で危険にさらしたりすることが商人にはできます。彼は、翌日から再び始めます。わが商人のほとんど全員が一か八かの勝負に出ます。そして、それはまったく簡単なことと考えられています」（四二〇頁）。

ここでも顔を出すのは、船中ですでに発見されていたアメリカ人のギャンブラー精神である。財産が絶え間なく動くから、それをつなぎ止めるよりも、流れに乗って、投資先のリスクも顧みずに、かねの流れを裁いていかねばならないということであろう。つまりは安定性が毛嫌いされているのである。どうせ一代限りの財産であれば、どう処分してもかまわない。ましてやそれを投資することで、ひょっとしたら莫大な財産が転がりこむかもしれないなら、そちらに賭けてみようというわけである。

かねは重いものを軽くする

結論的に言えば、「アメリカにおいてあらゆる社会的区別の第一番目に来るものは、**かね**」であり、かねが「別のところに位置し、他のあらゆる階級に対して優越性を非常に荒々しく感じさせるような真の意味での特権化された階級」（二九四頁）というきわめて重い社会区別をすでにアメリカ社会において作り出すまでに至っているというのが、トクヴィルのアメリカ文明社会観察の核心部分であった。

こうしたかねと密接に結びついたアメリカの民主主義において、彼が問題にしているのは、本来、きわめて重い出自の因果、身分の拘束などとともに、それ自体がきわめて重い職業やそれにまつわる職業倫理をかねがきわめて軽い流動的なフローにしているのではないかということである。だから、どうもトクヴィルは、民主主義を賛美しているのかいないのか、社会の進歩、平等化の進展を歓迎しているのかどうか、はっきりしないのである。その曖昧さがある程度はっきりとあらわれているのが合衆国滞在記という生データの蜘蛛の巣である。巣の主がどこにいるかわからないほど、実に観察結果は複雑に絡み合っている。トクヴィルは民主制を懐疑の鋭い眼差しのもとに置き、それをアメリカのあちこちで丹念に腑分けして、結論を下すのに慎重である。このような状態で彼はフランスへ帰ることになる。それでは、七月王政の新時代を迎え、社会進歩が喧伝され、金権主義が前面に出てきたフランスで、彼は、旧制度の古くさい思想の代表者として、時代遅れの守旧派、王党派として社会から葬り去られるだろうか？　彼はそうはならなかったし、反対に『アメリカのデモクラシー』(7)がフランス人に高く評価され、すばらしい名声を得た。当時ヨーロッパで人気の高かった民主制のアメリカの現状を批判的に紹介しつつ、フランス社会をそれなりに賞賛していたからであろうし、その歴史的重さをしっかりと背負っていたからだろう。だからフランス人を否定せず、むしろ背面から肯定したのである。やがて、彼は、出世の道を断たれた重たい裁判官という職業を捨てて、軽やかな言論界に身を投じ、曲がりなりにも民主的で、しかるがゆえに軽い議会に進出していくのである。議会は、才能か、あるいは富かを持っていれば議員になれるほど「民主化」され、「平等化」されていた。一度は落選したものの、すぐに彼は下院議員に当選して政界入りを果たす。

なぜ、結婚？

フランス的社会を背面から肯定しているとはどういうことか。冒頭のかねを決め手とする文章の次に続く文章は、われわれを驚かせる。いやいや、とトクヴィルは言う。この、ふわふわと浮き草のように持ち主を次から次へと変え、その所有権は天下の回り持ちと称されるかねの優位が社会にもたらす効果という点を問えば、「出自と職業の偏見に起因する結果の方が、平等にとっては、はるかに有害である」（二九四頁）と彼は言うのである。そして彼はフランス社会とアメリカ社会の比較に入っていく。彼によれば、フランス社会は「頭のなかだけの区別」つまり想像上の区別である「身分」区別、「出自」の区別という、人間の平等性にとってはもっとも有害な効果を持つ社会的区別に対して、「長所と才能」の優越性を持って戦いを挑んでいる社会だというのである。だれが？　いったいだれが戦いに挑んでいると言うのだろう。もちろんトクヴィルが、である。彼を先頭に立てたフランス社会がメリットクラシー型に移行しようと戦っている。トクヴィルはそうありたいと望んでいる。そしてその次のパラグラフでトクヴィルは、結婚という社会学的なカテゴリーを持ち出すのである。旅行のあいだじゅう、彼は、結婚、離婚、離縁、非嫡出子つまり私生児、さらには不能理由による離婚、姦通、情事、街娼、性病、「流行の最先端を行く若者」（一三頁）の色恋沙汰、ニュー・オーリンズの混血のあいだの奇妙な風習、カナダにおけるイギリス人とフランス人の混血、父権、相続、相続法などにつねに注意を怠らない。不思議ではないか？　ここで、もう一度、原点に返って、いったいどういう条件があったから、どういう動機があったから、トクヴィルは新大陸調査に往復で一万キロは優に超える一年近い長旅に挑んだのかを調べてみる必要がありそうだ。これはおそらくきわめて重い話だ。

（7）『アメリカのデモクラシー』、松本礼二訳、岩波文庫、二〇〇五年。

トクヴィルはどうして合衆国へ向かったか?——あるいは存在の耐えられない重さ

旅の最後の方で、トクヴィルはドイツ人の作った奇妙な共産主義コロニーと出くわす。しかもエコノミーという明らかにこのコロニーを意識した名前を持つ村においてである。このコロニーは、フーリエのファランジュや、のちのイカリア共同体やロバート・オーウェンの共同体のごとく、非常に野心的な実験を試みているコロニーであったが、しかしながら、トクヴィルの関心はどうやらあまりそこにはなく、いずれにせよ、ドイツ人の勤勉な精神の方に興味がありそうなのである。というのも、事前に調べたのであろう、トクヴィルはこのコロニーの通過を明日に控えた前日の書付に、ドイツ人の民族性について感嘆とともに次のようなことを記しているからである。

ドイツ人たちの植民地がペンシルヴェニアで設立されるようになってから、少なくとも五〇年はたっている。彼らは祖国の精神と習俗を手つかずのまま保存してきた。まわりでは遊牧民がざわめいていて、金持ちになろうとする欲望には限度というものがまったくなく、いかなる場所にもこだわりを持たず、いかなる絆によっても引きとめられないで、向かうところどこでも財産の見かけが現われている。この全般的運動のただなかでもドイツ人は不動で、彼らと彼らの家族の地位を徐々に改善することに彼らの欲望を限っている。彼らは絶え間なく働くが、しかし、なにごとも偶然に任せることはない。彼らは確実に金持ちになるが、しかしその速度は遅い。彼らは家族が集まる暖炉に執着し、その幸せを自分たちの地平に閉じ込め、自分たちの最後

の畝溝の向こう側になにがあるかを知ろうとする好奇心を、まったく感じたことがない。（二八八頁）

フランス貴族の末裔であるトクヴィルには、ドイツ人の人生観がどうにも理解しがたい風情である。ドイツ人は、目の前が延々と続く砂漠であっても、その先に何があるかを知りたいとは思わない民族だというのである。しかし、トクヴィルはそうではない。砂漠を眼前にすれば、トクヴィルはその向こうに何があるかを探ってみたいと強烈に思う「人種」に属している。危険を前にたじろぐことがない。まず旅の動機としてこの点を指摘しておこう。しかしながら、この人間性はどうして生まれてきたのか？それが問題である。それを解く鍵はやはりトクヴィルの「出自」にある。

トクヴィルは典型的な貴族精神の持ち主である

なぜこんなにも容易に、かつ印象的に、トクヴィルにはアメリカの民主制の功罪と欠点と長所とがみてとれたのであろうか？　その答えは意外と簡単であるように思える。それは、彼がフランス革命をくぐり抜けた中小貴族の末弟だったからである。つまり、彼は必要にして十分な前提条件を頭に入れてこの新世界への旅に臨んだということである。対比すべき一方の原理が彼には確立されていたということであり、しかもその前提条件のすべてが彼のような立場の人間にとってはごく常識的な原理に属していたということである。

たとえば、彼は、のっけからアメリカ人を突き動かす衝動がかねもうけに対する限りない希求にあることを見抜いている。かの有名な「金持ちになりたまえ」。全編、この衝動でできあがる大衆的文明社会とはいったいどんなものであり得るか、という問題意識をはじめから持っている。このような問題意識はどこから出てくるのか、これは説明の要があるまい。言うまでもなくかねもうけに倫理を絡ませてきた長く重たい宗教的伝統、それである。そこでは、金銭を借りたときに付く利子でさえうろんなものと考えられ、スコラ的議論の対象となり、聖トマスが、ルターが、カルヴァンが議論に加わり、フランス一八世紀では、ジャンセニストまでも巻きこんで、延々議論が続けられた。銀行家や金貸しが人間を卑しくするものの筆頭にあげられ、彼らの魂は元々救われないのだが、救い主イエスはそんな汚れきった魂にも煉獄を用意しているのだぞと説教された。アリストテレス以来、なにゆえに商人は稼いでいるのかがわからなかったので、商業を軽蔑し、かねもうけを毛嫌いした宗教改革までのそれなりに長く重たいヨーロッパ社会の歴史が生み出した原理、これがトクヴィルの頭にすでにあった原理なのである。それはもちろん、貴族の守旧的な原理であっても、近代の資本主義を受け入れる思想では到底ない。しかも、彼には次のような貴族への帰属性を示す議会での中東問題に関する演説メモが残っている。「私の本能、私の意見」とそれは題されている。(8)

人間は、大なり小なり、自分の基本的な本能に立ち戻り、これらの本能にかなったことしかやろうとはしない。私にとってこのことはたしかである、経験が私に証明してくれたからである。だから、私の基本的な本能と私の確かな原理がどこらあたりにあるか、真面目に探してみることにする。

私は、民主主義の諸制度に対しては、頭のなかでは好みはするのだが、本能では、貴族階級に属する人間である。言い換えると、私は群衆を軽蔑し恐れる。なんによらず情熱をこめて私は自由を愛し、情熱をこめて合法性を愛し、情熱をこめて諸権利の尊重を好むが、民主主義となると、そうではない。以上が心の本音である。私はデマゴギーを憎み、大衆の無秩序な行動を嫌う。間違った教養のせいで、大衆が問題に暴力的に介入してくることや下層階級の嫉妬心に満ちた情熱や非宗教的な傾向が嫌いだ。以上が心の本音である。私は、革命党にも、保守党にも属さない。しかし、そうは言っても、結局、私は前者よりも後者の方を大事にする。なぜなら、目的よりもむしろ手段の点で私は後者と相違しているのに対して、前者とは手段と同時に目的の点でも違っているからである。自由は私の情熱のなかでも第一に来る情熱である。

この正直な告白はトクヴィルが、フランス革命以後の典型的な貴族階級に属する人間だったということを明確にしている。しかも、彼は、王党派の妥協的な勢力から若干身を引いたある意味では古くさい正統王朝派に親近感を抱いていた守旧派の人間だった。

存在自体が軽い

次に貴族の末弟だったという事実について考えてみよう。周知のごとくナポレオン法典があっても貴族は長子相続が原則である。そこから導き出される将来選択は、末弟ならば、領地経営にはないということである。彼は軍隊か法曹か僧職かを選ぶしかない。つまり、末弟に対しては『赤と黒』に法服がプラスされて提

(8) Antoine Rédier: *Comme disait Monsieur de Tocqueville*, Paris, 192, pp.46–48.

供されているのがフランス貴族社会だったということである。運命はすでに決まっているのである。運命の先決性こそ、フランス革命以前の社会の決定的性格であり、トクヴィルの一種の運命愛は、すでに生まれたときから、彼の頭脳に埋めこまれているのである。「白紙状態」(四〇六頁)から始まるアメリカ人とは違って万事が重たい。運命であるからには。しかし、運命が決定されている点では、人間の命が限りなく軽い。うまく当てはまらなければそれで終わりである。

では、末弟トクヴィルは、どのような職業を選べばいいのか? いっさい自由がない軍人に、新時代の貴族として将来を模索していたトクヴィルは、はたして我慢できるであろうか?答えは否である。カトリック信仰を捨てかかっているから、もちろん僧職もお断り、最後の選択肢が残るのは当然と言えた。

しかし、それまでのあいだ、つまり一〇歳から二〇歳くらいまでのあいだ、貴族の末弟はなにをやればよいのか? その模範は、お隣のドイツの啓蒙専制君主フリードリヒ二世にある。『反マキアヴェッリ論』(京都大学学術出版会、二〇一六年)での解説を参照していただきたい。のちの仕事一辺倒の「国家第一の下僕」、妻とは交わらず、生涯、戦地と妻のいない宮廷とを行き来するだけの毎日を送り、時々フルートを接待客に聞かせ、ベッドに愛犬を引きこんで枕をともにしたほどの禁欲生活とは打って変わって、フリードリヒ二世の王子時代は、実に王侯貴族の青春時代にふさわしく自由で、遊蕩三昧の日々だった。このように王侯貴族の子供というのは、運命を引き受ける年頃に達するまでは、何をしても自由なのである。トクヴィルが自由を愛する理由はここにある。貴族の正式な地位に就くまでのあいだ、自由に振る舞いたいのは人間として当然である。それにトクヴィルは従ったのだが、やはり彼も父親の厳格さには勝てなかった。一九歳になる頃から、将来のことを考えるようになり、彼は大学の法学部に入学する。しかしその後も、一八三〇年にメアリー・モトリーが出現するまでのあいだ、別の女性との関係は続いていたし、狩りに興じたり、水泳をしたり、あちこち旅に出かけたりした。アメリカ旅行に出発する前にも、彼は、兄とともにイタリアを旅行し、ローマの廃墟やシチリア島の廃墟を見ている。冒険と恋は貴族の特権だった。これが先ほど引用した勤勉そのもののドイツ人との決定的な相違である。彼は、貴族の末弟であったがゆえに冒険好きだったのである。そのうえに、フリードリヒ二世と同じで、精力的な読書が加わる。子供の頃にすでに彼は、オナイダ湖とそこへ亡命の地を求めたフランス貴族の夫婦の物語も読んでいたのである。

刑務所調査は「口実」?

トクヴィルは法服をまとって生きていくことにした。法曹界で当時話題になっていたのは、監獄制度の再検討であった。どの作家によっても当時のフランスの牢獄は、犯罪者の養成学校であり、かつ残虐な刑罰が科せられる生き地獄であった。こんな監獄を人道的見地から変革していかなければならない。当時そういう博愛主義的な貴族が次々と現れてきた。世を挙げてフィラントロピーの時代だった。トクヴィルのヨーロッパ脱出行にとって、絶好の「口実」(メイエールの言)はちゃんとあったのである。しかし、なぜ彼はこの口実を使ったのだろうか?　それが次の疑問である。

一八三〇年七月末に生涯忘れられない大事件が起こった。七月革命で、長子系ブルボン家の曲がりなりにも長く続いた支配にとどめが刺されたのである。民衆の決起を抑えこめなかった復古政権は、三日間でもろくも崩壊に追いこまれた。トクヴィル家の当主も一気にその地位を失った。替わってフランスを統治したのは同じ王家でも傍流の、つまり正統王朝ではない末子系のルイだったのである。このルイは、統治のはじめから金権社会の象徴として西洋なしの姿で描かれ、民衆からも馬鹿にされていた人物であり、国王にはもっともふさわしくない人物と言えた。しかし、この政権は発足と同時に政権への忠誠度確認を実施したのである。それが、新世界紀行へ彼を走らせたもうひとつの動機となった。

宣誓へのこだわり

人生とはなにかとトクヴィルは問うて、名誉をもっとも大事な価値観に据えた答えを彼はしている。人生は「われわれが背負った重大事であり、それを解決し、名誉ある終わりにたどりつかなければならない」（二二八頁）。彼は、ニュー・オーリンズへ向かう船のなかでケントの『アメリカ法註解』を読んでも名誉毀損の問題にこだわっていて、アメリカ社会が名誉をほぼなんとも思っていないことに驚いている（三六五頁）。フランス社会でも、市民王政の発足と同時に、この軽さが前面に躍り出てくるようになった。貴族階級にとって何物にも代えがたい価値を持つ名誉を不用意にも試そうとする企てが公務員に対する宣誓の強要だったのである。いよいよ旅行が終わりかけた頃、彼は宣誓問題を扱う。

アメリカ人は、書面の証書に反しないときには、宣誓による立証を民事においては許している。私が出会ってきた法律家たちの主張では、こちらではこの規則は、恐れるに足るほどの深刻な濫用を産み出してはいないとのことである。そう信じたくもなりかけている。それを濫用しないように、人間を仕向けるなにかが法律への全体的信頼のうちには存在する。それに、真実を敬うことは、かくして万人に感じられる第一級の社会的必要性となるのである。しかし、立法者が宣誓供述のいくつかの事例で、嘘言推定を適用するときには、彼は他のすべての事例においても、宣誓供述の価値を押し下げているのである。人間を軽蔑に値するものに仕立て上げるためのもっとも良い手段は、おまえたちは軽蔑されているのだと彼らに対して証言すること以外にはない。（四〇一頁）

ここでのキーワードは、「嘘言推定」の適用である。立法者つまり為政者が宣誓をとりあえず「嘘であるかもしれない」ということを前提とすると、「宣誓」そのものの「価値を押し下げる」ことになるということである。新政府がトクヴィルらの法曹官僚に対して求めたことは、この種の宣誓である。それは軽い。しかし、トクヴィルにとってはもっとも大事な名誉がそれには賭けられている。そのうえ、公務員たる判事たちは、だれのために仕事をしているのかということである。政権のために仕事をしているというのが新政権の常識であったとすれば、フランスもジャクソンの猟官制なみの国家運営だったということになる。これはトクヴィルの言うとおり、「自由の諸原理」が「いまだに幼年時代」にあるので、致し方ないところである

だが、このことに肯んじない人たちがトクヴィルのごく近い仲間のうちにいた。親友のケルゴルレであり、トクヴィル家の長兄イポリットである。彼らは新政権への忠誠を誓えなかったために、みずから軍職を

辞した。のちにケルゴルレは政権打倒の企てに手を染め、その弁護にトクヴィルが立つという一種珍妙な事態まで起きている。つまり、宣誓問題は、トクヴィルにとっては人生最大の岐路へ彼を立たせる「重大事」だったのである。これを背負って「名誉ある終わりにたどりつかなければならない」。容易ならざる事態だ。ところが、彼は数日のうちにトーン・ダウンして、妥協を図る。法曹界での出世は望まないことにしたからである。彼は、反政府的思想を持ちながらも、二度、屈辱的な宣誓をしてしまう。しかも、その裏切りをある仲間から責められたトクヴィルは、こんな弁明までしている。

私は裁判所の前に集められたときに、今後は抵抗することが正当だと私には思えますし、私の狭い圏域で抵抗します、と宣言しました。運動が王朝を転覆するまでになったとき、こうしたやり方に対する私の反対姿勢をだれにも隠しませんでした。私はそんなことになったら、内乱をすることになるだろうと言いました。ことはなされてしまいましたが、私は引き続き、いつも信じてきたとおりのことを信じ続けます。つまり、もっとも厳格な義務とは、ひとりの人間とか、ひとつの家族とかに対するものではなく、国に対するものだということを私は信じ続けてきたということです。私たちがいまいる地点では、フランスを救うということは、私には新しい王を支えることであるように思われました。ですから、私は王を支持すると約束し、そうするのは、自分のためではないという点を隠しませんでした。私は抗議しました。私は、私たちの国の利益とは別の大義に永遠に私を結びつける宣誓ならそれをするつもりはない、と。私は、新しい王朝がこの利益と相反するようなことになるときには、すぐさま王朝に対する陰謀を企てるであろうことを隠しませんでした。（アンリオン宛トクヴィルの手紙、一八三〇年一〇月一七日）

なかなか苦しい弁明である。しかし宣誓に対する抵抗から法曹を捨て、正統王朝派と行動を共にしても、それはまたトクヴィルがもっとも恐れる無政府的な事態にフランスを追いこむだけであろう。そうなっては元も子もないという理屈である。

だが、こうした理屈は、ケルゴルレらを説得するだけの重みを持たない。だから、どうしてもトクヴィルにとっては、代償行為が必要だったのである。代償行為としてのアメリカの巨大な民主共和国連邦の実態調査——これが大旅行敢行への動機であったのではないかと推測させる証拠は、合衆国旅行に行く前の一八三〇年の九月二六日と一〇月四日、そして翌年の旅行出発直前の二月二一日に同じ友人に出している手紙に残っている。「ずいぶん昔から、私は北アメリカへ行ってみたくてたまりませんでした。私は、一大共和国の現実をそこへ見にいくつもりです」、「そのままアメリカへ移ったと仮定してみてください。一年少しのあいだに、フランスにはいろいろな政党ができているでしょう。われわれには、祖国の栄光と平和とにそぐわない政党がどれかが明白にわかります。それだから、世間のいっさいの約束事から開放された、明確で鮮明な意見をもってわれわれは帰ってくるわけです」。そして「だれもが口にしていながら、実はだれにもわかっていない、あの広大なアメリカ社会を突き動かすバネのすべてを、できるだけ科学的に、かつ詳細に調べることをめざして僕たちは出発します」。すでにここにはっきりと、アメリカ旅行の企て野心的動機がはっきりと現れている。そして、このことを補うようにトクヴィルの伝記を書いたアンドレ・ジャルダンは、「王政復古末期からすでに」彼は、「政治への参加によってしか自分の個人的運命は達成されない、と考えていた」と記し、そういう考えは「一家の伝統の重みや父の例」と並んで、「彼の知的情熱」に由来するとしたうえで、彼は、他人からは傲慢と映るほど、「大革命以来の国の歴史が及ぼした一種の［彼に対する］成型作用の分析」と自分「自身の自我の分析」とが一体化していることを意識していたと指摘している。このような、言わばフランス史を背負い、自分自身がフランスそのものだとのちに、「議会の演壇で関係を誇示した」[9]。トクヴィルの自己認識および彼の若いときからの貴族主義的使命感は、彼の行動を理解する上で特筆すべき点であろう。

インディアンの悲しき運命

さらに、インディアンとその運命に対する並々ならぬ関心がトクヴィルには、幼い頃からあった。時代はロマン主義が勃興する時期に当たっていた。騎士道精神全盛時代のロマンチックな騎士の冒険を描くウォルター・スコットの歴史小説が現れ、一世を風靡していた。トクヴィルも一六歳のときにスコットの歴史小説と出会い、その主人公に憧れたという。それに忘れてはいけないのは、フェニモア・クーパーの『モヒカン族の最後』である。それに加えてトクヴィルの大伯父に当たり、アメリカ旅行の心構えを聞かされたシャトーブリアンの『アタラ』、『ルネ』がすでにインディアンを主人公に設定、雄大な自然を背景として文明と未開が織りなすロマンを繰り広げていた。トクヴィルは、旅行中もインディアンに関する情報を集め、実際にもインディアンをガイドとして雇い、その生きた姿を見て、大いに感動しているのである。行く先々で、怠らずインディアンの習慣、宗教、社会制度などを彼は聞き回っていることからも、持続的な関心が見て取れる。なんとしてでも、インディアン戦士のトマホークを腰に差し、長いカービン銃を携えた姿を見たかった――これがわれわれの考え得る大旅行への動機である。では、滅びゆくインディアンの中に、なにをトクヴィルは見たのか。それは言うまでもなく、ブルジョワジーが支配する七月王政の荒波のなかで、無視され、滅びかねない正統貴族階級の運命だった。

運命的な愛

最後に、再び結婚である。トクヴィルの華やかな女性遍歴は、革命で味わった恐怖感のために精神を病んでいた母親の薄い愛情を埋め合わせるためのものだったという説がトクヴィル研究者から提出されている。しかし愛はいたずらである。愛したい、愛されたいということにかかわるすべての条件をメアリー・モトリーのうちに彼は見いだしたのである。最終的にトクヴィルが結婚を考えたこの女性は六つも年上のプロテスタントのイギリス人で、どうやら子供を宿せないタイプの女性であった上に、出自は貧しい平民で、生活難もあって、面倒を見てくれていた叔母とともに、当時暮らしやすいと評判だった、ナポレオン没落後のヴェルサイユへ海峡を越えて引っ越してきて、彼と知り合ったのだった。トクヴィルがこの結婚を実現するには、当然結婚に反対するであろう家族を説得せねばならなかった。貴族の家系にとっては荒唐無稽な夢想

---

(9)『トクヴィル伝』、拙訳、晶文社、一九九四年、三一一頁。

以外の何物でもない身分違いの結婚を、しかもライバル国の国籍を持ち、異なる宗旨を持つ年上の女性との結婚を彼は是非とも実現しようとした。だから、結婚に対する説得のための代償が必要になったと考えられる。そこでトクヴィルは、是非とも社会に最大の貢献をなす有為な存在となる約束をすることで家族を説得しようと考えたと思われる。

おわりに

終生トクヴィルの健康状態は良くなかったと伝えられるが、彼が重い肺疾患のため転地療養を勧められる前の最後の夏に盛大な海軍パレードをみんなで見ようと、トクヴィル夫妻は親しい友人たちを居城に招いた。もちろん、アメリカ旅行を共にしたボーモンも居城にやってきていた。そのとき彼はトクヴィルにアメリカのブキャナン大統領が奴隷制を新興諸州に拡大することを認めたとの情報を伝えた。トクヴィルは、動じることなく「そうだね、数ヶ月前その点に関してセジウィックに手紙を書いておいたよ。僕は、これは人類に対して犯しうる限りでの最大の犯罪の一つだと思う」と答えたという。アメリカへの関心は生涯続いていたと言えよう。しかし、合衆国に滞在していたときのトクヴィル最大の関心の一つはネイティヴ・アメリカンの境遇と運命にあった。それは、彼らが文明人の同情心を買う物言わぬ奴隷ではなく、人間の自由を命よりも愛する「森に潜む野蛮人」(ジャクソン)だったからである。彼らにこそアメリカ大陸に居住する最強の権利があったことをトクヴィルは、文明人としては珍しく、アメリカ観察の最初からの原理としていた点は指摘しておかなければならない。いまに至るもこの問題は解決を見ていないからであり、自由のなかでもっとも大事な権利は、自由に生活を営む権利だからである。

本訳書の概要

J・P・メイエールが編者序文で書いているように、トクヴィルのアメリカ合衆国滞在記は、『アメリカにおける民主主義』執筆のために大いに役立つことになる旅行記録及び各界のインタビュー、現地調査と見聞、さらにはトクヴィルの観察と考察、そして旅行中の読書ノートから成り立っている。メイエールはこれらの断片を次のような形で分類している。

「トクヴィルがアメリカ旅行中に書きつけたノートは一四冊ある。それぞれのノートへの書付は、おおむね日付順に並んでいる。

（一）「アルファベットが付けられていないノート1」、「アルファベットが付けられていないノート2と3」の三冊。サイズは19×13。

（二）これより小さい携帯手帳。サイズはもっとも大きなもので、18×11。紙を折りたたんで、トクヴィル自身が作った手帳。1から5までの番号が付されている。文字がときには鉛筆で書かれているために、これらのノートは判読が難しい。場合によっては、携帯手帳4と5（南部からの帰還途上で書かれたもの）のようにほぼ判読できないものもある。

（三）「ケントに関するノート」と題された一冊の小さなノート。
（四）「アルファベット順のノートA」（このアルファベットの文字のもとに、大小一冊ずつのノートがあり、小さい方は、大きい方の補足）と「アルファベット順のノートB」。
（五）「ノートE」と「ノートF」の二冊のノート。
始めの一二冊の自筆原稿は「トクヴィル文庫」にあり、ノートEとノートFの自筆原稿は紛失している。古い目録にはノートDが掲載されているが、いまに至るも発見されていない。

『ニュー・オーリンズでの二四時間』と『続ニュー・オーリンズにて』の二つのテキストは原本が失われていて、英訳しか残っていない」。

『全集』第五巻には、このほかに『オナイダ湖小旅行』、『荒野の二週間』という文学的作品があるが紙数の都合上今回は掲載を見送った。また、同じ事情で上記ノートにも、少なからず省略の手を加えた。

翻訳にあたって、訂正が何度も入った文章を校正していただいた京都大学学術出版会の國方栄二氏には大変お世話になった。感謝の意を表するものである。四半世紀を経て再びトクヴィルにかかわることができたことについても、近代社会思想コレクション編集委員会や学術出版会の皆様にお礼を申し上げたい。今回の翻訳を通じてトクヴィルの魅力に富む生の姿を少しでも味わっていただければ、これにまさる喜びはない。

二〇一八年　晩夏

大津真作

イギリス

一般項目

事項索引

アメリカ合衆国

マ行

ヤ行

ラ行

ワ行

タ行

ナ行

ハ行

地名索引

ア行

カ行

サ行

ラ行

ワ行

タ行

ナ行

ハ行

マ行

人名索引

ア行

カ行

サ行

訳者紹介

大津　真作（おおつ　しんさく）

甲南大学名誉教授。

専門はヨーロッパ社会思想史。

主な著訳書

『啓蒙主義の辺境への旅』（世界思想社、1986）、『倫理の大転換』（行路社、2012）、『思考の自由とはなにか』（晃洋書房、2012）、『異端思想の500年』（京都大学学術出版会、2016）など。

ジャルダン『トクヴィル伝』（晶文社、1994）、レーナル『両インド史　東インド篇』上・下巻（法政大学出版局、2009、2011）、ランゲ『市民法理論』（京都大学学術出版会、2013）、レーナル『両インド史　西インド篇』上巻（法政大学出版局、2015）、フリードリヒ二世『反マキアヴェッリ論』（監訳、京都大学学術出版会、2016）、シュアミ他『スピノザと動物たち』（法政大学出版局、2017）など。

合衆国滞在記《がっしゅうこくたいざいき》　　近代社会思想コレクション23

平成30（2018）年10月31日　初版第一刷発行

著　者　トクヴィル

訳　者　大《おお》津《つ》真《しん》作《さく》

発行者　末原達郎

発行所　京都大学学術出版会

京都市左京区吉田近衛町69

京都大学吉田南構内(606-8315)

電話　075(761)6182

FAX　075(761)6190

http://www.kyoto-up.or.jp/

印刷・製本　亜細亜印刷株式会社

ISBN978-4-8140-0176-7　　定価はカバーに表示してあります

近代社会思想コレクション刊行書目

（既刊書）